Retrato y escritura cinematográfica
La obra de José Luis Guerin

La colección «Estudios de Cine» se rige por un proceso de evaluación y revisión anónima realizada por dos especialistas de prestigio en el área (*peer-review*), a partir de la propuesta de uno de los miembros de su Comité Científico Internacional. Todas las ediciones críticas, los trabajos científicos y las traducciones especializadas de textos inéditos publicados en esta colección han superado esta revisión por pares y siguen los criterios de estilo y las normas éticas establecidas en su constitución.

Retrato y escritura cinematográfica
La obra de José Luis Guerin

Jesús España Rodríguez

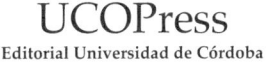
UCOPress
Editorial Universidad de Córdoba

Retrato y escritura cinematográfica. La obra de José Luis Guerin.– Córdoba: UCOPress.
Editorial Universidad de Córdoba, 2025
Colección Estudios de Cine, serie Historia, teoría y análisis de cine, 5
17 x 24 cm, 192 pp., il. b/n
THEMA: ABA, ACXJ8, APFA
    Autor: Jesús España Rodríguez

Este libro cuenta con la ayuda del Departamento de Historia del Arte, Arqueología y Música de la Universidad de Córdoba.

RETRATO Y ESCRITURA CINEMATOGRÁFICA. LA OBRA DE JOSÉ LUIS GUERIN

© Jesús España Rodríguez

© Edita: UCOPress. Editorial Universidad de Córdoba, 2025
    Campus Universitario de Rabanales
    Ctra. Nacional IV, Km 396. 14071 Córdoba (España)
    Tel.: (+34) 957 21 81 26
    https://ucopress.uco.es • ucopress@uco.es

ISBN: 978-84-9927-915-2
e-ISBN: 978-84-9927-916-9
ISSN (colección): 2605-4043
DL: CO 1838-2025

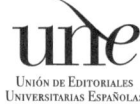

UNIÓN DE EDITORIALES
UNIVERSITARIAS ESPAÑOLAS

Esta editorial es miembro de la UNE, lo que garantiza la difusión y comercialización de sus publicaciones a nivel nacional e internacional.

Maquetación: Rafael Ruiz. UCOPress

Impresión: Podiprint

Impreso en papel ecológico

FSC

Impreso en España · Printed in Spain

ÍNDICE

Solo he hecho retratos.
REMBRANDT

PRESENTACIÓN[1]

> Un cineasta clásico empezaba como meritorio, luego era ayudante de dirección y así accedía a una profesión, descubría el cine como escritura, pero con los cineastas de la modernidad esa relación se invierte: primero era el gusto por una escritura y luego, si acaso y como consecuencia, el cine se convertía en un oficio (Guerin, 2023: 30).

En un principio fue elegir tema. Siendo los comienzos momentos delicados, lo que acabó de decidirnos fue, por un lado, la alineación de dos intereses personales. Primero, el hecho de cuestionarnos sobre la posible utilidad o naturaleza del cine y, segundo, preocuparnos por precisar la definición de director o directora cinematográfico/a. Aunque, además de todo ello, nos influyó una charla con un *connocieur* cualquiera que a continuación recogemos.

En la charla, que fue distendida, aquel *connocieur* confesaba cuáles eran sus películas preferidas: «ésta, después ésta, también ésta y, ésta, claro y, oh, cómo olvidarla, ésta sobre todo». En inocente respuesta, consideramos que «todas eran la misma película». Actores y actrices distintas, décadas alejadas de producción y argumentos dispares le hicieron pensar que tal respuesta era una tomadura de pelo. Convencido, sometido a los géneros, se aferraba a la idea de que una comedia era, por el simple hecho de serlo, la antítesis de un drama. Explicaba Noël Burch que todos tenemos «interiorizado», gracias a una experiencia universalmente precoz, el Lenguaje del Cine (no sobran las mayúsculas) como «competencia de lectura», siendo este el que se enseña en las escuelas

1   Este libro es el resultado de las actividades desarrolladas en el marco del Plan de Formación del Profesorado Universitario, impulsado por el Ministerio de Universidades (Referencia: FPU19/00214).

de cine (Burch, 1999: 17). «Colonizado nuestro inconsciente» durante nuestra infancia cinéfila, Hollywood ha conseguido la identificación del cine con su modelo porque, como dice Antonio Weinrichter, «convendréis en que esto es precisamente lo que pasa en muchas ocasiones, porque para demasiada gente que se dice amante del cine, el cine es Hollywood y sus prolongaciones» (Weinrichter, 1979: 151).

> «Esto no es una película, es un texto fílmico». La genial frase […] es sobre *Caro Diario* (Nanni Moretti, 1993) […] «no es una película», es decir, un buen o mal relato, pero un relato al fin y al cabo como todos aquellos sobre los que se sustenta la definición del cine dada por el discurso dominante de la institución; «es un texto fílmico», es decir, cualquier cosa menos una película: un diario, una carta, una autobiografía, un ensayo, un experimento (Alonso García, 1998: 33).

«Cualquier cosa menos una película» no es una expresión despectiva. Huelga decir que el cine como puro oficio de narrar, como actualización en imágenes de los cuentos tradicionales o como ejercicio, las mejores veces, de orfebrería de la puesta en escena que orquesta y aúna puesta en cuadro, dirección de actores, puesta en cámara, diseño de arte… para crear lo que hemos venido a llamar «relato clásico», es arte con mayúsculas. No es el propósito de este trabajo imponer sistema de valor alguno que adoctrine en la superioridad del cine excéntrico frente al considerado «central» e identificado popularmente como «una película». En lo que sigue remitiremos constantemente al cine clásico y, en un momento concreto, analizaremos la figura de John Ford –qué mejor ejemplo de cineasta que sublima un modelo– para esclarecer cómo un movimiento cinematográfico concreto construía el rostro en pantalla. Igualmente, el cine clásico, faltaría más, también escribe. Al hablar de «cualquier cosa menos una película» lo que queremos dar a entender, y ahora introducimos a José Luis Guerin, es que «… el cine puede ser otra cosa…» (Armada, 2015) trascendiendo a esa identificación que, como comentábamos e insistimos ahora, hace el gran público entre Hollywood y el cine en, no por más habitual menos triste, desafortunada metonimia.

> Yo llevo diciendo desde los dieciséis años que para mí el cine es una escritura, y como tal puede servir para escribir una receta de cocina, una postal, un pequeño poema, un tratado de filosofía, una carta a la novia o una novela. Depende

del uso que se le dé. Yo hago el cine que me hace feliz y me divierte. Por algún tipo de perversión, es cierto que me excita mucho más hacer aquello que no hace nadie o casi nadie. Mientras los productores no me encarguen las películas y dependa exclusivamente de mí, seguiré teniendo esa atracción hacia la zona del cine más descuidada, esos legados a los que se acude menos (Alonso García, 1998: 35).

Receta de cocina, tratado de filosofía, ensayo, experimento… o retrato. Entendimos, así, que un cine-otro podía ser un retrato y un director-otro podía ser un retratista. Confluyeron ambas ideas, inevitablemente, en José Luis Guerin. Este director no solo incidía, e incide, siempre en lo decisiva que resultaba la pintura a la hora de dirigir su propia trayectoria fílmica sino que, tras una revisión de la misma, descubrimos un interés creciente en el rostro y una forma de retrato singular que, como comprobaríamos, chocaría un tanto con la historiografía general.

Así, nuestra, digámoslo así, hipótesis es que, a pesar de que no resulta fácil encontrar, ni entre la historiografía del arte ni entre los escritos de los cineastas –con las excepciones que en lo que sigue veremos–, declaraciones que hablen del rostro filmado en términos de retrato, este sí existe como tal. En lo que será una exploración que tendrá mucho de reivindicación, confrontaremos la obra de diversos cineastas y la teoría de diversos autores, analizando qué las separa y que las une para, apoyándonos en un extenso corpus de producciones audiovisuales y escritos teóricos, establecer un puente –palabra a la que volveremos en breve– entre teoría y práctica (textos fílmicos) que, a su vez, acercará al cine al género del retrato.

Igualmente, entendemos que el retrato filmado, tal y como lo concebimos, no es posible ni viable ni tiene desarrollo en cualquier modelo cinematográfico. Así, apuntar el tratamiento del rostro en el sistema preponderante, el clásico de Hollywood, nos reportará un dispositivo que, al no tener suficiente autonomía, funcionará como mecanismo al servicio de «algo más grande», como puntual «atracción», en todo caso, del propio relato y de su lógica dramática, sin activarse como retrato.

Por último, inferimos que la posibilidad del retrato filmado pasa por rastrear una serie de sistemas estéticos al margen de las grandes industrias, excéntricas del modelo clásico, donde un cine vaciado de relato parece ser el ecosistema ideal para un rostro independizado, no al servicio de la trama sino al suyo mismo, transmutado en retrato cinematográfico.

Dentro de estos sistemas estéticos de los «márgenes», junto a otra serie de autores periféricos especialmente interesados en el rostro y su excéntrico tratamiento, colegimos que, por su forma de concebir al cineasta como heredero del pintor, por su afán por ensartas artes y por una obsesión humanista casi renacentista en el rostro humano, el estudio de la obra del barcelonés José Luis Guerin se antoja idóneo para comprender no solo el papel del rostro en tiempos del postcine sino para ayudarnos a construir una forma de retrato filmado o retrato cinematográfico donde, y esta es la definición que creemos idónea de retrato filmado, el rostro sea captado en primer plano, permaneciendo en el tiempo, «desinscrito» o independizado de todo mayor alguno y que mantenga ciertas concepciones formales de la institución pictórica.

Ya decididos a estudiar la posibilidad de un retrato en el cine, y tras articular la anterior forma de hipótesis, uno de los primeros problemas que se nos planteó es el hecho de que no existe entre la teoría, hasta la fecha, un estudio claro sobre el retrato cinematográfico más allá de los habituales acercamientos entre cine y pintura, centrados, sobre todo, en conceptos relacionados con herencias, intereses compartidos o sorpresiva similitud de encuadres. Siendo, como se verá, nuclear la posición de *El rostro en el cine,* de Jacques Aumont, en nuestro estudio, este mismo teórico negará la posibilidad del retrato en el cine si no es contenido en ese cajón de sastre que supone el cine periférico. Tras un obligado acercamiento a la situación del retrato a lo largo de la historia, ese será el afán de nuestro trabajo en una primera parte que, a modo de marco teórico, planteará el porqué de la no posibilidad del retrato dentro del cine clásico y la idoneidad del mismo dentro del cine «no narrativo», «no convencional» o «de los márgenes», como decíamos anteriormente. Es en ese cine «periférico» donde veremos que es más plausible hallar esos productos audiovisuales que, siendo «cualquier cosa menos una película», se presentan como textos, primero, y como retratos, después. Este fue un territorio a donde nos dirigió el propio Aumont, no sabemos si subrepticiamente, y que se nos reveló infinitamente más fértil de lo que esperábamos.

Aunque habíamos planteado la figura de José Luis Guerin como central de nuestro estudio –de hecho, fue inspiración principal–, a medida que investigábamos nos sorprendió la aparición de numerosos autores, más o menos conocidos por el gran público pero, casi siempre, pertenecientes a la modernidad o postmodernidad cinematográfica, que parecían sentirse fascinados por el rostro humano y que desarrollaban, a nuestro entender, un retrato con todas las letras –en este caso, todas las imágenes. Del sentimiento de urgencia que nos invadió debido a la falta, como comentábamos, de estudios directos sobre el retrato en el cine, emergió un cambio de rumbo en nuestra investigación: nuestra dedicación se compartiría entre José Luis Guerin y una serie de autores en lo que sería un acercamiento menos monográfico y más ecuménico al retrato.

Aunque es cierto que los trabajos, una vez finalizados, no se parecen a aquellos que en un inicio habíamos imaginado, aseguramos que Guerin, en todo momento y a pesar de los cambios estructurales, fue la pieza que sostuvo todo el desarrollo de nuestra estructura de investigación y que, una vez concluida la misma, no fue cimbra que se retirara sino que, por ser inspirador de nuestras ideas previas, por ser una *rara avis* dentro del audiovisual español y por resultar su trabajo ideal para ilustrar nuestra hipótesis sobre el retrato filmado, conservó, en nuestra tesis, un lugar preponderante. Esa será, precisamente, la última parte más práctica de nuestra exploración: la dedicada al trabajo de José Luis Guerin como creador total *panartístico*, como pintor, como cineasta –como escritor de textos fílmicos en general–, diestro a la hora de ensartar disciplinas, poseedor de una especialmente entendida cinefilia y, volviendo a un símil arquitectónico, asumiendo que

> la clave de bóveda de la obra cinematográfica de José Luis Guerin ha sido siempre proyectar puentes. Guerin es un pontífice, que originalmente significó «el constructor de puentes». Ha trazado puentes entre el pasado y el presente; entre el interior y el exterior; entre el deseo y la realidad; entre la verdad y lo verosímil; entre lo factual y lo proyectual; entre la imaginación y las cosas… Básicamente, es, en efecto, un constructor de puentes entre el presente y el pasado para que se haga posible –exista– la circulación de la memoria, que ha de fluir como la vida misma o morir (Calvo Serraller, 2011: 37).

1. EL RETRATO CINEMATOGRÁFICO

Dedicaremos este epígrafe, en primer lugar, a hacer una síntesis de los grandes hitos de la teoría del rostro en el cine y, en segundo, a compilar los trabajos más importantes dedicados al cineasta José Luis Carroggio Guerin[2].

Dentro del estudio de los rostros en el cine, es de sobra conocido por los investigadores la ineludible parada en una serie reducida de nombres, hecho que nos ha condicionado en gran medida, que nos disponemos a desplegar y que tiene como inicio a Béla Balázs (1884-1949). Este teórico húngaro será seminal en cuanto a su desarrollo del concepto de fotogenia, recogido o heredado tanto de Ricciotto Canudo (1877-1923) como de Louis Delluc (1890-1924) y de Jean Epstein (1897-1953)[3], y materializado, principalmente, en *El hombre visible, o la cultura del cine* en 1924 y, en el que fue su último libro, *El film. Evolución y esencia de un arte nuevo*, al que, aunque publicado en 1945, al que nosotros hemos tenido acceso a través de la traducción alemana de 1949, aparecida en Viena, retocada y ampliada por el propio autor (Balázs, 1978: 10).

En un salto nada desdeñable, pagaríamos peaje a Gilles Deleuze (1925-1995) que, en *La imagen-movimiento* de 1983, el primero de sus dos Estudios sobre Cine, nos habla de la imagen-afección en su conexión con el rostro y el primer plano del cine clásico.

---

2   A partir de ahora, nos referiremos al director como José Luis Guerin.

3   Román Gubern, a propósito de su relación teórica con Balázs, hablará las «divagaciones intuitivas y brumosas de los pioneros de la teoría cinematográfica en Francia [Ricciotto, Canudo, Delluc]» frente al esfuerzo de vocación científica a la hora de «sistematizar y vertebrar una teoría relativamente coherente y orgánica de la *expresión cinematográfica*» por parte del húngaro, en el libro de Béla Balázs, *El film. Evolución y esencia de un arte nuevo* de Gustavo (1978), en su prólogo a la edición castellana. Clasicismo y modernidad. en la página 7.

De otro francés, Jacques Aumont (1942), tenemos en *El rostro en el cine* (1992) un interés exclusivo en el tratamiento del rostro por parte del cine del que se deduce una suerte de devenir del mismo desde el nacimiento del séptimo arte hasta su definitiva explosión durante la postmodernidad.

Juntos a estos estudios «clásicos», no podemos dejar de mencionar la reciente aparición de nuevos acercamientos a la relación entre rostro, cine y posible retrato.

En primer lugar, destacamos el estudio de Noa Steimatsky *The Face on Film* (2017), que aparece como brisa fresca para traernos el enfoque del rostro cinematográfico como dispositivo en una teorización que especula con la polivalencia o polisemia de este, sus ecos en el espectador y la imposibilidad de dominación narrativa sobre él.

En segundo, nos parece importante mencionar el muy reciente trabajo de David Vázquez Couto, «Problemas en torno al retrato cinematográfico», publicado en 2021, que gira en torno a una problemática común con esta tesis y que nos proponemos, en la medida de nuestras posibilidades, si no solucionar, sí esclarecer un tanto.

Todos estos trabajos nos ayudarán a aplicar una serie de teorías, que desarrollaremos y que serán aplicables a autores determinados, que nos hablarán de una forma concreta del rostro del cine en los distintos movimientos y que cristalizarán en, como veremos, una forma de retrato filmado basada en una emancipación del elemento rostro-cinematográfico.

Citaremos, a continuación y por orden cronológico, las tesis doctorales, hasta donde sabemos, dedicadas directamente a José Luis Guerín[4].

De 2010 es la tesis titulada *Les Temps des fantômes. Approche de l'oeuvre cinématographique de José Luis Guerín*. Su autora, la Dra. Myriam Mayer, destaca la dificultad para trabajar con una filmografía, en aquellos momentos, esto es, las películas comprendidas entre los años 1984 y 2007, difícil de consultar y pretendía poner orden en una producción un tanto desatendida desde el punto de vista académico.

Del año 2015 serán tanto *El viaje imaginario. A propósito de Guest, de José Luis Guerín*, del Dr. Francisco Javier López Quintana, como *Manierismo en la obra de José Luis Guerín: la imagen asediada*, del Dr. Ángel Alonso de la Fuente.

---

4   Hemos elidido en este estado de la cuestión, por razones obvias, aquellas en que se le cite de manera tangencial, y comentaremos los puentes que se puedan edificar entre ellas y nuestra propia investigación.

En la primera, se utiliza en film *Guest* (2010) como una suerte de bisagra dentro de las películas del cineasta, una obra hacia las que las anteriores parecían querer dirigirse, y en la segunda, se utiliza el término manierismo vinculado al cine[5] para conceptualizar la idea del cineasta como demiurgo que mantiene una latencia de imágenes precursoras sobre las que crea en una especie de reivindicación subsanatoria motivada por la minusvaloración de la propia imagen en un mundo actual con inflación de las mismas.

Del 2017 serán dos tesis como las de la Dra. Luz Marina Ortiz Avilés, *El flâneur en el cine de José Luis Guerín: mirada y percepción del espacio urbano* y *Poética y lógica del esbozo: análisis semiótico del entorno digital desde la obra de José Luis Guerín*, del Dr. Manuel A. Broullón-Lozano. La Dra. Ortiz, partiendo del trabajo de orden de las tesis anteriores, dirige, de forma muy original, el trabajo de Guerin hacia la figura de los *flâneurs* decimonónicos (tomaremos prestado dicho término en alguna ocasión) y el Dr. Broullón-Lozano, por su parte, estudia las mutaciones de un cine actual, ejemplificado en José Luis Guerin, donde, entre otras novedades, la revolución técnica concretada en la posibilidad doméstica de filmación nos habla de un cine que hace un, parafraseando al propio Broullón-Lozano, «uso bricolado» dando lugar a formas discursivas particulares.

Por último, y aunque no son tesis, queremos destacar la importancia que tuvo para nosotros la lectura de dos artículos: «La fricción entre el azar y lo controlado en el cine de José Luis Guerín» (2013), de Fernando Canet Centellas, y «El cineasta como "flâneur". Trazado y formalización de la imagen documental en Guest (José Luis Guerin, 2010)», del Dr. Pedro Poyato Sánchez. Si en el primera entendimos la posibilidad de una suerte de mirada al cine de los orígenes, en el segundo, amén de las vinculaciones con el trabajo de la Dra. Ortíz, de la que el Dr. Poyato fue director de tesis, entendimos una suerte de nueva tendencia del documental contemporáneo, abierto a la subjetividad y sin miedo a la re-escritura de las imágenes.

Partiremos desde esta base teórico-práctica para enfocar, creemos, desde un punto de vista original el trabajo de José Luis Guerin: las conexiones entre su creación audiovisual –su propio proceder artístico– y los retratistas clásicos, también con los operadores de los Lumière, y las posibilidades de retorno

---

5   Alejando el concepto, ya de por sí escurridizo, «manierismo», en una decisión como mínimo discutible, del cine clásico de los cincuenta-sesenta vinculado a autores como Douglas Sirk (1897-1987) o Alfred Hitchcock (1899-1980).

al rostro del cine hablando abiertamente de este medio como uno capaz de expresarse efectiva y plenamente desde el retrato. Para ello, nos centraremos, principalmente, en los filmes *Innisfree* (1990), *Tren de sombras (El espectro de Le Thuit)* (1997), *En construcción* (2001), *En la ciudad de Sylvia* (2007), *Unas fotos en la ciudad de Sylvia* (2007), *Guest* (2010) y en las instalaciones *Las mujeres que no conocemos* (2007) y *La dama de Corinto* (2011).

2. INTRODUCCIÓN AL RETRATO

2.1. Historia

Consideramos este uno de los apartados más complejos de toda nuestra diser-tación. En un estudio de la posible función del rostro del cine como retrato, sería imprudente no aludir a las funciones y devenir del mismo durante la historia en el resto de las disciplinas artísticas. Así y todo, advertiremos que nos hemos esmerado en que esta semblanza sea, sobre todo, precisa. Entenderemos la precisión en el sentido de ser una buena síntesis informativa en cuanto al contexto general –sería ciclópeo y fútil extendernos en los entresijos de un casi inabarcable tema, rostro y retrato, profusamente estudiado por la historiogra-fía– y en cuanto a que, especialmente, intentaremos profundizar en ciertos conceptos –como el interés por dotar de un halo de verdad a lo retratado a través de la ilusión de movimiento, por ejemplo– ya presentes en la preocupa-ción histórica de los artistas y que, a nuestro modo de ver, son verdaderamente pertinentes a la hora de ensartar historia del retrato y una teoría concreta del cine como arte retratístico.

Aunque manifiesta Martínez Artero que «se desconoce para el arte una época sin retratos pues la persona humana y su representación es una cuestión insoluble» (Martínez Artero, 2004: 17), no parece justo, en el trazado de una historia posible del retrato, hablar de la pintura rupestre o de las figurillas de venus antropomorfas, los jirones de identidad que el hombre dejaba a su paso, que decía Gubern (2001: 37), y que podían ser manipuladas en su contra o a favor con prácticas mágicas, como arranque del mismo.

La obra de arte realista más antigua que se conoce [hasta la fecha] es el caballo de Vogelherd, una preciosa miniatura de marfil tallada treinta y dos mil años atrás. Pero la búsqueda del retrato humano surge muy pronto. En las excavaciones de Dolní Vestonice, cerca de Brno, en la república de Chequia, se descubrieron un par de caras humanas de veintiséis mil años de antigüedad. Una era de marfil, la otra de barro, y estaban inclinadas hacia la izquierda. A unos metros de distancia hallaron también el esqueleto de una mujer, de unos cuarenta años de edad, cuya enfermedad de los huesos la había obligado a ladear la cabeza hacia la izquierda. Si las caras eran su retrato, serían los más viejos que se han encontrado sobre la tierra (Mcneill, 1999: 119).

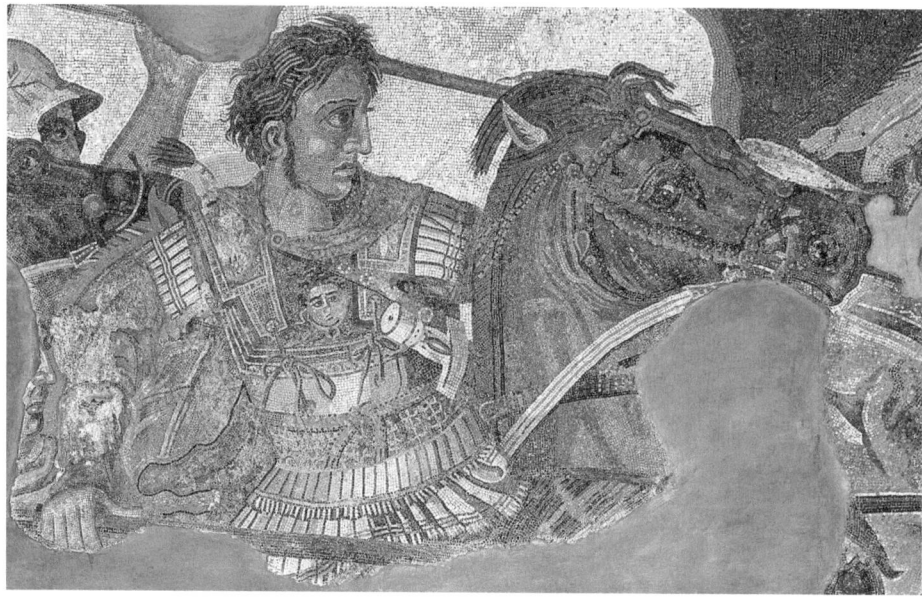

Figura 1: detalle del *Mosaico de Issos*, aproximadamente 100 a. C., encontrado en la Casa del Fauno, Pompeya, copia de un posible original griego (de una pintura de Filomeno de Eretria), autor desconocido.

Y si tampoco admitimos las representaciones de figuras humanas presentes en los distintos utensilios encontrados de las grandes civilizaciones antiguas del Creciente Fértil y situando Jacques Aumont la aparición de la imagen en Grecia, alrededor del 800 a. C. (Aumont, 1997: 21), podríamos colocar el inicio del retrato oficial, sobre un rostro conocido, reconocible y con una retórica tras él, en la acuñación de monedas por parte de los reyes persas del siglo VI-V a. C., en imágenes de perfil, para evitar la erosión de los rasgos de la efigie frontal (Gubern, 2001: 39). Lo que era interés por el hombre o mujer genéricos, de «uniformidad estereotipada» (Francastel/Francastel, 1978: 12), derivó en la búsqueda de unos rasgos que, si bien seguían teniendo mucho de patrón relacionado con el poder, y que «… también lo hacían ubicuo…» (Mcneill, 1999: 128), pretendían conectarse con un modelo de carne y hueso específico que existía y ejercía su poder como hombre. La moneda aqueménida, sus darios o siclos[6], fue adoptada y adaptada por distintos sátrapas y por, finalmente, Filipo de Macedonia y por su hijo Alejandro, del que resuena, amén de esas monedas con su perfil marcado y la cabeza tocada, en ocasiones, por los cuernos de carnero de Amón que lo identificaban con Zeus, su retrato en la pintura de Filoxeno de Eretria de la Batalla de Issos (figura 1), donde se entiende la necesidad del macedonio de dejar testimonio al público posterior de que un hombre concreto, un joven intrépido de rostro apenas barbado, dominó prácticamente todo el mundo entonces conocido.

La expansión universal de lo helenístico, tras las conquistas de Alejandro, exporta y difunde la idea del retrato fisonómico que deja atrás el idealismo de los dioses y estrategos griegos más clásicos, cuyas esculturas, pintadas y repletas de adornos, eran personas vivas, y no estaban confeccionadas para ser contempladas sino que solían estar ocultas siendo mostradas solo en algún protocolario ritual y su propósito era que ellas nos miraran, nos protegieran, a nosotros (Debray, 1994: 30). Permea en Europa, esto es, en la península itálica, en lo latino, este «facsímil naturalista alejandrino» (Debray, 1994: 140) y se retira un tanto del significado para acercarse al significante. De referente divino a faz humana. En cuanto a los romanos, todo lo que se revela en su arte como no procedente de la influencia griega puede ser estimado como proveniente del mundo etrusco; favoreciéndose el retrato romano esculpido, que alcanzaría cotas elevadas en época republicana, el retrato en pintura no pasa de ser anecdótico o inexistente. Parafraseando a la numismática y arqueóloga Annie Nicoletta Zadoks-Josephus Jitta, el retrato romano en estatuas del antepasado, el llamado *ius imaginum* de los nobles[7], pasó del significado mágico arcaico a lo ético ya entre los 200 años a. C. hasta poco después del nacimiento de Jesucristo para derivar en el puro esnobismo social del año 20 de nuestra era en adelante

---

6 Monedas persas de oro y plata respectivamente.

7 Derecho reconocido a los patricios romanos de mantener en el atrio de sus casas los retratos, primero máscaras mortuorias modeladas en cera, posteriormente relieves o *imago clipeata*, de sus antepasados.

(Zadoks-Josephus Jitta, 1932: 41). Continuaba vigente esa idea del «doble» de la que hablaba Martínez Artero: la construcción de la imagen del rostro ante el miedo de su disolución y pérdida y la culminación de la «posibilidad de seguir viviendo como viven los ancestros en los hijos y estos en sus descendientes a través de la memoria del linaje, creando así otra memoria paralela a la de los acontecimientos [...] otro hilo de lino lleno de identidades significativas al que llamaremos Historia del Retrato» (Martínez Artero, 2004: 27). En su «papel sustitutorio» (Azara, 2002: 44), las imágenes de los retratos cobraban sentido, en muchos casos, por su semejanza y por la resistencia que ofrecían a esa pérdida del rostro particular e identificado ante el trance del fallecimiento (Martínez Artero, 2004: 35). Como otro ejemplo de esta idea, mencionamos aquí los *Retratos de El Faiyum*, cientos de rostros egipcios confeccionados con la técnica de la encáustica del periodo romano y con influencia griega. La mayoría sin nombre, y creados para ocupar la parte de la cara de la carcasa de los sepulcros cerrados de las momias, «impactaban por la pertinaz intención descriptiva de la cara, locuaz mirada y específicos aderezos, peinados, maquillaje y edad, dando cuenta de sujetos singulares» (Martínez Artero, 2004: 36).

Frente a las dos funciones principales del retrato en lo que hasta ahora hemos visto, esto es, el concepto de superación de la muerte y el ejercicio efectivo del poder imperial-monárquico (Francastel/Francastel, 1978: 44), el cristianismo viene a abolir la función del primero, que ya no se liga a la imagen. Los retratos, aun así, sobreviven en el mundo en transformación postcristiano en las élites romanas, no solo en los bustos sino, también, presentes en distintos ornamentos tales como enseres de bodas, platos o alhajas varias como los que se alojan en discos de cristal decorados. Así, en el Bajo Imperio, en el siglo IV, «junto a las momias greco-egipcias, la pintura sobre vidrio, los mosaicos de los palacios y los frescos de las catacumbas, el retrato antiguo atraviesa en esta época una fase durante la cual se puede aproximar al retrato moderno» (Francastel/Francastel: 1978: 49). La pintura se convierte en la forma oficial de plasmar a los retratados y las superficies se mueven entre los medallones, muros y/o pavimentos. La escultura es el formato predilecto para la fase de ascenso del Estado Romano y la pintura para las postrimerías del mismo.

> Tomando conciencia de sí mismo [el hombre/mujer individual], experimenta el despertar de una curiosidad en relación a su propia persona; se estudia y siente el deseo de transmitir a la posteridad su nombre, sus obras y su rostro, si es posible. Se prefiere la imagen pintada en detrimento de la imagen esculpida:

su coste de fabricación es menor y su flexibilidad la hace más apta para cumplir esta tarea de investigación sobre la naturaleza del ser humano, que desde ese momento será la función dominante del retrato (Francastel/Francastel, 1978: 50).

Tras las invasiones bárbaras, y en simbiosis con las protocorrientes cristianas iconoclastas, se produce un rechazo al retrato.

En los estados procedentes de las invasiones todo margen de libertad otorgado al individuo desapareció íntegramente al quedar este sometido a las exigencias de la Iglesia y del soberano, acarreando con ello la desaparición del retrato. Su rechazo en ciertas zonas del próximo Oriente terminará por desembocar en una iconoclasia integral excluyendo toda representación de la figura humana. Por otra parte, allí donde subsisten algunos lazos con Roma se producen fluctuaciones y reticencias de manera que la figura humana es admitida bajo ciertas condiciones y el retrato será tolerado cuando se trate de personas muertas hace mucho tiempo (Francastel/Francastel, 1978: 55).

El último paso hacia el retrato libre está próximo: libre como objeto amovible y como uno en el que el sujeto pintado tiene derecho a presentarse sin otra pretensión que la de mostrarse (Francastel/Francastel, 1978: 74).

En la obra de Jean Fouquet, *Chevalier, presentado por San Esteban* (o *Díptico de Mellum*) (1450) (figura 2), y aunque la fórmula es la arcaica «presentación» a los santos, vemos como protagonista a un particular. La parte izquierda del díptico la ocupan el santo y el donante (la derecha está reservada a la Virgen) y funcionan, con total efecto, como retratos independientes.

Un espacio «a la italiana» para un oferente que se da a ver y se exhibe tal y como es. De fuerte influencia, igualmente, flamenca, ciertas modas orientalistas –recordamos a Simone Martini– parecen quedar atrás. La indolencia del rostro de Chevalier se estrella un tanto con la de su «colega» el canciller Rolin. En esta pintura de Jean van Eyck, *La virgen de Autun* o *La Virgen del canciller Rolin*, de la indiferencia pasamos a la irreverencia frente al poder divino de un Rolin que, pese a la genuflexión, no emana humildad, sumisión o éxtasis alguno (Francastel/Francastel, 1978: 79). Más bien hay en el canciller, y exageramos quizá, el hastío de un trámite que posterga la resolución de otros problemas, más importantes, relacionados con lo crematístico. El encuentro con la Virgen como una cita más en el orden del día. Rolin, que no es un príncipe, ocupa posición de privilegio en la composición de esta pintura. Los donantes han pasado de las partes bajas de los trípticos o dípticos a ser foco de luz. El donante, el sujeto humano, irrumpe, casi siendo incómoda su visita para ambas partes, en el mundo divino, celestial, en lo que podría ser metáfora de que el retrato, por fin, se introduce en todas partes. Rostro humano y paisajes avanzan de la mano; todo empieza a ser visto con sorprendente laicidad y la «emergencia casi simultánea del panorama y del autorretrato señalan un salto adelante en el desencadenamiento del mundo» (Debray, 1994: 168).

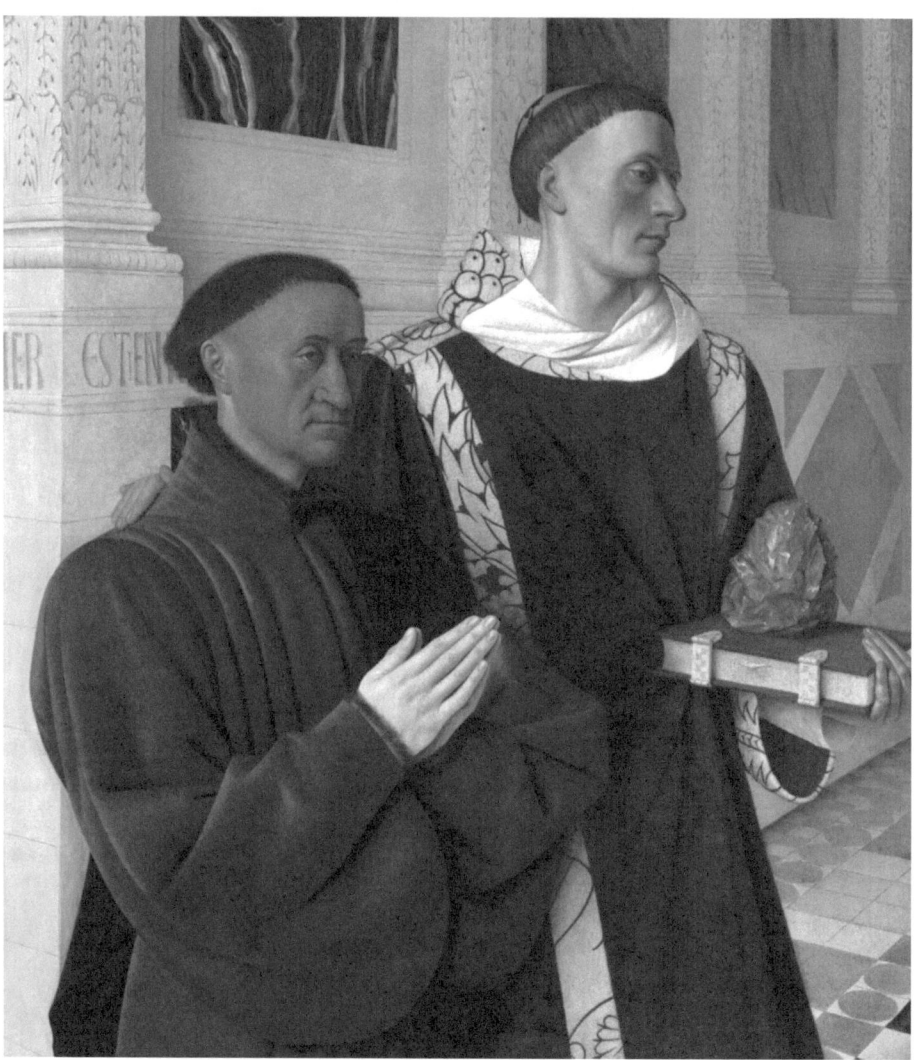

Figura 2: fragmento del *Díptico de Mellum* de Jean Fouquet (circa 1450).

El retrato se libera. En el caso de Juan el Bueno, Juan II de Francia, se nos presenta, hacia 1350 y en un retrato sobre tabla anónimo, no como rey, sino como hombre: «… se nos aparece [Juan II] tal como debía ser en su vivir: figura de alguien que gusta de los placeres de la vida, en el cual a la audacia mezclada con despreocupación se le agrega un rasgo de apatía» (Francastel/ Francastel, 1978: 86).

Se encuentra con frecuencia en las dependencias de la nobleza los que se llamaron «gabinetes de retratos». Panoplias no de armas sino de distintas visiones del mismo hombre y sus intereses. Algo que no llega a ser culto personal sino, acaso, curiosidad exacerbada: en dichas colecciones se retratan los nobles principales, sus hijos, allegados e, incluso, algunas amantes, en lo que Jacob Burckhardt llamaría la «cultura moderna de la fama» (Burckhardt, 1990: 13). La inauguración de este retrato libre acontece en Francia, en Italia y en Flandes. Vemos bustos de perfil sobre fondos neutros o sobre imágenes. A veces los tres cuartos del retrato flamenco inspiran a los italianos. También el estilo de algunos peinados y/o ropajes nos habla de interpenetración de influencias. Así y todo, la presencia del retratado es siempre más importante que el entorno si es que este aparece: germinó rápido la idea de que el sujeto no era total si se le separaba de aquello que constituía el ámbito de su vida consuetudinaria, el mundo exterior donde se movía (Francastel/Francastel, 1978: 98). Los italianos gustan de exteriores con cielo y paisajes, los franceses de interiores cerrados que recuerdan a Flandes. Con el buen ejemplo de la *Pala de Brera* (o *Sacra Conversación* o *Madonna del Duque de Urbino* o *Virgen con El Niño y Santos*), de 1472, de Piero della Francesca, veremos la transacción de la escena de grupo, analítica, al estudio sintético del rostro del Duque oferente de ese cuadro, Federico de Montefeltro (figura 3), en retratos de perfil con paisaje que el mismo Della Francesca realizará a lo largo de la vida del noble.

Con el «despertar» del periodo comprendido entre 1480 y 1490, se promueve una nueva tendencia: cambia, en Florencia, el tipo de retrato, acompañándose ahora siempre con el paisaje y la misma figura comienza a «vivir y a moverse […] tendencia inspirada por la moda de los antiguos, pero que comporta en sí misma consecuencias inevitables: el despertar de la curiosidad hacia un cuerpo no trabado y un rostro natural» (Francastel/Francastel, 1978: 106).

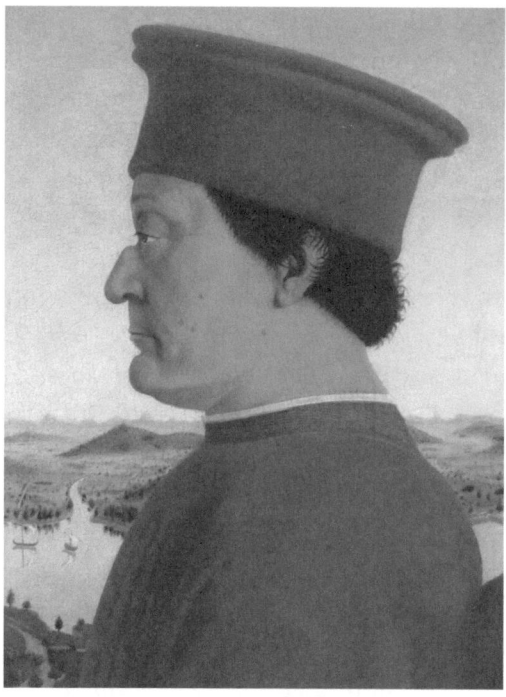

Figura 3: fragmento del *Díptico del duque de Urbino* (1473-1475), de Piero della Francesca.

Los artistas del Renacimiento tienen una amplia gama de opciones: retratos con fondos neutros, sobre paisajes o ambos, gracias al truco de incluir en la composición una ventana abierta al exterior; tienen la posibilidad de representar al modelo de perfil o de tres cuartos, de pie, sentado o, incluso, a caballo (Francastel/Francastel, 1978: 108). Así y todo, el retrato, como tal, estaba fuera, por así decirlo, de la «oficialidad»: los contratos los firmaba el contratante para el trabajo importante, que no era otro que el fresco de la habitación capitular de la casona, la pintura del altar, estando los retratos circunscritos al terreno casi privado de la relación pintor-cliente y como residuo de aquella labor principal[8]. Siguiendo con el arte oficial, la racionalización florentina-boloñesa se impone: Alberti y otros instauran la dictadura de la metodología matemática, la proporción obligatoria, la perspectiva lineal y por ende un relato clásico oficial unívoco. Según el gran principio generador del nuevo movimiento, la figura debería ser mimesis de lo natural. La doctrina italiana, así y todo, aun asumida en un principio, es «superada» por algunos artistas como Durero, que

---

8   Destaca la gran cantidad de retratos anónimos, tanto en Flandes o Italia, del Quattrocento.

imponen su propia forma de concebir la realidad. Los retratos del alemán, que acabarían por ocupar una parte central de su producción, son, en palabras de los Francastel, paradigma «de la observación del rostro y el descubrimiento del alma» (Francastel/Francastel, 1978: 113). En los países imperiales donde triunfa la Reforma, el retrato se incrusta en un lugar preponderante que nunca había tenido antes. Retratos de corte, alegóricos, filosóficos, luctuosos o en forma de naturalezas muertas son elegidos por los grandes y por los pequeños maestros de este tiempo (Francastel/Francastel, 1978: 114). En Italia, los retratos salen ya de las pinturas sobre «grandes temas» religiosos y se acotan a los caballetes: es portátil, movible, como decíamos, y se entrega en propiedad a aquel que lo encarga (Francastel/Francastel, 1978: 115). Los pintores expertos en el retrato son contratados por las cortes centrales europeas. Maestros de esta disciplina, como Holbein o Quinten Massys, retratan tanto a reyes, perpetuando la «formalidad medieval que se daba también en sellos y encabezamientos de los privilegios reales» (Martínez Artero, 2004: 59), como a algunos de sus servidores más destacados. Tal es el caso del humanista Erasmo de Rotterdam. Al hablar del retrato del pensador, efectuado por, precisamente, Massys en 1517, Francastel apunta:

> … los medios son extremadamente simples: sentado frente a la mesa, situada contra una estantería de libros, el erudito está absorto por el acto de escribir. No posa, no se comunica ni con el espectador ni con el mundo exterior, no transgrede –como lo hacen habitualmente los retratos pintados en los interiores– el espacio de su pequeño cuarto de trabajo. Por primera vez, tal vez en la historia del retrato occidental, la mirada del modelo no se fija en el espectador ni en el infinito. Roza la página del cuaderno abierto sobre la mesa y parece demorarse sobre ese momento de suspensión en la redacción donde el escritor medita antes de dejar una frase sobre el papel. El grueso cuaderno donde Erasmo se prepara para dejar fijado el fruto de su meditación no es tampoco uno de esos objetos simbólicos y gratuitos con cuya presencia los pintores informan al público sobre los gustos o sobre la profesión de sus modelos. Aquí resulta útil, es objeto necesario de justificar una acción inmediata y temporal (Francastel/Francastel, 1978: 119).

De alguna forma, estos artistas flamencos, centroeuropeos, parecen haber asimilado, resistido y transformado la moda italiana para mantenerse firmes a sus tradiciones y superar ambas influencias.

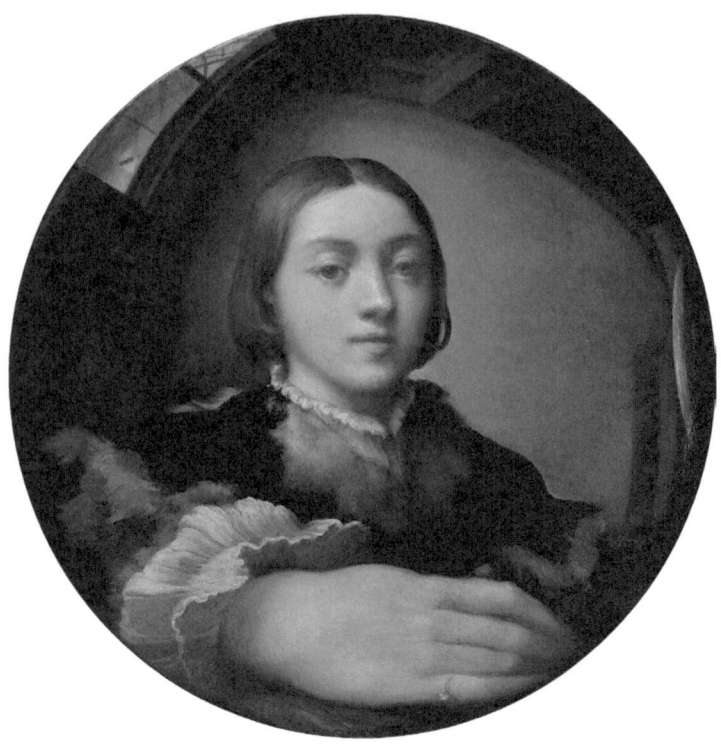

Figura 4: *Autorretrato ante el espejo* (1523-1524), de il Parmigianino.

Igualmente, en el siglo XVI se iniciará en Italia un movimiento que no reniega de los temas tradicionales pero que explota las conquistas técnicas de los predecesores para desarrollar, algo que ya iniciaría Cranach, una suerte de nuevo tipo humano: nociones de forma, relaciones entre el espacio y el color y la luz son ahora cuestionados para poner, en la práctica, fin a ciertas categorías doctrinales (Francastel/Francastel, 1978: 127). Esta búsqueda personal ha sido denominada por la teoría actual como «manierismo», término con no pocos problemas e imprecisiones. Dentro de este contexto, el retrato (el artista) se siente más apegado a su modelo, el que paga, que a estas innovaciones. Las «desviaciones» a la norma del llamado manierismo, sus escorzos y retorcimientos, bien valen para los retratos, aun por encargo, imaginarios, pero poco para un comitente que quiera ser retratado y que, en absoluto, «… se encontrará satisfecho de […] verse caricaturizado a ultranza» (Francastel/Francastel, 1978: 128). Dichas extravagancias quedan reservadas al arte «de imaginación» y no afectan a los retratos más oficiales. De igual forma, se podría decir que los artistas desnaturalizan menos de lo que estilizan; deforman menos de lo que refinan o distinguen. Así y todo, existe un ejemplo maravilloso en il Parmigianino (figura 4) de una pintura en la que se muestra, en primer plano, una mano descomunal por efecto de un espejo convexo, estando tal libertad justificada por el hecho de ser un autorretrato de pintor.

En cuanto a los de corte, Tiziano es «el rey del retrato en el siglo XVI [...] es quien ha elevado su prestigio al nivel de gran arte a la moda» (Francastel/Francastel, 1978: 135). Después de dedicarse a plasmar los rostros de la nobleza italiana de ciudades como Ferrara o Venecia, Tiziano tiene la oportunidad de su vida en el encuentro con Carlos V en Bolonia, ciudad en la que el segundo se acababa de hacer coronar. Ganarse el favor del emperador le reportó al pintor, amén de los emolumentos propios de la posición que adquirió como artista de confianza de Carlos[9], títulos nobiliarios para sus hijos (que éstos heredarían) o, en vida, nombramientos como «conde palatino» o «caballero de la espuela de oro» que le reportaban el derecho a llevar espada y cadena de oro o la posibilidad de entrar en la corte imperial. Tiziano es uno de esos puntos de inflexión en la historia del arte no ya de reconocimiento del retrato sino de, un paso anterior, reconocimiento del arte y del artista con un estatus superior al de simple manufacturero o artesano. Tiziano es «pintor regular» del emperador pero no tiene la obligación de seguir al monarca en sus desplazamientos: trabaja en su propia casa y sigue recibiendo los encargos que le placen. En lo tocante al retrato, el pintor abandona la idealización de los encargos de sus mocedades. Con la excepción de los retratos que le hizo al Emperador, en los que se aprecia el respeto y la confianza de una conexión sincera entre ambos,

> ... alinea un conjunto extraordinariamente vivo pero verdaderamente feroz de hombres (casi ninguna mujer), en donde no siente la necesidad de ocultar las taras morales o físicas [...] el despiadado retrato de Pablo III y de sus sobrinos Octavio y Alejandro Farnesio da [...] la medida de lo que podía ser el juicio de Tiziano sobre los poderosos de le época y sobre el precio hecho de rastrera adulación, de astucia, de temor y de bajeza con que se pagaba el poder (Francastel/Francastel, 1978: 137).

---

9   [«Tizziano, lo si deve ammettere, amava il denaro. Faceva pagare prezzi molto alti e accumulava benefici e pensioni, una delle quali (pagabile eccezionalmente in contati e non in legno o grano) fu così difficile da ottenere che egli la definì una "passione piuttosto che pensione"»] [Hay que reconocer que a Tiziano le encantaba el dinero. Cobraba precios muy altos y amasaba beneficios y pensiones, una de las cuales (pagadera excepcionalmente en billetes y no en madera o grano) era tan difícil de obtener que él mismo la llamaba «pasión más que pensión» (traducción propia)], leído en el libro de Erwin Panofsky, *Tiziano. Problemi di iconografia*.

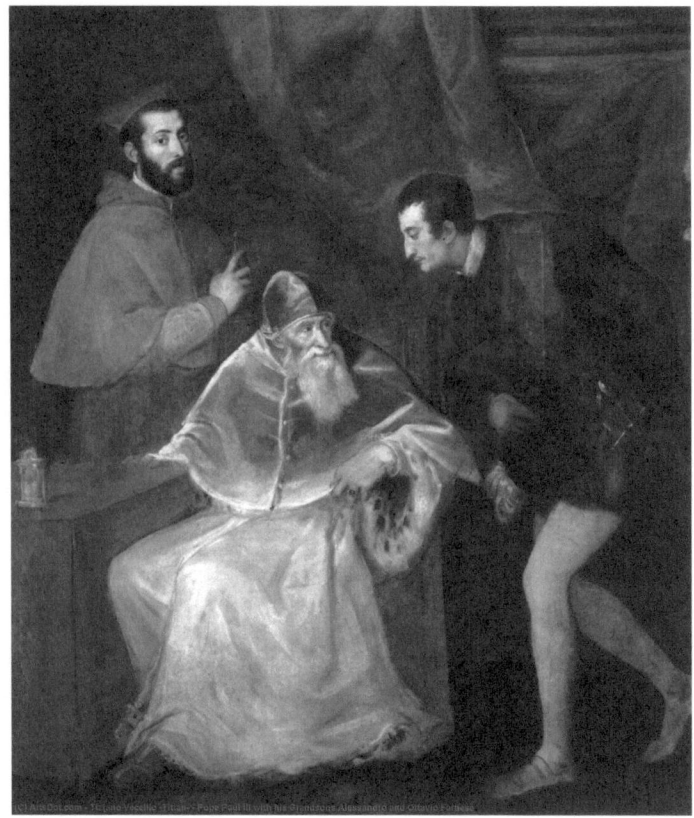

Figura 5: El *Papa Pablo III y sus sobrinos Alejandro y Octavio Farnese*, Tiziano, 1546.

El siglo XVII, traerá los llamados «retratos de ostentación» o «retratos con aparato». Más allá de la efigie del Enrique VIII de Holbein, artistas extranjeros inmigran y se instalan en las residencias ducales o principescas europeas. Pourbus el Joven, Van Dyck o Rubens darán constancia de un desfile de familias nobles, ministros, validos o importantes prohombres de cada región. En el caso de Pedro Pablo Rubens, su espíritu cosmopolita y su personalidad afectarán a la noción de retrato como género de su época en una dignidad del mismo que el propio pintor discute. Rubens, tras recibir el encargo del duque de Mantua de viajar a París para realizar una serie de retratos que engrosen su galería de mujeres bellas, le responde, por carta y en términos generales, que tal proyecto asigna a su talento un objetivo muy indigno de él y que, si finalmente acomete tal encargo lo hará solo como «... un medio –poco honorable, por otra parte– para llegar a realizar trabajos mucho más importantes...» (Francastel/Francastel, 1978: 154). Paradójicamente, Rubens, en el mismo momento en que se queja amargamente del mezquino concepto que de él tienen como artista los que le encargan tales menesteres, se encuentra realizando el retrato ecuestre del duque de Lerma.

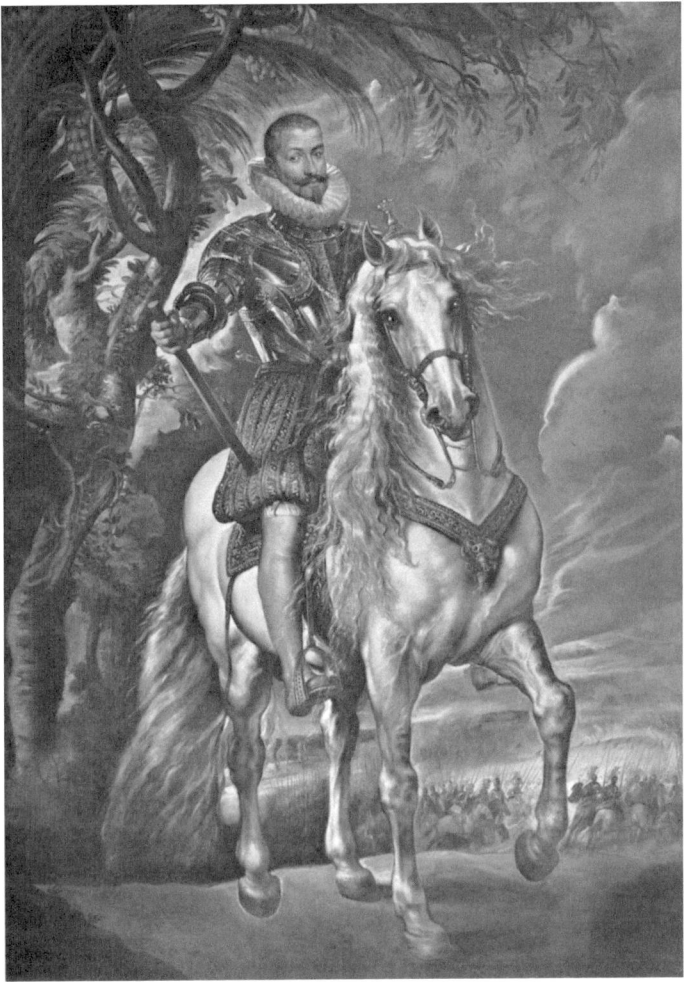

Figura 6: *Retrato ecuestre del duque de Lerma*, Pedro Pablo Rubens, 1603.

Si bien esos «retratos de mujeres bellas» envilecían su arte, Rubens no dudó en realizar numerosos retratos de ostentación, el de Brigitte Spinola Doria (1606), el del banquero del duque de Gonzaga, el de la marquesa de Grimaldi con su enano, el de Luis XIII, el de la reina Ana de Austria o el de su hermana María Ana. Todos estos encargos le reportarían dinero y buenas conexiones para esos otros trabajos de lo que él consideraba «alta pintura». En el caso del retrato del duque a caballo, este será el modelo de todos los futuros retratos ecuestres desde Van Dyck a Gros y a Gericault (Francastel/Francastel, 1978: 154).

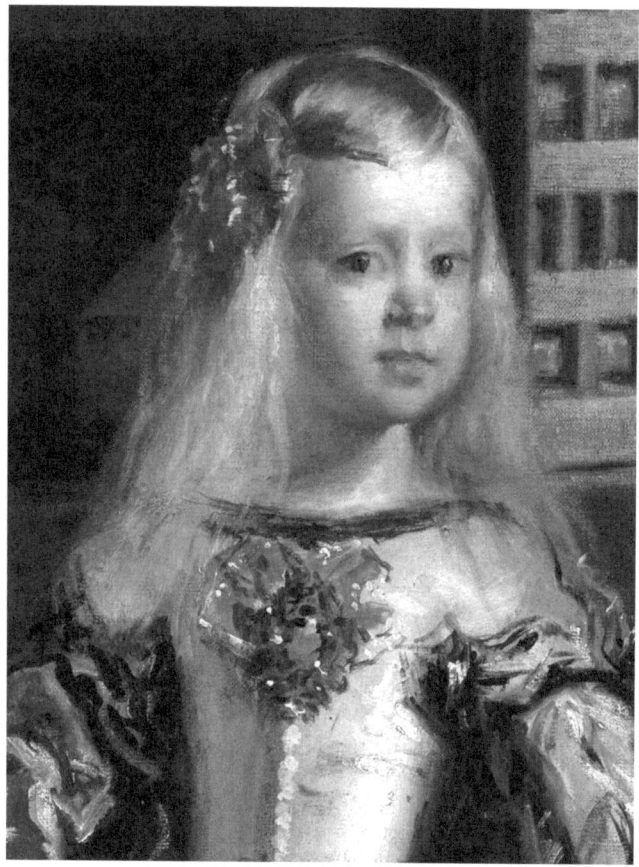

Figura 7: fragmento de *Las Meninas*, de Diego Velázquez, 1656.

España tenía en Madrid la sede del retrato oficial, estando el resto de sus geografías dedicadas con más o menos fervor a la pintura piadosa. Frente a la presencia en el territorio de las obras del Greco o la ya mencionada, y decisiva, influencia de Tiziano en lo relacionado a la pintura oficial de la corte española, surgió una, llamémosla, escuela de pintura nacional que tuvo como nombres importantes a Zurbarán (1598-1664) y a Velázquez (1599-1660). El encuentro entre el artista sevillano y Rubens se da en Madrid cuando Diego de Velázquez cuenta con 29 años (1628). El primero conmina al andaluz a realizar un viaje a Italia para mejorar sus composiciones. Si bien nunca excluyó otros géneros, Velázquez cimenta su carrera gracias al retrato oficial, como ya hicieran, precisamente, Tiziano y su colega Rubens. Revolucionó el género en el sentido de que, aparte de mantener la pose, esto es, la tradición de pie en traje de corte o con armadura, modifica todas las relaciones de espacio, luminosidad y proporciones. Con el tiempo, el pintor dotará a la sombra de un papel relevante en el retrato —acaso será la primera vez que ello ocurra en la historia de la disciplina (Francastel/Francastel, 1978: 160)— pasando su arte a escenificar a sus protagonistas en espacios sin límites y luces difusas que se conectan con la pintura veneciana anterior. Los toques fluidos de pintura, que a escasa distancia se aprecian como manchas informes, salpican los trajes de los retratos oficiales mientras que los rostros parecen más «a salvo» de esa pincelada salvaje, que lo origina todo desde el propio color. En el caso de *Las Meninas*, Velázquez parece utilizar el retrato para dar rienda suelta a su incontenible técnica, todo lo más cuando, envenenado quizá por las diatribas de Rubens y con la mente siempre puesta en la libertad y los logros de su admirado Tiziano, tuvo en la mente el sevillano su desempeño artístico como plataforma o trampolín a la dignificación de su oficio y de su propia persona mediante la adquisición de algún título nobiliario[10], que anulara la consideración de la (su) pintura como simple ejercicio de artesanía, renegando incluso del retrato como disciplina en detrimento, en todo caso, de la «gran pintura de historia».

En la ciudad holandesa de Haarlem, tras abandonar Amberes, se establece la familia de Frans Hals hacia 1611. La corte Orange jamás encargó retratos a Hals, que tuvo que limitarse a los retratos colectivos tan de moda en su época. En muchos de ellos, como en otros individuales, los personajes parecen sorprendidos en medio de la emisión de un exabrupto, en el fragor de una algarada incontrolable o, a veces, en ese momento en que la risa incontinente se desboca tras mucho tiempo intentando esconderla. Aunque entre sus clientes había notables de Haarlem, en sus retratos, junto a aquellos, desfilan multitud de personajes humildes como niños de la calle, vendedoras ambulantes o bebedores sin oficio conocido. Un alejamiento del retrato oficial hacia un truculento realismo popular (Francastel/Francastel, 1978: 165) que, por la actitud indolente de los que posan, parece recordar un tanto la desafiante seguridad de los nobles ingleses que, partiendo de los caminos arados por Holbein y por

---

10 Finalmente, Velázquez conseguiría la hidalguía en las postrimerías de su vida, merced a un breve apostólico del papa a instancias del propio rey español, consiguiendo entrar en la orden de Santiago, leído en el libro de Jonathan Brown, *Images and Ideas in Seventeenth-Century Spanish Painting*.

otro ciudadano de Amberes, Van Dyck, fueron retratados por Sir Joshua Reynolds, Thomas Gainsborough o George Rommey ya en la Ilustración, desplazados del centro de la pintura para mostrar, he ahí sus rictus despreocupados y la terrorífica diferencia con los personajes desclasados de Hals, todas sus riquezas en forma de posesiones materiales.

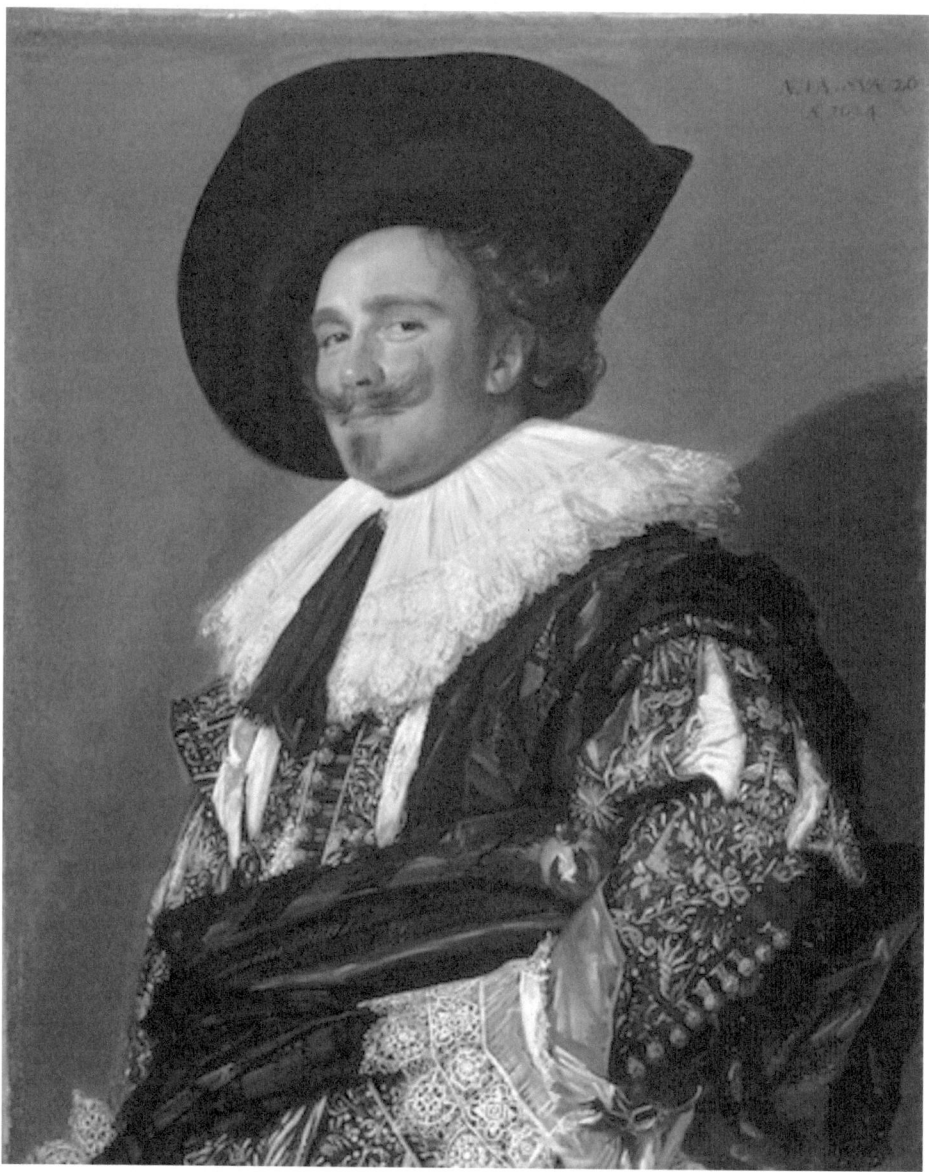

Figura 8: *Caballero sonriente*, Frans Hals, 1624.

Lo truculento llama también a Rembrant van Rijn. Se autorretrata disfrazado con oropeles orientalizantes, peinados variados o roles que van desde el señor al cazador, y jamás es condescendiente ya que no oculta el proceso inexorable de su propio envejecimiento (Grombrich/Hochberg/Black, 1983: 21). El fracaso de su retrato más cercano a la convencionalidad, la *Ronda Nocturna* –los guardias retratados, que debían pagar la pintura, se negaron a hacerlo, con especial ahínco los que aparecían en las zonas más oscuras– nos alumbra, en palabras del matrimonio Francastel, sobre

> las verdaderas razones del no alineamiento del retrato en relación a las innovaciones que intervienen en las otras ramas de la pintura: el público, aun cuando las admira en las obras imaginativas, no admite jamás que una visión desacostumbrada pueda ser aplicada a representaciones donde él figura, puesto que a sus ojos todo alejamiento de los hábitos visuales adquiridos constituye una deformación de «la verdad» (Francastel/Francastel, 1978: 168).

El concepto mismo de retrato se desvirtúa al llegar al siglo XIX. Si bien podemos suponer, por las tensiones hasta ahora estudiadas, que esto era algo que podría venirse anunciando, la ruptura tan significativa con esta disciplina hace que acometer una exposición estética del espíritu de una época sea una entelequia ya que pasaremos de una tradición que solo denota anquilosamiento a una escisión enfermiza de las convenciones. Diremos que el concepto de mímesis de la realidad ha entrado en crisis –esta será definitiva con la aparición de la fotografía– y ha sido sustituido por un arte como exponente de la visión personal del mundo de un individuo concreto. El género del retrato, aunque se reinterpreta en el XIX, insistimos, siempre había sido considerado una suerte de género menor hasta bien entrado el Antiguo Régimen. Los grandes artistas lo practican, sí, pero es su prestigio en otros trabajos el que «contamina» por simpatía, y no al contrario, al retrato. Existen, igualmente, retratos de mayor o menor jerarquía[11], circunstancia que no hace sino subdividir aún más el descrédito del género. Enfrentando al *Napoleón cruzando los Alpes* (1801-1805), de Jacques-Louis David, con los retratos cortesanos de Goya vemos que, quizá, lo técnico, los retratos en busto o tres-cuartos, disposición de figuras (composición), recortado de siluetas, iluminación o modelado, a la «*maniera* italiana»

---

11   Serán célebres los retratos románticos, un tanto sentimentales y anticuados, del amado o la amada que se lleva de aquí para allá en un bolsillo cercano al corazón, en miniatura.

(Martínez Artero, 2004: 65), no definen la originalidad del retrato sino las eclosiones de los nuevos tipos humanos reflejados. Napoleón, que desprecia lo viejo, pretende que todo se regenere con él. Si después de mí, el diluvio, que diría aquel rey, después de mí, empieza todo, que diría el joven Emperador. La visión que de él muestre el arte ha de ser la de héroe militar y la de genio legislador. Tenemos un curioso efecto: se desencadena un proceso de perpetuación de cánones y, al mismo tiempo, un cuestionamiento de los mismos que ejemplifica el paso del sujeto de un sistema represor y naturalmente injusto a otro orden social más justo (Martínez Artero, 2004: 65). El nuevo tipo, el nuevo ideal, llega a la mujer. En *Madame Récamier* (1800), de David (figura 9), la burguesa es encarnación suprema del ideal de los años revolucionarios (en su caso, curiosa y paradójicamente, partidaria de la restauración borbónica y promotora en su salón de reuniones con algunos de los intelectuales más importantes de la Francia decimonónica). Dispuesta más como ideal que como retrato, Récamier es presentada como heroína –casi esperando tranquilamente que una daga aparezca de la nada para acabar de sellar un pacto de sangre con la inmortalidad histórica que a veces solo consiguen los asesinatos políticos– de regusto clásico mediterráneo en lo escenográfico.

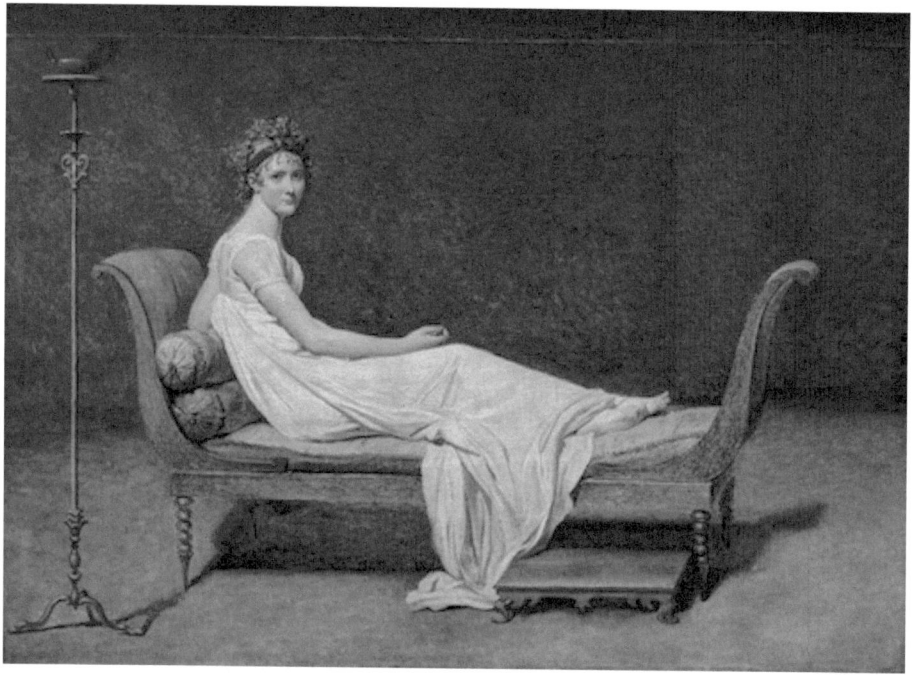

Figura 9: *Madame Récamier* (1800), de Jacques-Louis David.

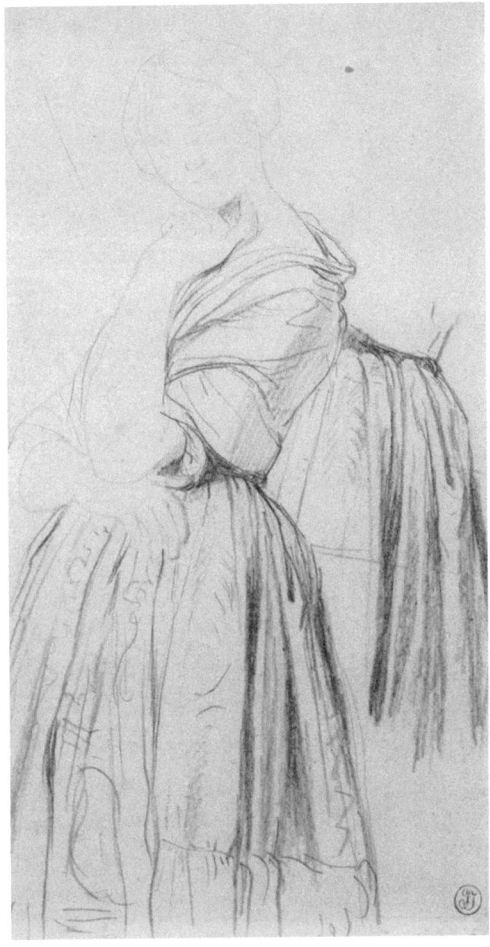

Figura 10: *Estudio en carboncillo y grafito sobre papel para el retrato de la Condesa de Haussonville* (1842-1845), Ingres.

Serán autores como Ingres y Courbet los que parezcan encabezar la eterna inauguración del retrato moderno, que no acaba de llegar aún aunque se amenace con ello, en una relación propia, especial, del pintor con el individuo y su universo interior. La Europa romántica del diecinueve se debate con la realista. Aunque sí existe una literatura romántica, se podría decir que el retrato romántico como tal parece fruto no de una época sino forjado tras una conformación de milenios; «el romanticismo constituye más bien un fenómeno de vulgarización que una elaboración de valores nuevos [...] el romanticismo de los rostros y de los trajes ha sido aplicado a una silueta que no ha cambiado» (Francastel/Francastel, 1978: 201-202). Tal esclerosis parece extrapolable al realismo, donde el primer Courbet acata una la herencia de una definición del individuo y una mímica del rostro. El problema de cómo ha de ser un retrato surge en mitad del siglo, entre lo académico, donde la importancia de la técnica no se cuestiona y en la que se pinta frente al modelo vivo, y los preceptos sociales prácticos y teóricos que hablan de una nueva sociedad, ya sea desde el poder napoleónico o desde el rincón del despacho de una imprenta regentada por un grupo de marxistas. El problema entre representación figurativa e identidad de lo (él, la) representado está servido.

El poder del signo llegará al arte y al retrato. Conectan los Francastel la obra de Ingres con la de Matisse pero, específicamente, a través de los dibujos preparatorios de retratos del primero:

> En cuanto a los dibujos de Ingres, considerados como la preparación de sus retratos pictóricos, se debe, sobre todo, notar que su calidad no está vinculada a su exactitud, sino, por el contrario, al hecho de que frente a la realización plantean una organización completamente dependiente de la hoja de papel. Esta elección será la que Matisse va a asimilar. Se puede considerar también que los dibujos de Ingres lo vinculan a la tradición y que introducen una de las primeras series de obras donde la relación de la representación figurativa con el modelo es menos importante que la disposición de los signos sobre el soporte, es decir, que de una manera consciente la finalidad del dibujo y de la obra priman sobre la supuesta identidad del croquis con el modelo vivo […] los dibujos a lápiz de Ingres anuncian así la primacía en la obra de arte figurativa de las cualidades plásticas, es decir, del rendimiento sobre la imitación (Francastel/Francastel, 1978: 205).

Rendimiento sobre imitación, poder del signo o, como veremos más adelante, en desarrollo, lo sensible sobre lo decible también presentes en el retrato que de Baudelaire confeccionó el último Courbet (figura 11), sacando lo épico del escritor a través de una pincelada con volumen y una composición desequilibrada que muestran un esfuerzo no por representar la individual sino por solucionar el problema de encajar al hombre en su entorno.

Es prolífica la producción de retratos desde la mitad del siglo diecinueve hasta los años veinte del siglo veinte. Si bien, la crisis de la representación estará presente en artistas concretos, que desatarán la gran mutación posterior entre el gran público, la irrupción de la fotografía pareció no competir con la pintura sino fomentar un deseo ardiente de «fijar la imagen de cada uno captada en su movimiento y detenida en su actitud» (Francastel/Francastel, 1978:

213). En el caso de *Madame Jeantaud*, de Degas, vemos a la mujer doblada frente a un espejo.

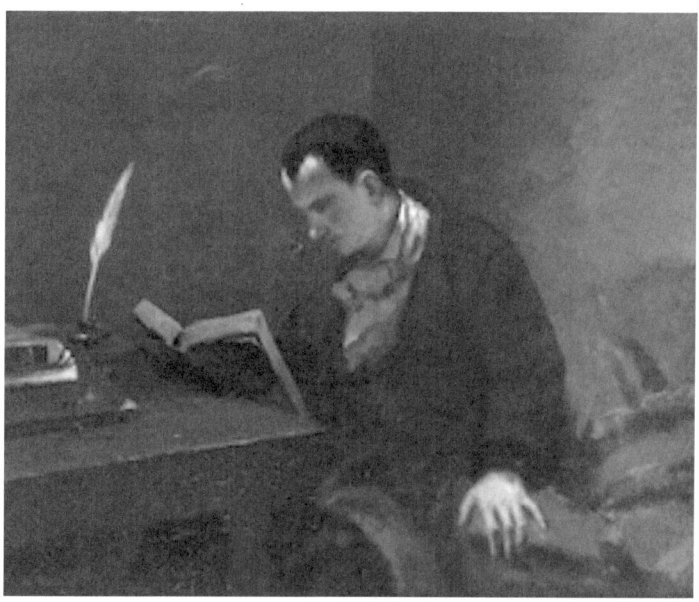

Figura 11: *Retrato* de Baudelaire (1848-1849), Gustave Courbet.

Ya el valor de la composición prima tanto como el tema del parecido del modelo; Degas se sirve de sus allegados no para desplegar sus personalidades sino para capturar fisonomía, gestos, modo de vida, para escenificar valores ajenos a aquellos modelos (Francastel/Francastel, 1978: 216). Lo que obsesionará a Degas, decíamos, era la expresión del movimiento. Dentro de un contexto aparentemente tradicional descubrimos intereses modernos. «A partir de ahora, la forma de la pintura ya no se esforzará para expresar la figura del individuo, sino ciertas cualidades mucho más generales de la acción» (Francastel/Francastel, 1978: 216).

A finales del siglo diecinueve, los pintores abandonan los talleres y los modelos en vivo y, dedicados a la *flânerie*, salen a la calle, el plenarismo, a captar dentro de los medios que les rodean. Los pintores se desinteresan de la pose que tensa el músculo para centrarse, insistimos, en el

... movimiento, en lo efímero, en lo instantáneo [...] en el universo de los fenómenos con preferencia al universo de los hombres [...] lo esencial consiste en sustituir el registro de los espectáculos, vinculados a las costumbres y a la persona, por un análisis cada vez más afinado de las percepciones sensibles; los individuos ya no aparecen sino como elementos de otros elementos. Al pintor ya no le interesan las situaciones estables y busca captar la movilidad (Francastel/Francastel, 1978: 220).

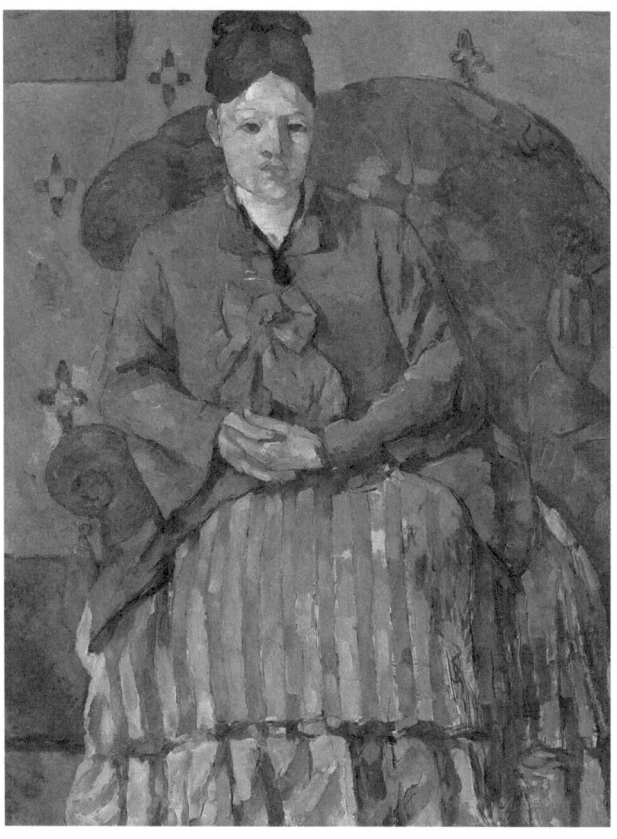

Figura 12: *Hortense Fiquet (Madame Cézanne) sentada sobre sillón rojo*, Paul Cézanne, 1877.

En la liga de los artistas que, pretendiéndolo o no, destruyen los presupuestos sobre los cuales descansaba la forma del retrato, debemos citar a Paul Cézanne y a Pablo Picasso. La acción de observación del entorno y sus ocupantes del primero no tiene por intención retratar sino soportar fenomenológicamente la construcción de un (su) sistema formal basado en una admiración sensible intrínsecamente personal. Las figuras humanas, para Cézanne –tenemos un buen ejemplo en los retratos que hizo de su propia mujer, Marie-Hortense (figura 12), a la que, sobre el lienzo y a pesar de llevar muy poco tiempo casado con ella, ve como un objeto, como una cortina o un espejo (Cousins,

2017: 346)– constituyen superficies, planos distribuidos espacialmente que son interesantes, en todo caso, por la oportunidad «reconocida a la pintura a partir de ahora, de crear sistemas figurativos sin que sea necesario pasar por la animación de los seres vivos o por el reconocimiento de los objetos materiales de una civilización» (Francastel/Francastel, 1978: 224).

Tenemos retrato, sentencian los Francastel si

> de una manera consciente el artista distingue entre el interés que experimenta por sus propias percepciones y una intención completamente deliberada de hacernos sensible la apariencia de otra individualidad distinta a la suya. Cuando un artista hace aparecer figuras, entre otros signos, en el dominio de las formas caprichosas de su imaginación no hace un retrato. Esto supone una reflexión sobre la situación del hombre en sociedad y no sobre la posición de un artista en relación al universo (Francastel/Francastel, 1978: 230).

Sobre Pablo Picasso, y en connivencia al problema de definir su personalidad con el de definir la propia naturaleza del cubismo, se podría decir que nunca estuvo realmente interesado en el arte del retrato sino que, acaso un tanto como le sucedía a Cézanne, la figura humana era solo el soporte de una meditación plástica (Francastel/Francastel, 1978: 228). Los seres, como los objetos, serán fragmentos de realidad que descompondrá a placer. Desinteresado por la figura del modelo, hablar de retratos en el caso de Picasso será, como mínimo, arriesgado. El artista malagueño irá más allá en su desatención por el modelo que el propio Cézanne. La obra de Picasso investiga los planos y el efecto de la luz en ellos, proponiendo la posibilidad de una nueva perspectiva que atente contra la dictadura de la lineal o aérea, abriendo un mundo de posibilidades a partir de ese momento. Se eclipsa el «tema», tradicionalmente entendido, de la pintura, depositándose en el artista el «derecho a denominar retrato a un cuadro con nulas referencias corporales» (Martínez Artero, 2004: 13).

Si bien no podemos aventurarnos a certificar la desaparición del retrato, como sí se aventuran a hacer los Francastel, con los Cézanne o Picasso se acaban de desmontar las dos bases de la convencionalidad del retrato tal y como las conocemos: el desarrollo de la mímesis como valor del arte y el tema siempre por encima de la técnica o las estructuras derivadas de esta. No queremos hablar de no retratos en el arte contemporáneo pero sí nos parece acertada la expresión «"triunfo-derrota" del retrato contemporáneo» de la que hablaba Calvo Serraller (VV.AA., 2007: 9).

2.2. Retrato y movimiento: gesto, flujo, rastro

Anticipamos que este apartado, un tanto como extensión algo extravagante del anterior, tendrá como núcleo y desiderátum la forma en que algunos artistas han intentado «semblar» la realidad de los sujetos que retrataban centrándose en aquellas técnicas o enfoques que buscaban la verdad en una suerte de ilusión de movimiento. Insistimos: del retrato y sus técnicas primaremos las que vieran el éxito del mismo como ese acercamiento a la ilusión de movimiento que tuvo sublimación en la invención del cinematógrafo y sus ingenios semejantes del XIX. Este repaso no empezará en dicho siglo sino mucho antes, sin tener tampoco una ordenación puramente cronológica, ya que, si algunos se atrevieron a hablar de que ya existía cine antes de los Lumière, diremos nosotros pues que ya existían retratos en movimiento mucho antes de que Edison atrapara en el frasco de su Black María a sus boxeadores, sus amantes o a sus bailarines sioux.

Los teólogos de la Bilbia hablaban del velo que enjugó el rostro de Cristo durante su calvario como un *vera icon* —y de ahí el nombre que se dio a Verónica, propietaria de aquella sábana. Estábamos ante un «icono verdadero, una imagen perfecta puesto que reproducía a la perfección todos los rasgos del modelo [...] La imagen del llamado "velo de la Verónica" se convirtió en el modelo de todo retrato» (Azara, 2002: 70-71). Icono verdadero, rostro suprahumano (Aumont, 1997: 24) en su condición de copia ideal —a lo mejor como los peces de Enoshima[12]— de la carne crística. André Bazin, a propósito del documental *Victoire sur l'Annapurna* (1953), del realizador y alpinista Marcel Ichac en que se filman varias partes de dicha expedición junto a Maurice Herzog y Louis Lachenal, menciona «... el largo calvario del descenso, con Herzog y Lachenal atados como momias sobre las espaldas de sus *sherpas*, y esta vez el cine sí está allí, velo de la Verónica sobre el rostro del sufrimiento humano» (Bazin, 1990: 51).

Filippo Baldinucci, artista protegido de los Medici, encargado de poner en orden las colecciones de pintura de Leopoldo y de Cosme III, tuvo, además, la ambición de convertirse en biógrafo a la altura de Vasari. Suya es la

---

12   En esta localidad japonesa, los pescadores han desarrollado un ritual/táctica comercial (conocida tradicionalmente como *gyotaku*) mediante la cual, tras entintarlos, plasman las efigies de los peces recién pescados en papel para exhibir esta suerte de afiches a modo de publicidad para facilitar su venta, leído en el libro *El beso de Judas* de Joan Fontcuberta.

celebérrima biografía de Gian Lorenzo Bernini, *Vida del caballero Gian Lorenzo Bernini* (1682), en la que, a propósito de los famosos «retratos parlantes» del escultor, comentaba:

> … y es que, contrariamente al uso, Bernini no retrataba a sus modelos en pose inmóvil, sino moviéndose o hablando libremente durante las sesiones, con el fin de que tal circunstancia le permitiese captar la postura más espontánea y el gesto más personal… (Baldinucci, 1682).

No se espera más que una cosa, solo falta algo:

> … que la imagen hable. O, al menos, así se suele formular la percepción del éxito del artista en los términos naturalistas convenidos. La pintura será, pues, descrita con preferencia como discurso mudo, como poesía muerta. Se diría […] que la misión del arte es imponer a la vez esta espera y esta decepción… (Ortíz Avilés, 2018: 133).

Si las expresiones faciales, y la mirada, nos pueden desvelar emociones y, por extensión, una lectura del rostro que sería clave para conformar un retrato efectivo, uno que representa y describe, la pintura se encontró con el problema de que la personalidad del artista intervenía, de manera inconsciente (o no) y más a menudo de lo deseado, en aquello que se plasmaba en el lienzo, alterando los rasgos del modelo (Ortíz Avilés, 2018: 133).

Gaspard-Félix Tournachon, que, para la posteridad, sería conocido como Nadar, dibujante frustrado que utilizaba, en un inicio, la fotografía como herramienta auxiliar de sus caricaturas (Debray, 1994: 229), compondrían su *Pantheon Nadar* (1853), obra en la que se inmortalizó a una ingente cantidad de personalidades de la cultura de su momento. Sarah Bernhardt (1844-1923), Gustave Eiffel (1832-1923), Émile Zola (1840-1902), Julio Verne (1828-1905), Franz Liszt (1811-1886), Camille Corot (1796-1875), Eugène Delacroix (1798-1863), Victor Hugo (1802-1885)[13]… entre otros muchos, pasaron por el estudio de Nadar, consiguiendo que los rostros de estos artistas y pensadores que quedaron grabados en la memoria de la humanidad fueran los que captó esta nueva «técnica» fotográfica, un tanto despreciada en el momento de su aparición pero que, a la postre, vino a destruir la hegemonía del

---

13   Al que llegó a retratar en su lecho de muerte (1885).

retrato pictórico, primero, y de los mismísimos propósitos y preceptos del arte, forma, perspectiva o sentimiento, después.

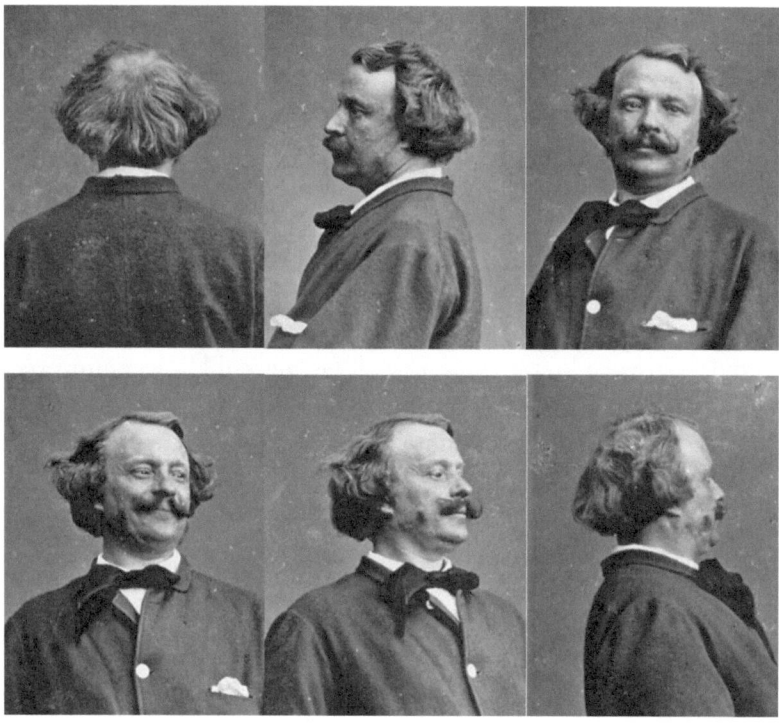

Figura 13: seis de las fotografías que componen la animación final del *Autorretrato giratorio*. En la cuarta, de las que incluimos, vemos a Nadar sonreír.

Nadar, en sus retratos fotográficos, prescindía, en la medida de lo posible, del atrezo (Sontag, 2006: 150). «Fotografiar era pintar la luz», afirmaba, y la confianza en la captación de esta se vislumbraba en el uso de fondos neutros, en su negativa a colorear los retratos a posteriori o en la atención que dedicaba a que los espectadores se focalizaran en los gestos del fotografiado. Fue innovador su *Foto-Interviú*, al científico Michel Eugène Chevreul[14], en que realizó 21 fotografías mientras el entrevistado, un Chevreul que contaba por aquel entonces con 100 años, respondía a las preguntas, logrando captar un despliegue de gestos que conseguían transmitir con más precisión la personalidad del personaje. Nadar también realizó autorretratos. Si desdeñamos alguno en que, subido a un

---

14 Entrevista realizada por el hijo del fotógrafo, Paul Tourmachon, y publicada el 5 de septiembre de 1886 en *Le journal ilustré*.

cesto que simula el de un globo aerostático mira hacia el suelo (pequeña concesión en el uso del atrezo y del montaje fotográfico), se alude a su condición de célebre aeronauta (Coronado e Hijón, 1998: 305), otros más interesantes nos re-direccionan a la aprehensión del gesto, nuevamente, como desiderátum. En su *Autorretrato giratorio* (1865), Nadar se fotografía en una serie de capturas que, posteriormente, es animada en secuencia que muestra al fotógrafo en 360 grados: no solo perfil y frontal sino, también, de espaldas y de tres cuartos a uno y otro lado y adelante y atrás[15]. La joya de este curioso montaje aparece en una de las capturas, en que Nadar, que ha estado serio en el resto, sonríe.

No siendo capaz la fotografía, ni el retrato pictórico, de captar la secuencia completa de lo que llamaríamos «retrato de unos segundos» (una sonrisa + un guiño y una mueca + otra sonrisa), que sí logra el cine, los primeros lo fiarán todo a la «contrapartida del observador» (Gombrich/Hochberg/Black, 1983: 34), siendo nosotros, el público, los que tendemos a «animar» la imagen estática al proyectar en ella vida y expresión (¿movimiento?), a partir de nuestra propia experiencia. Ante la falta de movimiento, se confía en nuestra tendencia a la imaginación especulativa, aprovechando las ambigüedades del rostro inmóvil. ¿Acaso era esto lo que pretendía Nadar «solventar» con su *Retrato giratorio*? Muchos «problemas pictóricos», como el parecido o la expresión en el retrato, se resuelven a menudo mediante una «situación artificial del movimiento inmovilizado» (Gombrich/Hochberg/Black, 1983: 51). Ya se declaró Eugène Delacroix en contra de la fotografía (los daguerrotipos), enervado por el hecho de que los retratos debían ir más allá de la mera semejanza:

> Examinar los retratos hechos al daguerrotipo: de cien, no hay ni uno tolerable. ¿Por qué? Porque lo que nos sorprende y fascina no es la regularidad de las facciones, sino la fisionomía, la expresión del rostro, porque todo el mundo tiene una fisionomía que nos seduce a primera vista y que una máquina nunca reflejará. Lo que hay que comprender y reflejar de la persona o del objeto que se dibuja, es, pues, sobre todo el espíritu (Aumont, 1998: 34).

---

15 No confundir las intenciones de Nadar con las de alguno de los llamados «retratos triples», como los efectuados por Lorenzo Lotto, *Triple retrato de orfebre* (1530), Van Dyck, *Retrato triple de Carlos I* (1635) o Philippe de Champaigne, *Triple retrato del Cardenal Richelieu* (1642), que tenían sentido relacionados con la demanda de la escultura y cuya minuciosidad descriptiva se debía a los requerimientos de la tridimensionalidad, u otros experimentos de Umberto Boccioni, *Io, noi, Boccioni* (1907), Marcel Duchamp o William Operen, que teorizaban sobre las nuevas técnicas y las ideas cubistas sobre multiplicación, todos ajenos al interés por la ilusión de movimiento, leído en *El retrato* de Rosa Martínez Artero.

También a fines del siglo XIX, dos dispositivos pre-cinematográficos plantean y quieren ir más allá de la fotografía en la cuestión del retrato: se autodefinen como «retratos vivos o retratos vivientes» (Tosi, 1993: 256) y son las dos tentativas del inglés William Friese Greene (1855-1921) y del francés George Demenÿ. Aunque la historia ha acabado colgando el cartel de fracaso en ambos ingenios, fue Demenÿ el que más se acercó al retrato: su *Bioscopio*[16] dejaba oír la voz sobre los labios. Este «retrato animado», fotografía en movimiento de una voz, articulaba uno de los puntos implícitos importantes del retrato: ese hálito que sale de las bocas abiertas de los retratados pintados de repente podía leerse como palabra, como voz (Aumont, 1998: 37). Aunque este «retrato vivo» no tuvo continuidad alguna, ya que fue devorado por el cinematógrafo, sí nos sirve para constatar que, ya en su momento, fue obsesión de algún artista-técnico decimonónico finisecular retratar la voz humana (ese hálito genuinamente humano) e incorporarla a un retrato más total.

Por supuesto, hablando de los propósitos de un retrato:

> … mostrará un parecido, sin duda, si reconozco en él a la persona retratada, trazo por trazo y esquema por esquema, pero ese mismo reconocimiento, a diferencia del juicio de semejanza referido a un paisaje, a una naturaleza muerta, incluso a una escena panorámica, significa que he encontrado en la imagen algo de la persona: ese no-sé-qué que Diderot convirtió en la esencia de la pintura y que es inmaterial e invisible… (Aumont, 1998: 31).

Dicho esto, en lo que al retrato se refiere, captar el gesto (para llegar a ese no-sé-qué) ha sido obsesión del arte en cualquiera de sus disciplinas:

> … Los gestos expresivos son uno de los dos grandes medios que el pintor [el retratista] tiene a su disposición para suscitar reacciones comparables a las de lo vivido. Al lado de la perspectiva, que ejerce una especie de coacción perceptiva en favor del espacio, debemos considerar el efecto fisiognómico, en lo esencial fundado en los gestos, como una segunda perspectiva, una perspectiva psíquica, psicofisiológica si se quiere, cuyas modalidades debemos indagar… (Chastel, 2004: 22-23).

---

16   Artilugio derivado de una cámara cronofotográfica (al estilo de la de Étienne Jules Marey (1830-1904)) que incorporaba otro aparato que grababa las imágenes que el primero reproducía.

El retratista, para muchos, debía, así, dominar la representación de elementos que dotaban de idiosincrasia a la representación, de anclajes que podían asir a la creación artística con el posible lenguaje del modelo, como, por ejemplo, las manos. Elogio de la mano, o de la indigitación[17], como elogio del gesto, independizado este de su tradicional servidumbre al modelo.

El papa Inocencio X (1547-1655) exclama, seguramente aterrado, un desconcertante *troppo vero!* («demasiado veraz») ante los inquisitoriales ojos de su propia representación. El gesto empieza a escrutar ya un *in between*, lo que se ha descubierto como un abismo entre realidades, ¿acaso una «… zona de indiscernibilidad…» (Deleuze, 2009: 30)?, que descubre un mar de posibilidades. En otras palabras, del gesto, dominado, quizá independizado, se podía pasar, para mal de algunos enemigos de la veracidad excesiva o para bien de los enamorados de la sincera carne palpitante, al rastro.

Revela, en natural conclusión, Francis Bacon:

> Me gustaría que en mis cuadros se vieran como si un ser humano hubiera pasado por ellos como un caracol, dejando rastros de su presencia y de la memoria del pasado, al igual que un caracol deja rastros de su baba… (Akerman, 2012: 29-33).

En los trazos plásticos deshechos de los retratos de Bacon puede encontrarse, por otro lado, un fuerte paralelismo con la construcción del gesto de la fotografía; se puede «respirar un verdadero esfuerzo de aproximación a la naturaleza de la vida depositada en el movimiento» (Martínez Artero, 2004: 179). Un estudio para retrato triple de Bacon –frontal, tres cuartos, perfil– nos hace contemplar un rostro tres veces en una y establece el infinito de la forma de la expresión encadenada, otra vez, al movimiento; «encadenada decimos porque cada giro, gesto o mueca, como los salpicados de la pintura y el arrastrado de la brocha, hace palpable el instante en que una cabeza se mueve enérgicamente» (Martínez Artero, 2004: 237). Se actualizan, mediante el movimiento, mediante la búsqueda, aún, de la ilusión del mismo, atrapando la energía que emana del rostro (VV.AA., 1999: 71), los recursos de los arcanos «triples retratos» para representar bustos enteros.

---

17 «… Hay un gesto del que se ha hecho un considerable uso en pintura, así como en el teatro, y que, en suma, aparece con mucha mayor frecuencia en el ámbito de la representación que en el de la realidad; es el del dedo índice que señala…», en *El gesto en el arte* de André Chastel.

Si la maestría artística era, en la tiranía de la mímesis, sinónimo de «…
capacidad de construir la ilusión de un espacio ficticio que nos permitiera
identificar, por su semejanza, el modelo a ser representado, sin dejar rastros
evidentes de su elaboración manual en su soporte matérico…» (Kinzbruner,
2004: 9-19), la materia, para Bacon y para la gran mayoría de artistas «pro-
ductivos» (en oposición a los «reproductivos») del Romanticismo a esta parte
(Kinzbruner, 2004: 9-19), puede ser tanto evidencia de la batalla del artista
con la pintura en su esencialidad práctica (con el lienzo como peculiar Campo
de Marte) como rastro simbólico perceptible humano –«… la identidad del
hombre [es] vulnerable, pues deja jirones de ella por donde pasa, en forma de
huellas, sombras y reflejos…» (Gubern, 2001: 37)– a otros niveles de conciencia. Lo inmaterial se busca, lo dice Ingmar Bergman (1918-2007):

> … pues de repente tenía [el director sueco, sobre la posibilidad del retrato ci-
> nematográfico] la posibilidad de relacionarme con el mundo en un idioma que
> literalmente habla de alma a alma en giros que, de una manera casi voluptuosa,
> se sustraen al control del intelecto… (Bergman, 1992: 47).

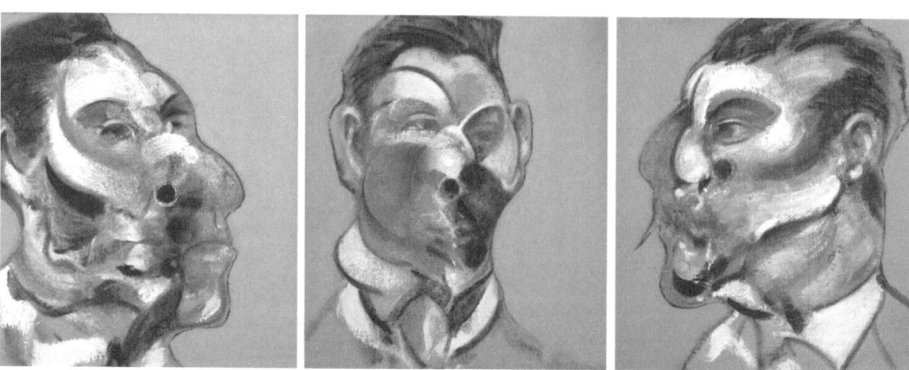

Figura 14: *Tres estudios de George Dyer* (Francis Bacon, 1969), óleo
sobre lienzo, Museo de Arte Moderno de Lousiana.

La representación, entendida como modo específico del arte, quiere decir,
en una de sus facetas, una «… operación de manifestación […] que hace ver lo
que está intrínsecamente oculto a la vista, las energías íntimas que mueven los
personajes y los eventos…» (Rancière, 2011: 123). En el caso de los retratos
de Bacon:

… no solo se deforma, sino que se contrae en una sola imagen el movimiento físico, los indicios lábiles, furtivos y casuales de los gestos, captados por un tercer ojo, son como el rostro en el aire de una persona, una superposición de estados, que fuera de toda anécdota se nos entregan, liberándonos su fuerza, su energía, o su cansancio, su terrible y perpetuo caminar entre la vida y la muerte, en su constante lucha por afirmarse, por mantener enhiesta su existencia… (Bonet Correa, 1978: Introducción).

Los afanes de Bacon, contra, obviamente, los de Bernini, son muy distintos: el británico nace en pleno éxito y éxtasis del cinematógrafo, un arte ontológicamente nuevo (Lipovetsky/Serroy, 2009: 31) que cala en muchos artistas más allá del poder de narrar historias. El poder del cine radica en superar el poder de embalsamamiento (Bazin, 1990: 23) de, por ejemplo, pintura, escultura o fotografía. Para congelar el tiempo y la memoria, se embalsamaban los faraones-dioses egipcios y se embalsamó, igualmente, Luis XIX (1638-1715), al que, en palabras de Bazin, le bastaba con un retrato de Le Brun… (1619-1690)[18]. En Bernini ya apreciamos un progreso intelectual que nos dice que el artista entiende que la simple congelación del tiempo no respeta en todo grado la memoria del homenajeado: el gesto del mármol nos dice algo más del retratado, aporta ilusión no ya de movimiento sino ilusión de personalidad, es el acto de «… matar el tiempo…»[19] (del retrato en la pintura o la escultura, quizá y del retrato en la fotografía, a todas luces) frente al desempeño del cine, que «… tiene el tiempo de la vida, un tiempo que fluye…»[20]. Tiene el cine el privilegio de poder plasmar el gesto mejor que el mármol y el rastro mejor que la pintura.

---

18 *«El rostro es, en definitiva, un verdadero palimpsesto orgánico, y su movilidad hace que, más que expresiones, resulte pertinente considerar sus resultados como verdaderas "frases faciales". El pintor Charles Le Brun, un buen racionalista bajo la influencia de la teoría de las pasiones de Descartes (1596-1650), estableció, con sus* Conférences sur l'expression des passions *(1668), una morfología de la expresión facial, una verdadera normativa de las expresiones faciales en pintura…»*, leído en «Del rostro al retrato», en *Anàlisi*, de Román Gubern.

19 *Unas fotos en la ciudad de Sylvia* [Cofre Versus, 2010] [Disco Compacto]. Dirigida por José Luis Guerin. Versus, 2007. 1 DVD: 67 (+49 de bonus) minutos, Material adicional: Material adicional: extractos del documental *Apuntes para un retrato* de Abel García (segmento Primer esbozo de *Tren de sombras, Souvenir,* 1984).

20 *Unas fotos en la ciudad de Sylvia* [Cofre Versus, 2010] [Disco Compacto]. Dirigida por José Luis Guerin. Versus, 2007. 1 DVD: 67 (+49 de bonus) minutos, Material adicional: Material adicional: extractos del documental *Apuntes para un retrato* de Abel García (segmento Primer esbozo de *Tren de sombras, Souvenir,* 1984).

El invento del cine trajo «la posibilidad de vida» (Poe, 1845). El movimiento captado por la cámara cinematográfica trasciende el tiempo virtual pictórico para entrar en un tiempo vivo […] y así consigue registrar un fragmento de fluir de vida (Moral Martín, 2009: 29).

Así, y volviendo a Aumont,

leída retrospectivamente como invención de una «imagen movimiento», la invención del cine debería dar la impresión de tomar parte en esta genealogía, encontrarse a la vez con la pintura y la fotografía y, en el campo del retrato, emplear esa superioridad para fijar el movimiento en el instante, perfeccionando así la huella y corrigiendo algunos de sus defectos. Por desgracia, es ésta una impresión puramente teórica (Aumont, 1998: 36).

Y esa «desgracia» es algo que ya conocíamos y con la que ya contábamos. Y, por muy difícil que sea, si estamos aquí es para, precisamente, conciliar teoría y práctica.

2.3. Definición del retrato cinematográfico

Siendo uno de los principales objetivos de este trabajo el de concretar una posible forma de retrato filmado, sería ilógico no centrarse, primero, en el asunto de establecer qué entendemos por retrato o qué ha entendido por el mismo la moderna historiografía.

Rosa Martínez Artero, para advertir posteriormente de lo vastísimo del asunto, comprime en extremo el saber popular y académico en que «en pintura, un retrato es la representación de un sujeto» (Martínez Artero, 2004: 11). Siguiendo con los retratos de la pintura de los siglos xv a xix, advierte unas constantes: semejanza de forma con el retratado, una técnica pictórica dedicada a la consecución de dicha semejanza y numerosas regularidades compositivas de pose y ordenación espacial; todo ello (constantes que forman en su conjunto lo que se conoce como «Género del Retrato») al servicio de un intercambio simbólico por el que el ser pasaba a ser el de su imagen y el retratado se constituía en alguien distinto de los otros, idéntico a sí mismo, persona; individuo sujeto a su necesidad de ser en comunidad (Martínez Artero, 2004: 12).

Por otro lado, se lamentan Galienne y Pierre Francastel de lo «"fácil" que resultaba antaño trazar una semblanza de lo que es un retrato: "la imagen de una persona realizada con la ayuda de algunas de las artes del dibujo"» (Francastel/Francastel, 1978: 9). Remite el matrimonio a la definición del estudioso de la lengua Émile Littré, pero, y mucho menos en este acercamiento nuestro al contexto del rostro y el retrato, lo último que necesitamos son las certezas litográficas de la lexicografía. Más allá de lo intrincado de definir el concepto de «imagen» personal, hemos de apostillar que la idea de que un retrato pintado es la reproducción fiel de los rasgos físicos de una persona, ha sido superada por la historia.

Aunque Jean-Luc Nancy habla de que

> semejar parece ser toda la tarea del retrato, que legítimamente puede constituir entonces el paradigma del arte representativo [...] el retrato parece consagrado a la semejanza, a punto tal que puede mostrarse como el único género de la pintura que ha tenido una finalidad práctica precisa; alrededor de esta finalidad, además, se dividió durante largo tiempo el juicio acerca de su dignidad artística (Nancy, 2006: 37),

deviene ingenua tal idea de la semejanza en el retrato –el propio Nancy añade que ella es necesaria para un retrato concebido para el reconocimiento pero no en el «arte del retrato» (Nancy, 2006: 39)– si se reflexiona en torno a la realidad material de la obra de arte. Con la pintura como ejemplo rotundo, aquella no es otra cosa que una superficie de dos dimensiones sobre la que se disponen colores trazados, no siendo el resultado, en realidad, ni cercanamente aproximado al hecho del cuerpo vivo, tridimensional, del modelo retratado (Cid Priego, 1989: 7). Sin embargo, y aunque admitimos que tal identificación es innecesaria en la mayoría de casos, aquello que en la pintura o escultura se llegó a tildar de innecesario, sobre todo por parte de los teóricos tras el advenimiento de las vanguardias y la crisis de la representación mimética de lo real, se torna pertinentemente llamativo en cuanto a que, en fotografía y cinematografía, existe una identificación literal entre retrato, que no es otra cosa que huella del referente, y modelo o referente real.

Roger de Piles (1835-1709), conocido entre otras cosas por su histórica «lista» de valoración numérica de la calidad de los distintos pintores históricos, advierte a otros colegas sobre dónde está la parte mollar en un retrato:

No es tanto la exactitud del dibujo lo que da espíritu y aspecto de veracidad a los retratos, como la concordancia de las partes en el momento en que deben limitarse la disposición y el temperamento del modelo […] Pocos pintores han sido suficientemente meticulosos para combinar bien todas las partes: a veces la boca sonríe mientras los ojos están tristes; otras veces los ojos se ven alegres y las mejillas caídas; de ahí que su obra tenga un aspecto de falsedad y no parezca natural. Deberíamos tener presente que, cuando el modelo adopta un aire sonriente, los ojos se cierran, las comisuras de la boca se comban hacia las ventanas de la nariz, se inflan las mejillas y se distienden las cejas (Gombrich/Hochberg/Black, 1983: 38).

De la importancia de la expresión en Piles, Belén Altuna habla de lo generalmente reconocido como retrato en «la representación de un sujeto» y se adhiere a la opción de Peter Burke de «aquella representación de una persona que sus amigos y allegados pueden reconocer como imagen suya, lo cual incluye desde la caricatura –que es un retrato en forma de epigrama (Mcneill, 199: 140)– en un extremo, que decía Peter Burke, hasta la idealización en el otro» (Altuna, 2009: 40). El reconocimiento siempre puede ir de la mano de la evocación a través, claro está, de símbolos que hagan reconocible al retratado, en una constatación de que una imagen artística siempre puede ser convincente, aunque no sea objetivamente realista. Recordamos, ahora, la rotunda frase de Gombrich de que «en cierto sentido, el interés por la semejanza en el arte de retratar lleva el sello del filisteísmo» (Gombrich/Hochberg/Black, 1983: 16). Si bien continúa Ernst Gombrich con la paradoja de la anécdota en que Filippino Lippi, que según sus coetáneos había pintado un retrato más semejante al modelo que éste a sí mismo (el eco del concurso de dobles de Groucho Marx al que el mismísimo actor se presentó, quedando segundo, resuena en nuestra cabeza). El filisteísmo al que se refiere Gombrich se concentra en la corteza y pasa por alto la esencia. La misma corteza se quiebra cuando nos interrogamos sobre cuál es «nuestra cara»: no tenemos un rostro sino mil (Gombrich/Hochberg/Black, 1983: 19): cambia con nuestros estados de ánimo, con nuestra edad o con decisiones relativas al maquillaje o a los complementos que usemos. Sigue Gombrich con el problema de la representación a propósito del ejemplo del músico Lizt: la fotografía de nuestro citado Nadar muestra a un anciano verrugoso en contraste con los reconocibles retratos de, por ejemplo, Franz Lenbach; aunque para nosotros la plasmación de la huella del referente de la fotografía puede ser poco menos que una verdad incontrovertible, para un contemporáneo del maestro austrohúngaro romántico, de su misma edad, tales intimidades, la exhibición de los estragos del tiempo en el rostro del famoso de referencia, no solo serían inocentes sino psicológicamente inaceptables: el Liszt ajado por el tiempo le sería a sus coetáneos, lejos de la oficialidad de sus retratos, totalmente irreconocible (Gombrich/Hochberg/Black, 1983: 33).

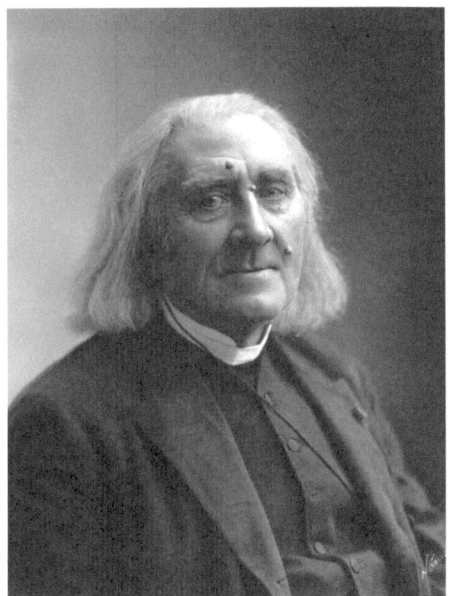 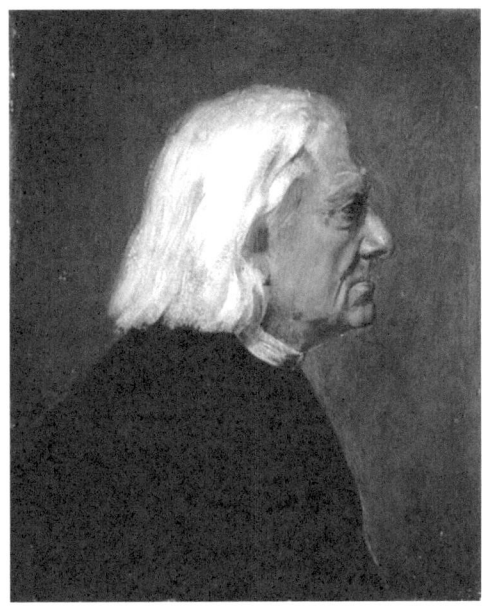

Figuras 15 y 16: el compositor Franz Liszt (1886), *Retrato* fotográfico de Nadar (izquierda) y el compositor Franz Liszt (1884), *Retrato* pictórico por Franz Lenbach.

Sara Facio, fotógrafa oficial de casi toda la *intelligentsia* del boom literario sudamericano, retrató, primero, a Jorge Luis Borges desplazado ante las baldas de una porción de su biblioteca, o a su colega el fotógrafo Robert Frank, confundido entre un mar de libros, semihundido como el can goyesco, compartiendo representación en un rostro + libros o en un libros + libros y rostro que equivalían al retrato final. Thomas Nast, caricaturista germano-estadounidense de finales del xix, prescindió, por otro lado, del elemento humano al colocarle al «Jefe» William M. Tweed, primer hombre en la *Tammany Hall*, denominación con que se conoció a la maquinaria política del momento del Partido Demócrata de los Estados Unidos de América, una bolsa de dinero en lugar de cabeza. En ambos casos, la porfía entre semejanza y representación simbólica se resolvió en favor de la segunda, confirmando que el retrato puede ser reconocible apartándose en mucho de la capacidad mimética del arte.

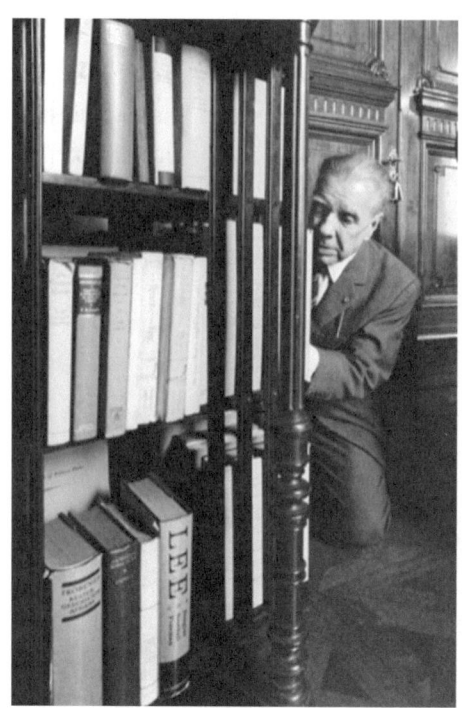 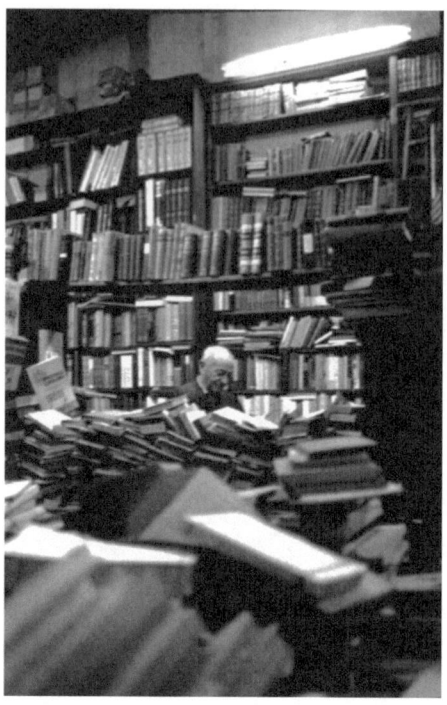

Figuras 17 y 18: Jorge Luis Borges, arrodillado junto a unas baldas con libros, en una *foto* de Sara Facio (1968) (izquierda) y *retrato* de Robert Frank (Sara Facio, 2013).

Para el retrato, Nancy introduce el concepto de «autonomía»: «Según la definición o la descripción comunes, un retrato es la representación de una persona considerada por ella misma. Esta definición es tan correcta como simple. Sin embargo, dista de ser suficiente…» (Nancy: 2006: 11). Se extiende al concretar que una pintura se organiza alrededor de una figura, fin de la representación, con exclusión de otras escenas, siendo el retrato verdadero la concentración en «aquello que los historiadores del arte han ubicado bajo la categoría del "retrato autónomo" […] Podríamos decir: el retrato autónomo debe ser –y dar– la impresión de un sujeto sin expresión» (Nancy, 2006: 14), aunque siempre deba desvelar un yo. La figura, continúa Nancy, debe aislarse para no devorar el resto del espacio (pictórico).

Según Jean Clair,

el retrato es aquello que resbala, que circula, vector de una autoridad que no remitiría a la descripción de un individuo sino a la autoridad de un significante que avala lo que dice hasta el punto de no necesitar ningún referente para existir. El retrato no tiene que parecerse […] El retrato señala así el lugar de lo simbólico. Cuando en un fresco, un retablo, una moldura de arquitectura, pasma con su poder nuestra mirada es porque, en medio de una teoría de rostros indiferentes o anónimos, aparece bruscamente con una evidencia análoga a la convicción: ese retrato, entre todos los demás, es el retrato de un hombre que existió y que no se parecía a ningún otro (Martínez Artero, 2004: 47).

Jacques Aumont, ineludible y del que ya hemos hablado, y hablaremos, se cuestiona en *El rostro en el cine*, primero, por el rostro y su definición en la era humanista: es una trascendencia, un rostro representando por sí mismo y ya no por un más allá. Después, afirma que el retrato es la respuesta a la pregunta de, ¿qué significa «representado por sí mismo»? (Aumont, 1998: 26). Y, en sucesión, ¿qué es un retrato? En el mismo estudio del «rostro en el cine» de Aumont, un retrato es para este autor la representación, si se trata de representar, o la descripción, si se trata de describir, de una persona. Como hemos destacado, en gran medida, en el apartado de la semblanza del retrato en la historia, Aumont coincide en que dicha historia se liga mucho a la idea de expresión. Un retrato expresa y aunque no enuncie necesariamente la del sujeto retratado, sí presenta «una verdad». Y solo hay retrato, siempre según Aumont, creyendo en el hombre/mujer exaltado/a por su individualidad. En la concomitancia pintura-retrato, resaltar estos es otra forma de definición del retrato centrándonos en «los mayores talentos de la pintura: la puesta en escena, la elección del encuadre, la fijación de lo accidental» (Aumont: 1998: 28).

De lo visto hasta ahora, y desgranando el asunto de la definición propia del retrato, enumeramos una serie de debates continuos, a saber

1) el asunto de la *representación* del sujeto retratado: que debe existir, independientemente de la técnica o atajos del artista;

2) el asunto de la *identidad* del presentado, que deriva en una suerte de autonomía, en una identificación por el público;

3) el asunto de la *semejanza*, que puede existir ya sea mediante una mímesis o mediante la evocación simbólica, con la consecuente colaboración en el juego artístico por parte del espectador.

Y una serie de técnicas, un método general o estrategia paso a paso que es común a cualquier disciplina artística (cine incluida) y que, en palabras aumontianas, se divide en

4) puesta en escena: un decorado, un momento, una mímica, una gestualidad, una colocación (Aumont, 1998: 28);

5) elección del encuadre: códigos que varían según la época, de esa rigidez medieval de Enrique VIII por Holbein, a los tres cuartos pasando por los juegos de miradas;

6) fijación de lo accidental: lo que depende del lugar y del instante, lo fugitivo y/o lo contingente, lo indomeñable que fricciona azar y control.

Llegados a este punto, incluimos una de las pocas definiciones, ¿sino la única o, al menos, la única realmente explícita hablando de retrato por el cine?, de «retrato cinematográfico» que nos envía el mundo teórico. Citando a Vázquez Couto, podemos entenderlo como

> rostro filmado en primer plano, que permanece en el tiempo, inscrito en algo mayor que es la película, como un fragmento simbólico de identidad que mantiene ciertas convenciones formales de la institución pictórica que históricamente ha dado forma al concepto de retrato (Vázquez Couto, 2021-2020: 695-708).

Si de esas «convenciones formales» recogeremos, en gran medida, el interesante debate en torno a los conceptos de «representación», «identidad» o «semejanza», y si no olvidaremos la nuclear importancia en el retrato al cine de la «puesta en escena» (o «puesta en situación»), el «encuadre» o la «fijación de lo accidental», nos quedaremos con la definición de Vázquez Couto para el retrato filmado con la salvedad de que, en lo siguiente, intentaremos exponer nuestra teoría sobre la idoneidad del rostro o retrato filmado «desinscrito» de todo mayor alguno, añadiendo, además, la especial incidencia del concepto de estasis.

3. CINE Y EMANCIPACIONES: DEL PAISAJE AL ROSTRO

3.1. Primera emancipación: paisaje contra relato

En una hipotética historia de las emancipaciones de los dispositivos cinematográficos, la del rostro, con la que venimos especulando, no es estrictamente la primera. El espacio, y por extensión el paisaje, ha pasado de la obviedad sin reflexión teórica de las vistas primigenias, al descubrimiento de las posibilidades expresivas de su movimiento casual[21], a su explotación clásica como telón de fondo con más o menos personalidad, hasta llegar a las independencias de mayor o menor recorrido acontecidas al albor de las proto o plenas modernidades. Quede claro que esta introducción en torno a la posibilidad de autonomía del paisaje en el cine no es más que una preparación, un pórtico de entrada a un contexto, el de la modernidad y/o postmodernidad o postclasicismo, donde, creemos, acontece, también, la posible autonomía del rostro. Consideramos, igualmente, que los amagos de independencia del paisaje cinematográfico son anteriores a los del rostro y, por ello, nos dedicamos a ellos en primer lugar, en una decisión que seguramente suavice la entrada de las teorías posteriores con respecto al rostro y sus formulaciones cinematográficas.

Ya en su momento, D. W. Griffith asumió la importancia del espacio como establecimiento del drama. Llegó a duplicarlo (o triplicarlo), forzando una

---

21 También Straub tiene una frase a mano, en este caso de Griffith, reclamando del cine «la belleza del viento moviéndose entre los árboles», información recogida en *Paisajes de la modernidad: cine europeo, 1960-1980*. Barcelona: Paidós, 2002, de Domènec Font (página 326); y pudiendo darse la mano dicha anécdota con la que Santos Zunzunegui menciona, entre apócrifa y mítica, y atribuye a Méliès como espectador privilegiado del espectáculo inaugural del Cinématographe Lumière del Grand Café, al hipnotizarse con el viento existente al fondo del *Déjeuner du Bebé* meciendo un árbol visible, leído en «La edad de la inocencia», de la revista *Anàlisi*, en su n.º 27, del año 2001.

tensión que, después de haberlos enhebrado todos, estallaba en una resolución que finiquitaba la escalada catártica del público. Habían estado, los espectadores, durante unos segundos en muchos sitios al mismo tiempo. Habían olvidado los espacios pero recordaban las lágrimas de los rescatados en pantalla. Ni las olvidarán en mucho tiempo: se ha plantado una semilla que germinará en una adicción incontrolable: la avidez de vida extra de la gran masa la saciará el cine narrativo con una y mil historias más grandes que la vida misma. Frente a la narración nuclear tenemos unos espacios que nunca serán paisaje sino que serán decorados al servicio de esas historias más grandes que la vida.

Si bien es cierto que existen interesantísimas explotaciones de las posibilidades de la filmación al aire libre durante la época de establecimiento del cine de integración narrativa, y podemos citar el ejemplo de *Nosferatu: Una sinfonía del horror* (*Nosferatu, eine Symphonie des Grauens*, Friedrich Wilhelm Murnau, 1922), donde se huirá de la escenografía pintada del caligarismo[22], explotando la filmación de una «naturaleza que participa del drama»[23], o de la anterior *La carreta fantasma* (*Körkarlen*, Victor Sjöström, 1921), con un técnica de montaje que consigue abolir espacio-tiempo conectando antinaturalmente lo urbano y lo bucólico campestre, podemos decir que lo clásico acabó interceptando la posibilidad de vida propia del paisaje natural, domesticándolo como otro dispositivo al servicio de fortalecer la posición privilegiada del relato y su lógica, potenciando la trama, una historia que lograra inmersión o, lo que es lo mismo, la toma por parte del espectador, como afirmaría Nöel Burch, del «mundo diegético como entorno» (Bordwell/Staiger/Thompson, 1997: 8).

En el cine clásico, insistimos, el paisaje es una forma espacial y como cualquier otro espacio está formalizado y sometido a la causalidad; el espacio no tiene más independencia de la que le pide el relato. Los espacios, como escenarios que contenían las acciones de los verdaderamente importantes, los actores y actrices, no eran usados por los cineastas como elementos de valor en sí mismos. Fuera de foco, el espacio del clásico solo existe para facilitar la ubicación del espectador, certificándose la habitual tendencia del clásico a una

---

22 Sobre el «caligarismo», hablará Jacques Aumont evitando usar el término expresionismo como género asociado a *El gabinete del Doctor Caligari* (*Das kabinett des Doktor Caligari*, Robert Wiene, 1919), al que considera poco más que un «epifenómeno» agotado tras su estreno, en *El ojo interminable*.

23 Lotte H. Eisner llegará a afirmar que «… la grisalla de las colinas áridas en torno al castillo del campizo nos recuerda por su extrema y casi documental sobriedad algunos pasajes de las películas de Dovjenko [Alksandr Dovzhenko]…», leído en *La pantalla demoniaca*.

omnipresencia espacial (Bordwell/Staiger/Thompson, 1997: 33) derivada de la omnisciencia narrativa. Aunque se pueda establecer el debate en torno al valor que John Ford diera a la fotogenia de Monument Valley, solo podemos hablar de la «idoneidad que alcanzan sus "telones de fondo", sean decorados o naturales» (Urkijo, 1991: 8) y nunca de una verdadera autonomía.

Aunque habrá autores, sobre los que volveremos más adelante, que ya en los años treinta experimentaron con unas formas especiales (incluido el pasaje) que estaban menos sometidas (estaban arrancándose las ligaduras) a la causalidad, primero nos parece oportuno mencionar la decisiva contribución estética de esa protomodernidad que supuso el neorrealismo italiano. Declarará András Balint Kovacs, en su estudio *Screening Modernism: European Art Cinema, 1950-1980*, que «una de las contribuciones estéticas más importantes y fundamentales del neorrealismo italiano en la modernidad cinematográfica fue la disminución de la jerarquía entre el fondo (el espacio) y la figura (los personajes)» (Muñoz Fernández, 2017: 45). Aunque no hayamos llegado a la independencia, y siendo la naturaleza de este espacio profílmica, igual que en el clásico, la premodernidad neorrealista plantea una dimensión estructural del espacio como forma significante susceptible de conformarse en sistema (Font, 2002: 304-305). Todo lo que acontece en ese fondo espacial se equipara en dignidad e importancia a los mismos personajes. Tanto como los rostros o los diálogos, en el neorrealismo, los espacios comunican y son prácticamente la base del discurso. Así y todo, la «expulsión de la figura humana de sus propios territorios» (Font, 2002: 304-305), el paso definitivo del decorado al paisaje, de la sumisión al dispositivo espacio emancipado, será ajena al humanismo cinematográfico italiano de los cuarenta.

En este sentido, el año 1936 se convierte en clave por ser el de producción de dos films de sendos directores considerados, por muchos, como auténticos lanzadores de la modernidad antes del neorrealismo y antes de la ruptura oficiosa de los años sesenta: Yasujirō Ozu dirigirá *El hijo único* (*Hitori musuko*) y Jean Renoir hará lo propio con *Una partida de campo* (*Une partie de campagne*). El francés, en su mediometraje, o film inacabado que fue estrenado diez años después de su realización, lleva al cine el relato de Guy de Maupassant de 1881, desplegando una auténtica dialéctica[24] entre paisaje y drama. Frente

---

24 Entendemos la palabra al modo en que lo hacía Nöel Burch, esto es, como «una figura, y no de un proceso intelectual, de una concepción estructural basada [...] en "preguntas y respuestas"» (*La praxis del cine*).

a la sátira entre el bucolismo idealizado de los capitalinos y la picaresca de los barqueros, que sería la pura trama de *Una partida de campo*, tendremos dos acontecimientos naturales, el paisaje de los márgenes del río, en un momento, y la tormenta, en otro, que, tras varios amagos en que existe permeabilidad personajes/espacio, se acabarán incrustando en el film, filtrándose en el drama, desplazándolo, paralizándolo incluso, e imponiéndose a los personajes. Interesado en el tratamiento de lo espacial por parte de Renoir, Nöel Burch incluirá dentro de los renovadores del uso del espacio cinematográfico a Yasujirō Ozu, principalmente en lo que al «espacio vacío se refiere». Así, y sobre el film que antes mencionábamos, puntualiza que

en *El hijo único*, el campo vacío es utilizado para crear toda una red de espacios *off*, concretizándose a menudo de manera enteramente original por planos de detalle del decorado, no situados, puramente decorativos, casi abstractos, que intervienen generalmente a continuación de una salida de un campo precedente o antes de una entrada en un campo siguiente. El empleo de este procedimiento culmina en un plano vacío, bastante amplio (el equivalente de un plano medio), que cierra una secuencia dialogada normal y que nos muestra un rincón perfectamente neutro del decorado durante ¡más de un minuto! Durante todo este tiempo, un discreto rumor evoca vagas posibilidades de acción fuera de campo, resolviéndose por fin en un ruido de fábrica que introduce la secuencia siguiente, que se desarrolla en un descampado, cerca de la fábrica que produce ese ruido (Burch, 1985: 34).

Burch, sobre los planos aparentemente «muertos» de Ozu, que él llama «planos almohada»[25], apuntala que

implican suspensiones provisionales de la presencia diegética (de forma relativa, bien entendido, en un contexto específico: en Ozu no hay ninguna imagen «no diegética»). Estas suspensiones toman la forma de lo que he llamado *pillow shot*, planos que «puntúan» todas sus películas desde 1932. Están caracterizados por la exclusión provisional de la figura humana, del sonido sincrónico (después de que Ozu comenzara a usarlo en 1936), así como del movimiento. Ahora bien, como hemos visto, estos dos últimos parámetros marcan umbrales esenciales en la historia de la diégesis en el cine, mientras que la figura humana, el personaje, es el centro mismo de la diégesis [...] El *pillow shot* representa

---

25 Traducción propia para los *pillow shots*.

todavía una duración narrativa, pero la mide desde el exterior del relato propiamente dicho y desde la periferia del espacio-tiempo diegético que lo «contiene» (Burch, 1999: 256-257).

Sin embargo, Horacio Muñoz Fernández corrige a Burch en el sentido de que las prolongaciones del tiempo con espacios vacíos no pretendían provocar una tensión entre el fuera y el dentro de campo; los *pillow shots* de Ozu no convocaban el fuera de campo (Muñoz Fernández, 2017: 82-83) como sí podrían hacerlo las imágenes de madurez de Robert Bresson o el Renoir de films como *Nana* (1926)[26], sino que tenían aspiraciones emancipatorias. Sustentándonos en Delueze, apuntalamos lo dicho sobre los planos vacíos de Ozu al detallarlos como «interiores vaciados de sus ocupantes, exteriores desiertos o paisajes de la naturaleza. En Ozu cobran una autonomía [estos planos espaciales vacíos] que no tienen directamente...» (Deleuze, 2017: 46).

Estamos viendo cómo del estatuto de decorado, escenario o continente donde se manifiesta o acontece aquello «que la pasa» a los protagonistas, pasamos a unos espacios a los que la incipiente modernidad confería «dignidad estético-ontológica de individuos» (Muñoz Fernández, 2017: 46); el espacio (paisaje) queriendo ser tan importante como las figuras humanas. Si el problema de distinguir un escenario de un paisaje, resuelve Martin Lefèvbre en su artículo «On Landscape in Narrative Cinema», «es de economía pictórica: siempre y cuando el espacio natural de una obra esté subordinada los personajes, sucesos y acciones, siempre que su función sea proporcionar un espacio para ellos, no es un paisaje propiamente dicho» (Muñoz Fernández, 2017: 46), la clave de la irrupción del dispositivo-paisaje es la emancipación efectiva que esbozaron Renoir, Ozu, Bresson y que refrendaban desde la teoría Burch (centrado en lo excéntrico del fuera de campo), Deleuze, Kovacs, Lefèvbre o Muñoz.

Como explica Martín Lefèbvre, el paisaje sería lo contrario del decorado. Su aparición provoca la interrupción de la acción y la narración de la película. Por este motivo, en el cine clásico, la autonomía del paisaje nunca es deseable

---

26 Sobre este film estudiará Nöel Burch la coreografía entre las salidas y entradas de campo y los tiempos de plano vacío comprendidos entre ellos, pudiéndose afirmar que el «ritmo del film está creado por las entradas y salidas, cuya importancia dinámica es tanto más grande cuanto que el film es casi por entero en planos fijos, con solo medio docena de travellings o panorámicas», también en *Praxis del cine.*

e incluso peligrosa. En el cine postnarrativo, al desaparecer la narración, los elementos que antes estaban supeditados a contar una historia se autonomizan. La tensión entre paisaje, espacio y narración que existe en el cine clásico y en el moderno se diluye completamente (Muñoz Fernández, 2017: 46).

En 2004, James Benning rodó *Ten Skies*. Diez tomas de distintos cielos, cada una de diez minutos de duración, componían un film en 16 milímetros que en su propuesta basada en lo sucinto parecía no tener rivales dentro de la historia de la cinematografía, experimental o no, desde Warhol (Balsom, 2021: 7). Dejando a un lado el debate entre la ficción o el documental o el propósito de un cine contemplativo cuyo destino puede no ser otro que el museo o el cine expandido, la radicalidad de Benning estriba en la libertad que se concede al paisaje. Parece que *Ten Skies* se pregunte, en un juego que se nos antoja extremo para el espectador, sobre la capacidad del cine para representar el espacio y que supone uno de los cientos de ejemplos que la postmodernidad nos ofrece sobre la posibilidad de una emancipación efectiva: la del paisaje ya como tal y no como decorado. Lo que visionó Michelangelo Antonioni en *La aventura* (*L'avventura*, 1960) o *El eclipse* (*L'eclisse*, 1960), el drama en lo puramente plástico o la posibilidad de la intensidad psicológica[27] a través de la estética de un paisaje, se ha extendido en films que borran definitivamente la figura de la ficción del cine. Y, con el paisaje como modelo, por qué no ha el rostro de buscar autonomía, por sus propios medios y con las singulares trabas con que se pueda topar, en un viaje hacia la emancipación por cuyo éxito –es uno de los propósitos de este trabajo– nos cuestionamos.

3.2. El Rostro del clásico como atracción y no como retrato

3.2.1. Rostro y primer plano del clásico

A nivel teórico, la importancia del rostro en el clásico ha sido claramente definida por autores como Jacques Aumont o Gilles Deleuze. Si Aumont nos hablaba del rostro nuclear dentro del cine clásico como operador de sentido, de relato, y de movimiento, pivote de la narratividad y vínculo de la diégesis

---

27 Sobre una conversación recogida en *Cahiers du Cinéma* en que Antonioni contestaba a Jean-Luc Godard que drama psicológico y estético era la misma cosa, leído en *Plano / Contraplano* de Núria Bou.

(Aumont, 1998: 53), Deleuze en su *La imagen-movimiento*, asociada indefectiblemente al cine clásico en paralelo a la imagen-tiempo de la modernidad, entiende la imagen afección, aquella donde el movimiento es finalmente absorbido por el espectador, como el primer plano, no siendo el primer plano otra cosa que el rostro (Deleuze, 1983: 131).

Convendremos que el rostro en primer plano, la imagen-afección deleuziana personificada en el plano detalle de la faz, el rostro ordinario aumontiano, es gran patrimonio del cine clásico norteamericano. Supeditado y al servicio de la narración, lanza las emociones del personaje puntual al público, momento álgido de la *star* hollywoodiense, en lo que suponen una serie de fogonazos catárticos. Por supuesto que más allá de la pétrea teoría de Bordwell sobre lo que es el clasicismo en el cine norteamericano, ejemplificado en una lista de películas especialmente escogidas por él, podríamos hablar del cine norteamericano desde Griffith hasta la definitiva crisis de los años sesenta como de fenómeno multifactorial que dio lugar a una suerte de hidra, valga el término que en absoluto pretende ser despectivo, con distintas cabezas. Welles, William Wyler, Douglas Sirk, Alfred Hitchcock, el director de fotografía Gregg Tolland o incluso John Ford, ofrecían una solución distinta, en un mismo contexto, a los problemas de representación, dando lugar a trabajos que son más o menos clásicos, parangonados con la teoría bordwelliana, dependiendo de dónde se coloque el foco. Pero, así y todo, el rostro, el primer plano, parece ser bien común o asidero de todos ellos. Aunque haya casos, como el del tándem Wyler-Tolland que, por inspiración baziniana, propusieron, con el trabajo de la profundidad de campo, una alternativa a ese cine de «fragmentos cuidadosamente filmados, planos que saltan de personaje en personaje y todos los rostros femeninos iluminados con luz suave» (Losilla, 2003: 13) para proponer una visión del mundo representado más «realista», con toda la problemática que conlleva esta palabra asociada al cine[28], ni ellos ni otros, como Ford, obviaron la importancia del primer plano del rostro en un recurso que apunta directamente a la tradición cinematográfica estadounidense.

Podríamos hablar de D. W. Griffith como uno de los «introductores» del primer plano en el cine de Hollywood. A propósito de su film *Broken Blossoms* (1919), al filmar a la actriz Lilian Gish, el director mencionaba

---

28 «No se trata exactamente de realismo, sino de atenuar la impresión intemporal y multiplicar las distancias, convertir el universo de la pantalla en algo más inmediato y accesible, en un mundo entendido como tal», Michael Wood, leído en *La invención de Hollywood* de Carlos Losilla.

un método de «interpretación ininterrumpida» centrado en el rostro, en el que se mantenía el plano mientras se sucedían expresiones mudas. El propio Griffith explicó, en una entrevista en la que hablaba de que este método de interpretación realista, que pretendía evitar la actuación exagerada de los tiempos en que se filmaban las figuras de cuerpo entero y que esta nueva forma de filmar «ocasionó» el primer plano (Bordwell/Staiger/Thompson, 1997: 209-210).

La aparición de estos primeros planos resultó, en un inicio, un tanto obscena para el público, que rechazaba ese nivel de acercamiento a unos rostros «enormizados». Los primeros planos, esas cabezas cortadas, superaron las reluctancias iniciales y acabaron convirtiéndose en emblemas de un cine que, en gran medida, colocaba a los rostros en la algidez de sus producciones, ya fueran en la presentación de personajes, héroes o villanos, como en el beso catártico de la pareja protagonista. Podríamos hablar de una tradición cinematográfica norteamericana ligada al rostro, desde la aparición misma del cine de integración narrativa, que siempre se ha entendido como patrimonio de este sistema, en paralelo al cine de atracciones.

A nivel más práctico, y como hemos indicado anteriormente, será a partir de Griffith cuando empiece a ser palpable la importancia del plano detalle de los rostros. Los primeros planos no solo eran vínculo de la diégesis, volviendo a Aumont, sino que eran la cohesión ideal para los productos hollywoodienses, donde, en conjunción con la importancia de la clara comprensión de la trama, la aparición del primer plano del o de la protagonista conectaban al público con un sistema mercadotécnico que les había prometido el glamour de las estrellas de cine por el precio de una entrada. El dispositivo rostro como elemento al servicio de la historia y como paradigma de una industria que vendía ilusión y glamour a partes iguales.

Sin embargo, existe una vida del rostro en el cine no ligada a lo narrativo. Una vida del rostro cinematográfico antes de ser fagocitado por los sistemas clásicos de producción que, aunque lo convirtieron en su baluarte, no olvidaron un poder de atracción que, como veremos, desbordó en muchos momentos los bordes del relato.

3.2.2. Supervivencia del cine de atracciones: el rostro como posible emblema

Si bien se habla de trabajo de la atracción, en el sentido en que Tom Gunning la entendía para el cine de los orígenes, en Mèlliés, desde la escenografía, o en los creadores de Brighton, más para los puntos de vista de la cámara identificados con los del público, y aunque también se asocia el montaje científico-ideológico soviético o algunas imágenes de la vanguardia surrealista al cine de atracciones, este último no desapareció tras el éxito del cine propuesto/impuesto por Griffith y la posterior potenciación clásica de un realismo de la representación y la ilusión del relato como mundo posible (Quintana, 2007: 151). Como apuntaba Gunning, el cine de atracciones, cuya concepción domina el cine hasta 1906-1907, no se disolverá tras al advenimiento de la fascinación por la narración, sino que se mantendrá subsumido como un componente de las historias del cine clásico, más evidente en algunos géneros (como el musical) que en otros (Gunning, 1990: 57).

Con el paso de los años, autores como Luis Buñuel o Alfred Hitchcock, siempre desde el relato, se sirvieron puntualmente de la atracción para marcar sus trabajos, ya fuera para enhebrar lo onírico y su particular universo ficcional, el primero, o para potenciar los momentos de tensión o aumentar el suspense, el segundo. Habrá ecos de Mèlliés en los grandes musicales de Busby Berkeley, donde los planos se abarrotan de figurantes militarmente instruidos en alguna coreografía, moviéndose por entre decorados altamente llamativos. La comedia norteamericana, que alcanzó sus cotas más altas en los veinte, recogía la esencia de la atracción y la filtraba en un humor físico-temerario que colocaba al público en la testitura de dar más valor al salto al vacío en pantalla, al funambulismo ultra, a la proeza extrema del protagonista/estrella o el desempeño de sus facultades físicas, «el gag pensado como número autónomo procedente del universo del clown» (Quintana, 2007: 151) o «el *slapstick* como acto de equilibrio entre el puro espectáculo del gag y el desarrollo de la narrativa (Gunning, 1990: 60), que a la propia lógica dramática de la sucesión de acontecimientos». Esto que podríamos llamar «supervivencia del cine de atracciones» podría extenderse más allá del clásico, en plena postmodernidad, gracias a directores como el hongkonés Jackie Chan, heredero directo del *slapstick* limítrofe de Buster Keaton, siendo capaz el primero de rodar dos veces su propia caída a través de unos toldos, en el film *Los piratas del mar de China* (*Project A*, Chan y Hung, 1983), e incluir ambas versiones en un montaje final, agrediendo así una lógica sucesión de acontecimientos que casi nos remite al doble alunizaje de *Viaje a la Luna*. En un sentido más amplio, la atracción ligada al cine postclásico se ha entendido no ya como un recurso puntual sino como una propuesta general que presenta los productos cinematográficos

> como mundos y no como historias, y están considerados acontecimientos audiovisuales y no obras. Las películas son parte de la cultura de la experiencia y de la economía del espectáculo [...] la construcción de espacios no funciona según una lógica naturalista tradicional, como edificación de lugares que permiten otorgar al mundo diégetico de la fábula un alto nivel de verosimilitud, sino que se articula en función de su visibilidad, de su impacto [...] El diseño del espacio se efectúa como si la pantalla fuera una caja de sorpresas en la que todos los estímulos son posibles para mantener la atención del espectador (Quintana, 2007: 152).

Una vuelta de tuerca que, en palabras de Thomas Elsaesser, ha hecho que la norma actual sea el cine de atracciones y la excepción el clásico (Quintana, 2007: 156). Los productos postclásicos más comerciales, superhéroes, franquicias de acción de bencina o sagas de ciencia ficción o fantasía, se presentan como espectáculos que, dice Tom Gunning, pretenden provocar el asombro y reclaman directamente la atención del espectador dirigiéndose agresivamente a él (Whissel, 2014: 5), sin que olvidemos que, en general, y aunque haya habido un cambio de balances en cuando al grado de importancia de la atracción en los *blockbusters* de nuestra era, siguen teniendo el armazón de una historia más o menos coherente, por básica que sea, y un asidero en el modelo clásico (Geoff, 2000: 2). Un, recogiendo la expresión de Wanda Strauven, «cine de atracciones renovado» que retoma con inusitado vigor la tendencia de la atracción cinematográfica originaria a prevalecer sobre la narrativa o detenerla y que «se dedica a presentar atracciones visuales discontinuas, momentos de espectáculo más que de narración» (Strauven, 2006: 124). Kristen Whissel, escéptica en cuanto a lo que de atracción tienen las imágenes de acción discontinuas de los films que venimos citando, añade el concepto de «emblema». Según ella, el emblema, como objeto y modo de significación y en su nivel más básico, se define como «una imagen pictórica que representaba o epitomaba un concepto, expresaba una moraleja o lección, o servía como "representación de una cualidad abstracta, una acción, un estado de cosas, una clase de persona, etc."»[29]. Así, algunos efectos visuales del cine contemporáneo, y siempre según esta nueva alternativa propuesta por Whissel, funcionan a modo de

> emblemas de afectos […] emblema efectista como un efecto visual cinematográfico que funciona como un lugar de intensa significación y da una expresión asombrosa (y a veces alegórica) a los temas clave, las ansiedades y las obsesiones conceptuales de una película, incluso cuando provoca sentimientos de asombro y maravilla (Whissel, 2014: 6).

Así, estos efectos emblemáticos, entiende Whissel, no detienen la narración ni prevalecen sobre ella, apareciendo en los momentos cruciales de la trama para representar, en términos espectaculares, lo que está en juego en la narración. Dejando claro que no se considera a los directores de acción actuales precisamente trasladadores de los libros de emblemas clásicos, sí se puede debatir gracias a este término la espectacular elaboración que hace un efecto visual concreto de los conceptos y temas centrales de la película en que aparece, en lo que no es otra cosa que la continuación de una larga y diversa historia de las imágenes alegóricas en la cultura popular moderna (Whissel, 2014: 6). En gran medida, decía Sir Francis Bacon que los emblemas eran conjuntos alegóricos que solicitaban directamente la mirada del lector/espectador para suscitar una comprensión o interpretación placenteras de los conceptos y preceptos que abordaban; se «reducían los conceptos intelectuales a imágenes sensibles, que golpeaban más la memoria» (Whissel, 2014: 8).

> Muchos efectos espectaculares funcionan como un elemento de una estructura tripartita que, al igual que en los libros de emblemas, crea una relación dinámica y mutuamente esclarecedora entre los espectáculos que llaman la atención, la narración más larga en la que se insertan y un equivalente cinematográfico de un epigrama que se manifiesta en el diálogo que precede, sigue o pone entre paréntesis el efecto espectacular (Whissel, 2014: 12).

Las imágenes de acción del postclásico, entendidas en engarce con la emblemática, son como extracciones de la esencia de lo representado, como una subversión del pie de foto que podríamos llamar, ahora, pie de imágenes (o narración general) con otra imagen. Así y todo, queremos indagar en la atracción

---

29   Kristen Whissel se sirve de la definición oficial de la palabra «emblema» recogida en el Diccionario Inglés de Oxford, en su versión en línea.

ligada a un elemento concreto como es el dispositivo-rostro y con capacidad, más allá de ser puro emblema, de concentrar y paralizar, con el tiempo y en su inmersión dentro del cine clásico, la trama.

3.2.3. Rostro-atracción en el cine de los orígenes

Existe una tradición que relaciona el rostro con el espectáculo, con el efecto, con la contorsión. Los *tronie*, palabra del holandés antiguo que podría traducirse como «rostro», eran pinturas, propias del siglo XVI neerlandés, en las que se representaba sin pudor la gesticulación facial hasta llegar casi a lo grotesco[30]. Aunque no suelen ser considerados como retratos por la historiografía artística, lo único que los podría separar de ellos es el hecho de que, al ser más bien estudios donde se pretendía exponer dominio técnico o, incluso, el resultado de investigaciones introspectivas ligadas al propio estado espiritual-mental del artista (Rosenberg, 2003: 6), rara vez se conoce al comitente o la identidad del representado. Cabezas o bustos pintados (Hirschfelder, 2008: 29), también a veces esculturas, los *tronie* tenían un marcado carácter simbólico: eran síntesis de un carácter o sentimiento preciso. Con el tiempo, estos *tronie* se convirtieron en género, con su mercado propio, en torno a pintores como el propio Rembrandt, siendo muchos retratos de este último, algunos de ellos sin muecas pero sí con pomposos ropajes, considerados, con el tiempo, *tronies* en toda regla.

Para saltar desde el Siglo de Oro neerlandés hasta el momento que nos interesa, el arranque del XX y el desarrollo de las técnicas foto-cinematográficas, nos vamos a servir de un contexto en reformulación muy bien descrito por Tom Gunning. La transformación del paisaje acometida por el hombre finisecular, la llegada del ferrocarril, sus vías, la explotación de los recursos naturales, las minas, la creación de las fábricas, el trabajo simple y repetitivo del fordismo, la mutación de los centros urbanos para adecuarlos a los nuevos tráficos, con el mejor ejemplo de la «Hausmanización de París»[31], trajeron consigo, en palabras, como avisábamos, de Gunning, «... a consequent transformation of the body through new thresholds of demand and danger, creating new

---

30 Yendo aún más al pasado, los *tronie* parecen un desarrollo de las cabezas grotescas que ya dibujara Leonardo da Vinci en algunos de sus apuntes.

31 En el original, «Tracing the individual body: Photography, Detectives and Early Cinema», de Tom Gunning, se lee «... Haussmannization of Paris...».

regimes of bodily discipline and regulation bases upon a new observation of (and knowledge about) the body»[32] (Gunning, 1995: 16). El cine se hace eco de ello y no solo se beneficia de estos avances (no deja de ser un «aparato tecnológico») sino que también explota los cambios desde su condición de forma de experiencia. En el cine de los orígenes están presentes los pioneros del rail, los nuevos ritmos frenéticos de las ciudades y las fábricas y sus obreros, en un panorama que ofrecía estos cambios a nivel global. El truco, igualmente, tan presente en el cine de la época como celebrado por el público, permitía una escenificación literal del cambio vertiginoso gracias a sobreexposiciones o magias de montaje donde los objetos podían metamorfosearse: unas cuantas tuercas y tornillos mutaban en engranaje o unos huevos en unas lustrosas gallinas.

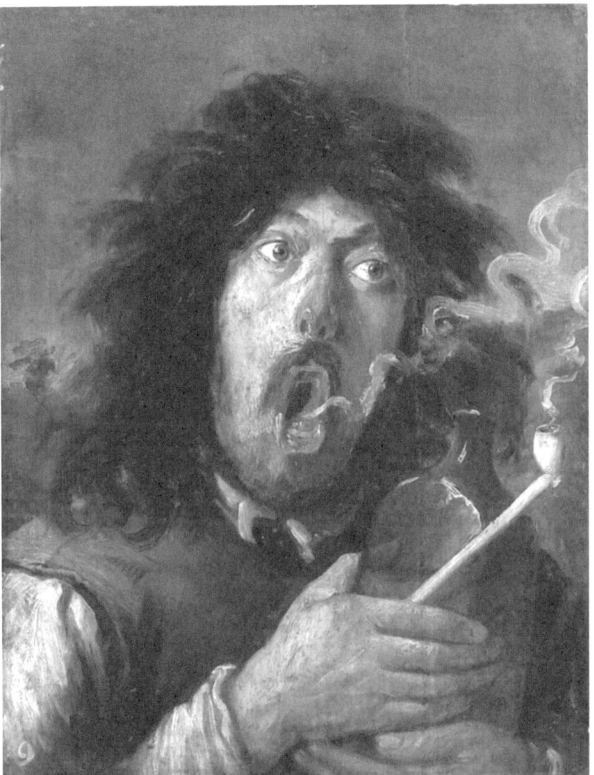

Figura 19: *El fumador* (Joos van Craesbeeck, también atribuido a Adriaen Brouwer, 1635-1636), ejemplo de *tronie*.

---

32   […] la consiguiente transformación del cuerpo a través de nuevos umbrales de exigencia y peligro, creando nuevos regímenes de disciplina y regulación corporales basados en una nueva observación del cuerpo (un nuevo conocimiento sobre él)] [Traducción propia].

El cine te permite «fotografiar la propia velocidad o el movimiento» (Gunning, 1995: 17) y, al igual que la propia fotografía, se pone al servicio de la ciencia o del estado. Gunning nos relatará cómo, en el arranque del siglo xx, la criminología se valió de la foto en dos direcciones: para capturar la evidencia del crimen y para marcar a los criminales (Gunning, 1995: 20). En el segundo caso, los archivos policiales se acabarían llenando de listas de delincuentes fichados con, cada uno de ellos, una foto identificativa. La modernidad, continúa Gunning, disciplinaba los cuerpos del ciudadano en el germen de lo que estas identificaciones criminales tenían de primigenia cultura de la individualización global: cada hombre/mujer único/a y localizado justo antes de la generalización del pasaporte. Pero, como diría aquel, hecha la regla hecha la trampa. En una anécdota que se nos revela crucial, algunos delincuentes, a los que se pretendía retratar, aprovechaban la larga exposición de la fotografía de la época para hacer muecas. Así, o echaban al traste un intento tras otro de las autoridades a la hora de identificarles, demorando el proceso y haciendo que el fotógrafo, a veces, desistiera, o conseguían que la ficha policial guardara un retrato consciente y naturalmente manipulado que, al no coincidir con su verdadero aspecto, les permitiera resultar inidentificables y eludir la ley en futuras fechorías. Sobre este asunto, el cinematógrafo finisecular, sensible a mostrar siempre los avances de nuestro mundo, hizo un tratamiento especial. De lo que algunos han llamado subgénero de cine de atracciones ligado a las «expresiones faciales» (Benet, 2004: 223), podemos citar un interesante ejemplo: *Photographing a Female Crook* (American Mutoscope, 1904). Este film de breve duración, y que dispone de una serie de cortes distintos –uno en que un policía y lo que, creemos, es un investigador privado a ambos lados de la mujer, estiran sus brazos, u otra versión en que el propio operador de la cámara se une a los otros dos hombres para tratar de sujetar a la detenida[33]– muestra, de forma animada, una ficticia sesión de identificación policial de una criminal reincidente que contorsiona el rostro en un intento de imposibilitar la foto natural del mismo pero que, al comprobar la imposibilidad de su intentona frente al objetivo, acaba llorando en un primer plano tras un acercamiento de la cámara, que se había encuadrado, en el inicio del corte, en un plano de

---

33 Como dato anecdótico, en el final del filme de alguna de las versiones que hemos consultado, la mujer parece charlar amigablemente con los policías, en una suerte de «detrás de las cámaras» que, a todas luces, pretendería exonerar a la actriz frente a un público que, en ningún caso, debería confundir lo visto con una escena documental y a ella, por extensión con una verdadera delincuente.

situación (figura 20). Sobre este interesantísimo film, Tom Gunning, que titula al corte *A Subjetc for the Rogue's Gallery*, comenta que

> This early masterpiece marshals the device of camera movement in what can only be seen as a selfreflective moment, dramatizing both the film viewer's growing curiosity about this female spectacle and the oppressive power of the diegetic camera as it relentlessly sees through the woman's performance. Instead of a single contortion, the film presents a gamut of grimaces, until the prisoner gives up in exhaustion before the unblinking cinema camera. Perhaps more eloquently than any still photograph, this brief film acts out the drama implicit in all police photography[34] (Gunning, 1995: 27).

Y añade, a propósito de esta y otra película, que él identifica como *Hooligan in jail* (1903), que

> Biograph films such as *Photographing a female crook* (1904) and *Hooligan in jail* (1903) consist of a single shot in which the camera is brought clase to the main character, until they are in mid-shot. The enlargement is not a device expressive of narrative tension; it is in itself an attraction and the point of the film[35] (Gunning, 1990: 58-59).

Más allá de este «subgénero de muecas de convictos», donde los rostros, estos actualizados *tronie*, son el punto, son atracción en sí misma, concluirá Gunning que el cine de los orígenes siempre usó todo lo que tuvo en su mano, y ello incluía las sonrisas de los cómicos a cámara, los gestos constantes de los prestidigitadores en los films sobre magia, el rostro y sus posibilidades expresivas, al fin y al cabo, para exhibir su visibilidad, obsesionado con romper

---

34 [Esta obra maestra temprana utiliza el recurso del movimiento de la cámara en lo que sólo puede considerarse un momento de autorreflexión, en el que se dramatiza tanto la creciente curiosidad del espectador por este espectáculo femenino como el poder opresivo de la cámara diegética, que ve implacablemente a través de la actuación de la mujer. En lugar de una única contorsión, la película presenta una gama de muecas, hasta que la prisionera se rinde agotada ante la cámara de cine que no pestañea. Quizás de forma más elocuente que cualquier fotografía fija, esta breve película representa el drama implícito en toda fotografía policial] [Traducción propia].

35 [Películas de la Biograph como *Photographing a female crook* (1904) y *Hooligan in jail* (1903) consisten en un único plano en el que la cámara se acerca al personaje principal, hasta que éste se encuentra en el centro del plano. La ampliación no es un dispositivo expresivo de la tensión narrativa; es en sí misma una atracción y el punto de la película] [Traducción propia].

un mundo ficticio encerrado en sí mismo en aras de solicitar la atención del espectador (Gunning, 1990: 57).

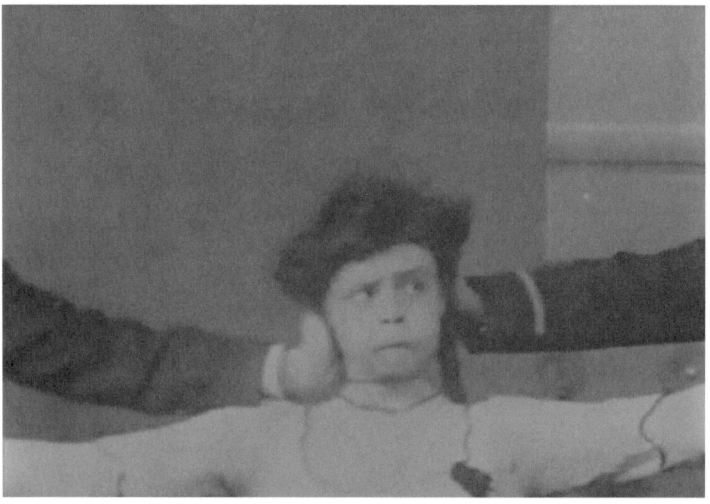

Figura 20: fotograma de *A Subjetc for the Rogue's Gallery* (American Mutoscope, 1904), en el que apreciamos las contorsiones del rostro de la actriz.

3.2.4. El plano emblemático como remedo de la atracción.

Asalto y robo a un tren (*The Great Train Robbery*, Edwin S. Porter, 1903) narra, como hasta los menos imaginativos habrán supuesto, el asalto a un tren por parte de una banda armada. La emblemática cinta supuso un avance sideral con respecto a muchos films de su época que se limitaban a desplegar una serie *tableaux* sin interconexión. Insinuaba el film de Porter, realizado para la compañía de Edison, una suerte de montaje en paralelo, atendía débilmente al *raccord* (planificando las direcciones, que no son claras aún, de salida y entrada de los actores en cada corte de plano) y sentaba las bases de cierta parte de la mitología del western posterior. Amén de todo ello, es célebre un plano donde el líder de los forajidos, encarnado por el actor Justus D. Barnes, dispara hacia la cámara prácticamente a quemarropa (descerraja seis tiros y continúa apretando el gatillo con el cargador vacío) (figura 21, que hemos decidido colocar al final del epígrafe). Los exhibidores del momento, o el proyeccionista puntual, tenían libertad de decisión en cuanto a dónde se colocaba dicho corte, que curiosamente llevaba la etiqueta *Realism*, si al inicio o al final de la película, atendiendo a su propio criterio (Pratt, 1974: 36). El público de esta Norteamérica inmediatamente previa y post Nickelodeones[36] reconocía un tipo de plano, que se ha venido a llamar «plano emblemático», que bebía directamente de la atracción de Mèlliés y de la Escuela de Brighton –recordemos que el propio Porter tuvo contacto con estos trabajos gracias a su puesto en la *Edison Manufacturing Company* y las copias piratas de cintas europeas que la empresa manejaba y distribuía (Bordwell/Thompson, 1994: 22)– que se encontraba desconectado de la narración o funcionando de forma bastante autónoma frente a una gran parte del film que se esfuerza en seguir una suerte de hilo argumental (Gunning, 1993) y que impelía a la audiencia.

Esta incitación, esta obsesión por captar la mirada del espectador tan propia de la atracción cinematográfica que no siempre se materializaba de igual manera, se constituía en el caso del pistolero de Porter en, directamente, una agresión contundente que, quizá, basaba su sentido en dos tipos de advertencia: la de que algo violento se avecinaba, si el plano se colocaba al inicio del film, o la de que se debía tener cuidado también en el turbulento mundo más allá de la oscuridad de las salas, si se colocaba al final. En ambos casos, el corte tenía un efecto de desconexión, de ruptura con respecto a lo contado pero «de manera contradictoria, ya que el plano no tiene cabida en el desarrollo de las escenas del cine, es demasiado "agresivo" para ser contenido por la precaria lógica dramática» (Benet, 2008: 57).

En Justus D. Barnes disparando displicente a los espectadores, tenemos el emblema whisseliano del film, epítome de la violencia explícita que en él se exhibe y que, como comentábamos, tiene el valor de advertir de lo que espera dentro y/o fuera de la ficción. O, podemos tener, de otro modo, un remanente del cine de atracciones con el que ya conectamos a Porter y que, desarrollado, podría tener extensión en el cine clásico posterior. No en vano, el propio Burch consideró a Porter como verdadero pionero del cine de los orígenes estadounidense, proponiendo un trabajo visual que miraba al cine no de integración o, lo que es lo mismo, un cine más «experimental», más interesado en la atracción que en la narración (Burch, 1978).

Gunning expuso que para el cine de los orígenes tan importantes eran los eventos que se filmaban, ya fueran funerales, competiciones deportivas, escenas callejeras, niños jugando a la intemperie, trabajadores enfrascados en

---

36 Las películas se exhibían, desde 1892, en salones recreativos, en circos, parques de atracciones, museos de cera... hasta la explosión de las salas especializadas en torno a 1906, como especificará Nöel Burch.

sus labores, acróbatas o bailarinas en plena danza…, como la presentación del propio aparato, del propio *gadget* tecnológico, el cinematógrafo, en lo que él llamó un «… cinematic gesture of presentation…» (Gunning, 1993: 42). La fascinación primigenia del cine estaba en la presentación de la tecnología pero, con el tiempo, su teoría, que no debe ser vendida como ente de granito, es flexible en cuanto a que en este cine de los orígenes hubo una dicotomía, una posición binaria, entre los films que interrelacionaban hábilmente, o no, la atracción con la narración (Gunning, 1993: 43). Más allá de ello, Gunning defenderá el éxito que la simbiosis entre narración y atracción puede conseguir. Veamos, a continuación, los efectos de esa posible hibridación y el uso que, del rostro, hizo el cine clásico en numerosas ocasiones.

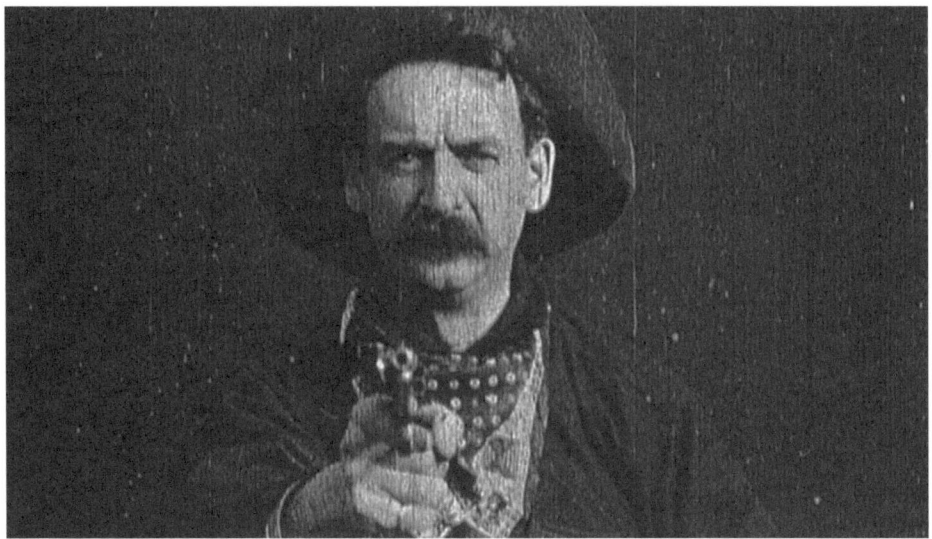

Figura 21: el actor Justus D. Barnes, en el fotograma llamado *Realism* de *Asalto y robo a un tren* (*The Great Train Robbery*, Edwin S. Porter, 1903).

3.2.5. Supervivencia del rostro-atracción-emblema en el clásico

En la postclásica *Cadena perpetua* (*The Shawsshank Redemption*, Frank Darabont, 1994), película de género carcelario, los reclusos asisten, en unos de sus momentos de recreo dentro de la prisión, a la proyección de *Gilda* (Charles Vidor, 1946). El momento que se nos muestra es, muy oportunamente, la presentación del personaje interpretado por Rita Hayworth, la propia Gilda, cuando esta lanza su pelo hacia atrás y responde con un «*me?*» a la pregunta de si «está decente». Un primer plano de la actriz, con el pelo vaporoso, el rostro centelleante y un hombro fulgente (figura 22), desencadena una serie de vítores, alaridos y carcajadas entre la audiencia confinada. Durante unos instantes, nada ha importado más allá de la conexión directa entre esa mujer pelirroja y unos hombres entregados que han prorrumpido en un concierto improvisado de silbidos, en análoga correspondencia quizá con esas salas de cine de «Bollywood», o sus industrias vecinas, donde el aforo casi al completo rompe a bailar por efecto simpático con las estrellas de la pantalla. Laura Mulvey, en su archiconocido estudio, *Placer visual y cine narrativo*[37], reutiliza el psicoanálisis contra sí mismo y lo politiza para lamentar cómo el inconsciente patriarcal estructura la forma fílmica (clásica, principalmente) y, por extensión, a la figura de la mujer. La mujer funcionará, en el cine y según Mulvey, como amenaza de castración para el hombre, como memoria de la plenitud maternal y siempre existiendo solo ligada a estos dos símbolos. La mujer habita la cultura patriarcal en tanto significante para el otro masculino, siempre como portadora de sentido pero no como productora del mismo (Mulvey, 2001: 366). La mujer, incide Mulvey, está dentro de un sistema escopofílico que la coloca como objeto centro de placer masculino ajeno. El cuerpo humano del cine, el rostro femenino, puede satisfacer el deseo de obtener un mirar placentero; los espectadores, desde la platea, están en comunión pero, también y gracias a la oscuridad de la sala, son una suerte de voyeur solitario individual. En un proceso de identificación, el voyeur/espectador siente placer al mirar y eleva su placer en el sentimiento de identificación, que retorna de una pantalla donde «lo glamouroso encarna lo ordinario» (Mulvey, 2001: 369). La mujer como imagen (pasiva) y el hombre como portador (activo) de la mirada.

> La mirada determinante del varón proyecta su fantasía sobre la figura femenina, a la que tacha a su medida y conveniencia. En su tradicional papel de objeto de exhibición, las mujeres son contempladas y mostradas simultáneamente con una apariencia codificada para producir un impacto visual y erótico tan fuerte, que puede decirse de ellas que connotan «para-ser-miradabilidad» (*to-be-looked-at-ness*). La mujer expuesta como objeto sexual es el leitmotiv del espectáculo erótico; desde las *pinups* hasta el striptease, desde Ziegfeld hasta Busby Berkeley, ella significa el deseo masculino, soporta su mirada y actúa

---

37 Publicado por primera vez en *Screen*, 16, 1975, pp. 6-18. Este artículo original es la puesta en escrito de una ponencia presentada en el Departamento de francés de la Universidad de Wisconsin en 1973.

para él. Las películas que siguen la tendencia cinematográfica dominante combinan hábilmente espectáculo y narración (nótese, sin embargo, cómo en los musicales los números de baile y canto interrumpen el flujo de la diégesis). La presencia de la mujer es un elemento indispensable del espectáculo en el cine narrativo convencional, aunque su presencia visual tiende a operar en contra del desarrollo del hilo argumental, al congelar el flujo de la acción en momentos de contemplación erótica (Mulvey, 2001: 370).

La inclusión de un párrafo tan extenso da cuenta de lo nuclear de su declaración. El rostro, la faz femenina, rompiendo, por un instante, el argumento y congelando la trama. Aunque la propia Mulvey comenta que, en muchos casos del clásico, la *showgirl* integrada en la trama podía unificar mirada del espectador y mirada del personaje masculino, amortiguando la ruptura con el mundo profílmico clásico (sabemos que es Glen Ford (Johnny Farrell) el que está mirando a la mujer), el ejemplo de los reclusos de Shawsshank y su alboroto no puede ser ahora más revelador: el primer plano de Gilda es un emblema, sí, pero es, además, puro espectáculo, pura atracción dentro de la ficción del film e importa, durante unos instantes, más allá del hilo argumental de la película.

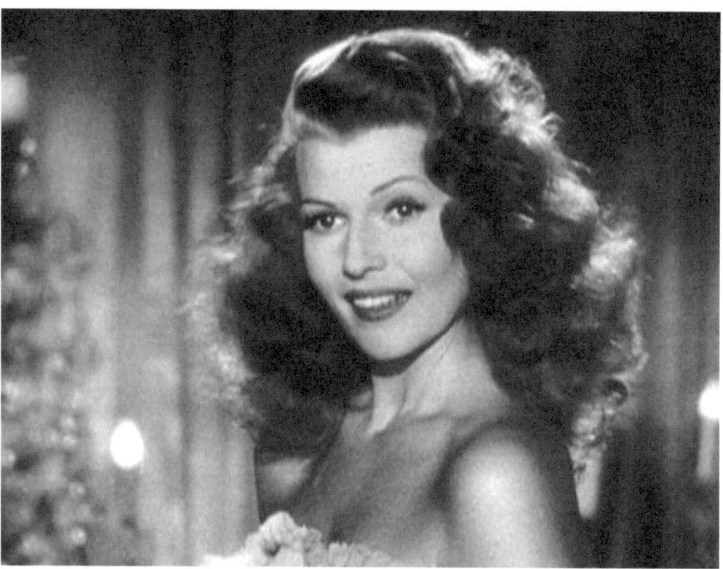

Figura 22: primera aparición de Gilda/Rita Hayworth en *Gilda* (Charles Vidor, 1946).

Tras el ejemplo de *Gilda*, acometer el estudio del trabajo de la atracción y el primer plano en John Ford podría ser arriesgado. Ya entre otros directores que, aún dentro del sistema de producción clásico, tensionaron el modelo, esos que han sido llamados «manieristas», sobresalen nombres más oportunos, como el de Rouben Mamoulian, y *La reina María Cristina de Suecia (Queen Christina,* 1933*),* en cuyo final viajamos en trávelin del todo del mar proceloso a la concentración en la cara de la Garbo, donde lo que importa es «el enigma que refleja un rostro» (Losilla, 2003: 31). En lo fordiano, así y todo, conviviendo con una austeridad que se convertiría en marca de la casa Ford –célebre es su rechazo del uso de grúas y en la economía de montaje, en favor de lo que sucede en el plano y el control a los actores en cuanto a prohibición de alharacas–, existe una atracción latente. Durante la secuencia de la boda en *¡Qué verde era mi valle!* (*How Green Was My Valley,* 1941), el velo de Maureen O'Hara danzará, acompañando a la propia novia ya desposada en el camino desde el altar al coche (figura 23).

Igual que los pioneros descubrieron la belleza de los árboles danzando en segundo plano, como comentábamos, casi cincuenta años más tarde, la cautivadora hermosura y delicadeza de un vaporoso velo flotando con el viento continúa fascinando, ayudando a la emoción por otro lado[38], por el simple hecho de que puede moverse, atrayendo todas las miradas.

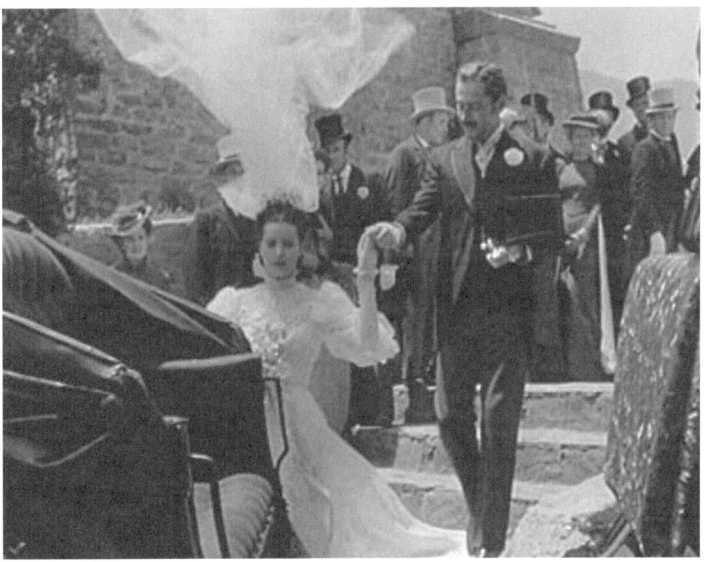

Figura 23: fotograma de *¡Qué verde era mi valle!* (*How Green was My Valley*, 1941, John Ford).

---

38 «El cine de atracciones según Tom Gunning». En línea: <https://eltestamentodeldoctorcaligari. com/2021/11/19/el-de-cine-de-atracciones-segun-tom-gunning/> [consulta: 9/2/2024].

3.2.6. Rostro atracción-emblema en John Ford

Thomas Harper Ince, pionero del cine de los orígenes norteamericano y de los westerns, falleció en 1924, en extrañas circunstancias. Junto a él trabajó, hasta que empezó una carrera en solitario como director y actor, Francis Feeney, que cambiaría su apellido por el de Ford. Alumno, así, de segunda generación de Ince, John Ford, el hermano de Francis, talentoso jugador de fútbol americano que dejó el deporte por el trabajo artístico junto a aquel, heredó el conocimiento técnico y la práctica en el rodaje de una serie de films, la Saga del Oeste en general, sustentados en la realidad profunda del mito y que, como diría Bazin, al encontrarse mitología y medio de expresión, reconstruyeron un ente que ya existía antes del cine bajo múltiples formas literarias o folklóricas (Bazin, 1990: 245).

A John Ford, que aprendió el oficio del cine en un lento proceso de ascenso desde el puesto más invisible de un rodaje hasta ocupar la silla con su nombre, «no sólo le encantaban las baladas de la frontera, los hechos históricos y los uniformes del pasado, sino que, por encima de todo, le encantaba el western» (Urkijo, 1991: 28). Conoció los cimientos de un género, cuya «perennidad histórica» (Bazin, 1990: 244), al menos hasta los sesenta del siglo pasado, se debió en gran parte a él. Entendió la psicología de unos personajes que no se diferenciaban estuvieran fuera o dentro de la ley (Bazin, 1990: 250) y condujo ese baziniano «maniqueísmo épico que opone las fuerzas del mal a los caballeros de la justa causa» (Bazin, 1990: 249) a un cine que, al fin y al cabo, «retrata gente» (Urkijo, 1991: 90), dignificando a unos «nobles marginados que asumen su papel con orgullo» (Urkijo, 1991: 31) y que rompen esa regla clasista fundamental de la *Poética* de Aristóteles para las tragedias: que los caracteres en pantalla sean representados por personajes pertenecientes a las clases altas (Onaindia, 1997: 201).

John Ford, por otro lado, y el detalle no es en absoluto baladí, renovó el género del Oeste norteamericano con una serie de hitos técnicos que contravenían unas convenciones clásicas que, en muchos casos, eran tenidas por imprescindibles por los pasmados académicos para la seguridad del entendimiento de las películas por parte del público[39], paridos del contubernio entre su larga experiencia en el medio y su natural audacia. No solo fueron novedosas sus composiciones –célebre es su gusto por mostrar los techos en sus

---

39 Urkijo (1991: 12).

planos– o su desprecio del académico *raccord* físico entre planos, sino que adecuó la dirección fotográfica a su particular visión artística proponiendo un empecinado uso del gran angular, el recurso a las emulsiones más sensibles o una estrategia de reducción de las fuentes lumínicas. En este último sentido, el contraste se utilizaría como discurso relacionado con la psicología de cada personaje. Films como *Straight Shooting* (1917), certificarían que Ford «… no fue un estilista nacido bajo la influencia del cine expresionista y del inmediato Kammerspielfilm alemán, como se ha repetido en numerosísimas ocasiones (Anderson, Gubern, …)» (Urkijo, 1991: 9), sino que ya estudiaba la luz antes que aquellos.

Straight Shooting no solo supone, como anticipábamos, y debido a su temprana fecha de filmación, una forma de separar las ideas en cuanto a fotografía de Ford como influenciadas por la «filmación a la alemana» sino que, en algunos planos concretos, esto es, la forma en que rueda secuencias a caballo, las licencias que se toma en la planificación de las persecuciones o la dureza, en el sentido de altamente artistificada, construcción de algunos fragmentos, vemos «… que Ford siempre ha estado dispuesto a romper los vínculos naturalistas si servía a sus propósitos…» (Urkijo, 1991: 101). Conocedor del cine del origen, a través del trabajo de campo y de las enseñanzas y/o gustos de su hermano Francis y de Ince, en *Straight Shooting* encontramos una serie de imágenes que nos evocan al plano emblemático. Será justo en la presentación del personaje de Cheyenne, rol «recurrente», por así decirlo, de filmes del oeste que interpretaría Harry Carey, en que, tras un intertítulo que contiene tanto el nombre del personaje en la película (figura 24), una semblanza, a modo de emblema quizá[40], y una referencia al actor real, veremos el rostro/retrato del pistolero protagonista de la cinta (figura 25). En esta presentación, en el cambio de iluminación y planificación y en la relación casi metacinematográfica que se da con el público, al que se muestra que, por encima de la narración, tenemos la figura de la estrella y de su personaje favorito, un Cheyenne que ya era conocido por sus antiguas y, seguro, futuras tribulaciones en otras aventuras del oeste, se da lo que Benet identificó muy bien como el tratamiento típico del primer plano de la *star* en el cine hollywoodiense:

Hay una razón inmediata de tipo narrativo que se convierte en convención. La primera aparición de la estrella en el filme es resaltada habitualmente a través de un primer plano, estableciendo una jerarquía con respecto al resto

---

40   [Un canto rodado, con muchas muescas en su pistola] [Traducción propia].

de los personajes que no suelen tener este tipo de tratamiento. Esta jerarqui-zación se repite en infinidad de películas desde mediados de los años 10. Pero unido a ella resulta particularmente revelador un segundo aspecto: la aparición del rostro supone una ruptura del *raccord*, de la continuidad en la iluminación de la escena o de la nitidez de la imagen. El glamour de la *star* suele requerir un tipo de tratamiento especial que se concentra en el *flou* de las imágenes que, gracias al empleo de filtros, producen una sensación de irrealidad (Benet, 2008: 225).

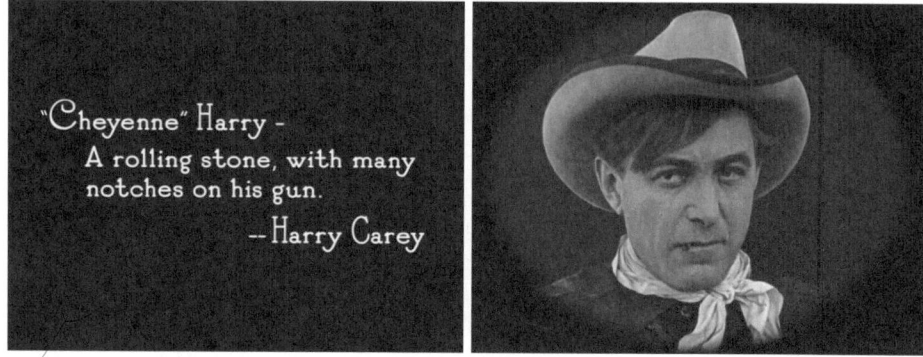

Figuras 24 y 25: Intertítulo de presentación de Cheyenne, personaje interpretado por Harry Carey (izquierda) y Cheyenne/Harry Carey (derecha).

Sobre *La diligencia* (*Stagecoach*, 1939), Bazin hablaba del ejemplo ideal de madurez de estilo que había llegado al clasicismo y de un equilibrio perfecto entre mitos sociales, evocación histórica, verdad psicológica y la temática tradi-cional de la puesta en escena del western, sin que ningún elemento sobresaliera por encima de otro (Bazin, 1990: 255). Urkijo puntualiza el dominio clásico fordiano aludiendo cómo sobrepasa las limitaciones propias de la Academia con trazos manieristas en un film, *La diligencia*, «… a la vez perla del academi-cismo y almacén de todas esas innovaciones…» (Urkijo, 1991: 12).

Sin obviar el hecho de que Ford «… pusiera patas arriba la ortodoxia gené-rica y académica…» (Urkijo, 1991: 57), con sus filmes y anticlásicas decisiones en cuanto a iluminación y puesta en escena en general, de *La diligencia* desta-ca, especialmente, una puesta en forma del rostro muy particular. Sobre todo, en dos momentos concretos.

Cerca del arranque del film, miembros de la caballería norteamericana (dos oficiales, un explorador y un telegrafista) discuten, en un despacho, so-bre los movimientos del jefe apache chiricahua Gerónimo (1829-1909). En un momento dado aluden al trabajo de un rastreador indio, que también se encuentra en la sala y que ha localizado a los nativos enemigos, dudando de su fiabilidad. Una voz de fuera de plano nos dice que, al ser cheyenne, detesta más a los apaches que los propios soldados de la caballería, mientras vemos un primer plano del susodicho en silencio.

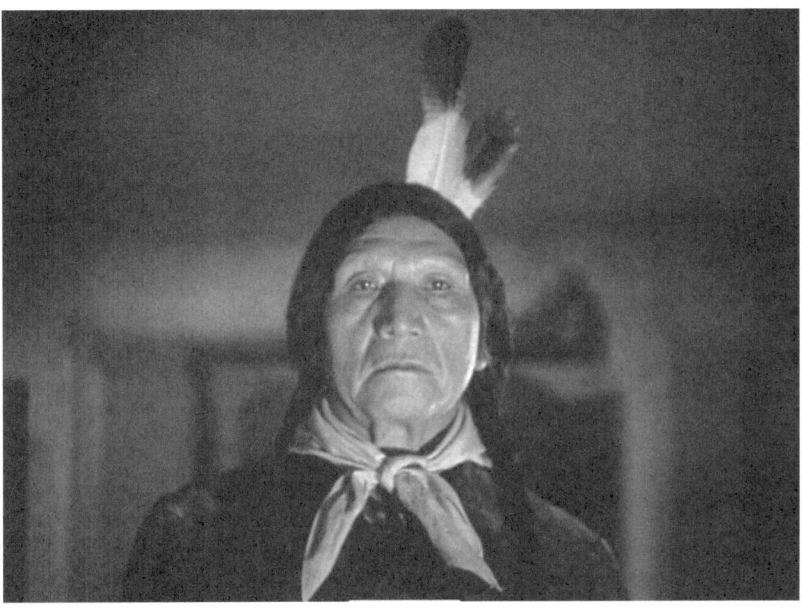

Figura 26: píldora de independencia en el retrato del rastreador
indio de *La diligencia* (*Stagecoach*, John Ford, 1939).

En el rostro de este indio, uno de esos extras nativos sin diálogo que, por su «autenticidad» (y por cobrar la mitad que cualquier *stunt* norteamericano), tan del gusto eran de Ford, un «subalterno», al fin y al cabo, que diría Spivak, al que el hombre blanco del cine clásico muestra pero al que no se le da voz –el subalterno «no puede hablar» (Spivak, 2009: 77)– ni mucho menos protagonismo, de lo que pide el relato, veremos, por otro lado y principalmente, la latencia de una independencia en un fogonazo de atracción. Estamos ante un primer plano, mantenido durante unos segundos y el pañuelo, dos plumas estratégicamente colocadas y, sobre todo, la fuerza de los ojos que inquieren algo atravesándonos, consiguen desencadenar la extraña sensación de que ese hombre, más allá de la amenaza salvaje que se cierne sobre nuestra civilización (González Requena, 2007: 29), nos quiere hablar mucho más de él mismo, de su historia y de su pueblo, que de la trama misma del relato que se nos cuenta.

Tras casi veinte minutos de metraje de *La diligencia*, presentados ya todos los personajes (ya sea por su presencia en pantalla o por las noticias que de ellos se han dado) y planteada a grandes rasgos la trama principal, la diligencia es abruptamente detenida tras el sonido de un disparo.

> Vemos al destacamento de caballería vadeando un río, muy por detrás de la diligencia. La cámara hace una panorámica sobre los soldados mientras ascienden a la ribera opuesta.
> La diligencia sigue siendo arrastrada hacia adelante, mientras BUCK tira furiosamente de las riendas para detener a los caballos. Estos relinchan y caracolean.
> CURLY levanta violentamente su arma.
> BUCK. —¡Mira, es Ringo!
> CURLY (*con entusiasmo*). —Sí.
> RINGO KID, en plano medio, está de pie con un rifle en una mano y una silla de montar en la otra. Grita. Agita su rifle y la cámara hace un traveling hasta un plano medio corto de él. Oímos a BUCK calmando a los caballos (Ford, 1997: 37-38).

Ese *traveling* de aproximación nos lleva, después de un desenfoque de la imagen, que otorga a la representación de este hombre de frontera una intensidad épica realzada (González Requena, 2007: 48), desde prácticamente un plano americano hasta el rostro de un sudoroso Ringo Kid, interpretado por John Wayne, pistolero convicto recientemente huido de prisión, que, haciendo el gesto de girar su *winchester* con la mano derecha y gritando a voz en cuello «¡so, deténgase!», deja claro al espectador que ha sido él quien, por los motivos y con la intención que sea, ha interceptado el vehículo. La presentación de Ringo/Wayne pone en cuestión otras convenciones clásicas. La cámara testigo desaparece aquí por un movimiento que, en su violencia mecánica, provoca, primero, el desenfoque antes comentado y deviene, después, en la literalidad significante del lanzamiento del rostro al espectador. Si bien no especiales, estamos viendo aquí, en esta puesta escena, una serie de efectos encaminados a romper la quietud del público. Pero, como decía Gunning. «... los efectos son atracciones domadas...»[41].

---

41 [«... effects are tamed attractions...»] [Del original en inglés. Traducción propia], en «NOW YOU SEE IT, NOW YOU DON'T», de Tom Gunning y que hemos citado en varias ocasiones hasta el momento.

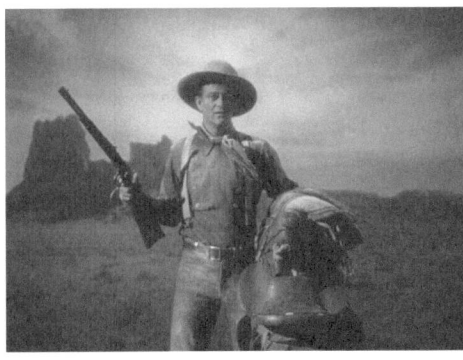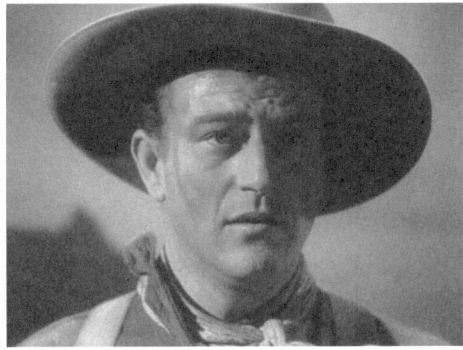

Figuras 27 y 28: retrato/presentación de Ringo/Wayne en *La diligencia* (*Stagecoach*, John Ford, 1939).

Si Noël Burch evocaba el poder de los planos emblemáticos, imágenes congeladas que suspendían definitivamente el proceso diegético al final (o al principio) de algunos films clásicos, y cuyo objetivo era «facilitar la dolorosa ruptura del hechizo institucional» (Burch, 1999: 256-257), el plano/rostro de Ringo, aunque no se ubique al final del film y no coincida con el encendido de luces y la bajada del telón, sí provoca la sensación entre el público de encontrarse en un espacio irreal y en un tiempo que, por unos segundos, parece haberse congelado o quebrado en una pausa de mini-espectáculo (Gunning, 1990: 61) en el desarrollo de la narrativa.

Aunque la diégesis clásica rara vez impele al espectador a través de los actores (Gunning, 1993: 45), que tienen prohibido comunicarse directamente con la cuarta pared con gestos y/o miradas, existe aquí un régimen exhibicionista invocado por la atracción, que pretende satisfacer rápidamente la curiosidad de la audiencia –del personaje de Ringo/Ford se había hablado pero no se conocía su rostro– en un encuentro que, muchas veces, tiene mucho de agresivo y hace que «… la atracción se enfrente al público»[42] (Gunning, 1993: 61).

Si bien la convención narrativa clásica configura el tiempo en una especie de forma a través de la lógica interactiva de los acontecimientos, esto es, una maniobra, como sostiene Gunning acudiendo a Paul Ricoeur, que en el paradigma narrativo clásico va más allá de lo simplemente cronológico: tiempo y narración no son una simple progresión lineal sino también la reunión de momentos sucesivos en un patrón (una trayectoria con sentido) (Gunning, 1993: 44). Entendiendo la irrupción del rostro de Ringo/Ford como un momento

---

42   [Attraction confronts audiences] [Traducción propia del original].

de atracción interactuando dentro de un sistema con convenciones clásicas, el tiempo se trabajará en él de forma distinta, en una

> Alternation of presence/absence that is embodied in the act of display. In its intense form of present tense, the attraction it's displayed with the immediacy of a «Here it is! Look at it!»[43] (Gunning, 1993: 44).

La presentación de Ringo, como atracción, en lugar de desarrollar pasado y presente, de modo que defina una anticipación concreta del futuro, al modo narrativo, parece limitada a «... un repentino estallido de presencia...» (Gunning, 1993: 45). Durante unos instantes, el espectador se deleita que un rostro que, a un tiempo, remite a la *star* y al hombre de frontera del filme, deteniendo eficazmente el curso de la narración a través de un mini-exceso de espectáculo que hace que el interés del público se desplace de aquello que sucederá a continuación al disfrute del espectáculo concreto que se está presentando en pantalla:

> In other words, a change in spectatorial registers and temporality takes place with the nondevelopment time for a crowning attraction closing of the narrative and guaranteeing spectator satisfaction on two levels: the resolution of narrative action and the satisfaction of visual pleasure[44] (Gunning, 1993: 48).

Al igual que aquel recuerdo metacinematográfico –la sustitución, tiempo obliga, de Carey/Cheyenne por Wayne/Ringo y el hecho significativo de que esta es la primera colaboración entre Ford y el, entonces, joven actor– la puesta en escena del héroe deviene corolario de cómo el director era capaz de, como decíamos antes, romper el naturalismo convencional cinematográfico clásico en favor de sus propias ideas estéticas, construyendo un relato clásico donde la atracción se incrusta oportunamente.

---

43 [Alternancia de presencia/ausencia que se materializa en el acto de exhibición. En su forma intensa de tiempo presente, la atracción se exhibe con la inmediatez de un «¡Aquí está! ¡Mírelo!»] [Traducción propia].

44 [En otras palabras, se produce un cambio de registro y de tempo espectatorial con el tiempo de no-desarrollo para una atracción culminante que cierra la narración y garantiza la satisfacción del espectador a dos niveles: la resolución de la acción narrativa y la saciedad del placer visual] [Traducción propia].

3.2.7. Atracción y manierismo en Hollywood

A David Bordwell, Carlos Losilla le afea el hecho de haber otorgado un periodo dinástico a Hollywood «… sin apenas preocuparse por las distintas corrientes subterráneas que transitan ese vasto océano…» (Losilla, 2003: 12). Siendo el cine de la supuesta época clásica (de los treinta, o incluso antes, hasta los sesenta) multiforme, variado, de condición «… evanescente y volátil…» (Losilla, 2003: 12), Losilla declarara que para encuadrar a esos que no estaban encorsetados dentro de las convenciones clásicas, Ford entre ellos, lo más acertado es servirse de la terminología de las artes plásticas adaptándola al cine. Aquí aparece el nombre de Jesús González Requena, que trajo el «manierismo» de la pintura para, a propósito y a medida de Douglas Sirk, hablar de una forma clásica pero con suficiente personalidad para destacar, para disonar, para diferenciarse, y hacer que nos preguntemos por su posible idiosincrasia. Aunque coincidimos en que el uso del término «manierismo» adaptado al cine es oportuno y consideramos que, en general, existen cineastas donde el término queda pintiparado –caso de, insistimos, Sirk con el anuncio de la disolución del canon clásico en un espacio profílmico poblado de espejos (González Requena, 1986: 47) o la facultad de Welles de estirar el punto de vista, de alargar las figuras como ya lo hiciera El Greco–, entender, por otro lado, que existen paralelismos entre los convulsos acontecimientos del XVI, caso del Saqueo de Roma, y las secuelas socioculturales de la Segunda Guerra Mundial o el advenimiento del capitalismo salvaje como puntos que pueden unir a los artistas de una y otra época (¿acaso no todos los artistas y/o los periodos históricos tuvieron su propio holocausto?) o incluir en este saco manierista a autores tan dispares como Alfred Hitchcock, Rouben Mamoulian, Raoul Walsh, Mitchell Leiisen, Leo McCarey o King Vidor, nos parece un tanto gratuito. Nos adherimos, así, a la afirmación de que la utilización del término «manierismo», si lo es en lo pictórico todo lo más lo será en el cine, es una apuesta arriesgada (Losilla, 2003: 14). Para los historiadores del arte, supone la discusión entre la idea winckelmaniana de Henrich Wolfflin, los estilos en paralelismo a las edades del hombre, niñez, madurez y declive, y el afán abolicionista de Alois Riegl de esa concepción histórica como una sucesión de compartimentos estancos sin comunicación posible entre sí.

Aplicado al cine americano […] este concepto [el *manierismo*] sustituye el Renacimiento por el clasicismo y el Barroco por la modernidad. El desplazamiento de sentidos se debe a la identificación que suele realizarse entre la edad de oro de Hollywood y el esplendor del arte italiano del Quattrocento y parte del Cincuecento, entre las grandes productoras y los talleres renacentistas, entre el despunte de fuertes personalidades artísticas por encima de encargos o mecenas y la consagración de la autoría cinematográfica en el contexto de una producción seriada (Losilla, 2003: 15).

En el caso de John Ford, el término manierismo parece aglutinar una serie de conquistas técnicas e intelectuales que es un tanto más problemático conectar con aquel momento que convivió con clasicismo y barroquismo. Reafirmando que es la teoría la que ha marcado fronteras estilísticas en la compleja Europa, o Italia, de los siglos XV a XVII, y que es muy lícito querer entender dicho periodo como un gran bloque, el espíritu de Riegl nos insta a sacar al director de Maine por un momento de ese saco manierista y proponer la explicación a algunos de esos amaneramientos fordianos con base en un recurso conocido y practicado, convertido en tradición visual norteamericana, como es el plano emblemático. En la irrupción de algunos rostros en el cine de Ford, así como en muchos del cine clásico, se denota la utilización de la atracción como recurso puntual para una puesta en escena particular, la de las grandes féminas o los grandes héroes del cine que, al contrario de lo que decía Bazin, muchas veces adquiere, también en los westerns, transposición épica no gracias a los planos amplios de horizontes o a los planos de conjunto sino al acercamiento de la cámara al rostro, al acercamiento muy tímido, por extensión, del cine clásico al arte del retrato y a otra posible supervivencia del cine de atracciones subsumido dentro del modelo de Hollywood. O, en el caso que nos ocupa, al rostro entendido como atracción.

3.3. Emancipación del rostro tras el clásico

3.3.1. ¿Qué no buscamos?

Es posible que, hasta ahora, hayamos sido más precisos en cuanto a qué entendemos por rostro cinematográfico o por retrato «al cine» que en exponer qué fórmulas queremos excluir de este último. Hay quien puede entender que ello es del todo innecesario, redundante, pero, creemos, hacerlo justo ahora, cuando vamos a aventurarnos a certificar la emancipación del rostro con respecto al cine, nos resulta importante.

Es habitual que se hable de ciertos filmes como de grandes tributos al arte o a los creadores/as, como buena «semblanza» de tal o cual cualidad o, incluso, como un gran «retrato de una sociedad» o de un «personaje o sujeto» concreto. Sin embargo, ya comentaba Jacques Aumont, una cosa es la «impresión» de un retrato y otra un retrato en el cine. O, al menos, no es tan evidente hacerlo en esos casos.

Nuestro cine del retrato no se acercará a otras artes, a cualquier disciplina, en forma de *biopic*. La tormentosa vida del bohemio de turno. La soledad del genio. El sino desdichado del loco de pelo rojo. Dichos filmes, más que productos que estudien los recursos expresivos de cine y pintura, son cintas donde el arte aparece sin más configurando un contexto o un espacio profílmico, con las reglas convencionales del clásico, donde se moverán los protagonistas. Un cine donde los episodios más luctuosos, lúbricos o escandalosos del arte aparecen como una forma más del espectáculo, escogidos con precisión, y como una excusa para contar, otra vez, historias más grandes que la propia vida. Igualmente, nos desviaremos del que podríamos llamar *tableu vivant* kubrickiano (Moral Martín, 2009: 19). No nos interesará ese filme que, por amor, por obsesión o puro pragmatismo, reproduce con reverencial detalle una estampa, una pintura histórica o desarrolla una estética propia pero por inspiración de un conjunto de obras paradigmáticas. El cuadro cinematográfico en mimesis del cuadro pictórico no será asunto de interés en este trabajo.

El retrato que nos interesará estará centrado en el sujeto humano, independizado en la medida de lo posible del fondo, beberá de cierta puesta en escena tradicional, valorará la estasis, sobre esto volveremos más adelante, y, sobre todo, estará todo lo independizado que pueda de ese «todo mayor» que será el relato de la película. Una forma de humanismo cinematográfico, con foco en el rostro, que valorará el tiempo más allá de lo puramente fenomenológico.

3.3.2. Todo es verdad, todo está permitido. El cajón de sastre de la modernidad y postmodernidad

> Los historiadores del futuro tendrán problemas para identificar los «retratos» de nuestra época. (Francastel/Francastel, 1978: 10)

Muchos consideran un hecho que la creación artístico-cultural desde finales del XIX hasta nuestros días, nos tomaremos la libertad de considerarla «nuestra época», se ha convertido en una materia no solo ya difícil de catalogar sino complicadísima de aprehender. Frases como la que encabeza este apartado concentran la preocupación de la historiografía en el hecho de que se ha tenido a bien almacenar esta ingente producción en una suerte de cajón de sastre que, con el tiempo, ha ido siendo renombrado. En lo que al audiovisual se refiere, a día de hoy, tras la ruptura de la modernidad de los sesenta y tras el banderazo de salida que dio la postmodernidad a una heterogénea masa de autores[45] a la conquista de espacios «vacíos» o de territorios «vírgenes», encuadrar el asunto es más abstruso aún. De hecho, aterra a aquellos a los que una frase, que, a menudo, se ha asociado a esta extensión de la modernidad en que vivimos ya avanzado el siglo XXI, como «nada es verdad, todo está permitido», atribuida a Hassan i Sabbah, líder de la antigua secta de Los Asesinos, que parece la pronunció en su lecho de muerte (Rocha, 2015: 13), viene a resumir un contexto donde el acceso y control de la técnica más avanzada, facilitado hasta la puerilidad, ha destruido las certezas estéticas y ha provocado que la superpoblación de artefactos baladís anule el valor de cualquier propuesta. Si todo está permitido, nada vale.

Siendo nuestra visión del asunto menos pesimista, y entendiendo que, aún en el caos, es lícito no ya intentar nadar sino rastrear o, incluso, poner algo de orden, queremos –siendo conscientes de que ir a la busca de la isla dentro del maremagno del audiovisual actual es como querer arar en el mar– dedicar este apartado a escrutar la posibilidad de la emancipación del rostro cinematográfico en el contexto de la modernidad y postmodernidad y, además, proponer algunos nombres que, creemos, merecen estar aquí, en este «nuestro cajón de sastre» de la independencia del rostro, por sus aportaciones en la construcción

---

45 Creadores clásicos resistiendo, otros revisitando sus propias convenciones, nuevas voces, nuevos colectivos transformando la estética de los silenciados o desclasados, sujetos proponiendo la individualidad de sus experiencias personalísimas como otra posibilidad de imagen para los nuevos contextos…

de una nueva propuesta del rostro filmado o por devenir en alegatos visuales que tienen mucho, o todo, de retrato.

3.3.3. Emancipaciones del rostro en el cajón de sastre de la modernidad y postmodernidad

Si ya hemos dedicado los epígrafes anteriores a cómo, en el cine, el paisaje pudo adquirir su autonomía, en su posible parangón con el retrato comenta Moral Martín que

> Es cierto que hay matices y hay excepciones, pero la norma sigue dominando el universo pictórico: un retrato se distingue tanto por lo que dice un rostro, como por el modo en que lo dice, por una construcción figurativa que lo diferencia en última instancia de un paisaje. Si aquel se articula desde el centro ocupado por el cuerpo, centro figurativo pero también simbólico, el segundo se proclama a-céntrico, desjerarquizado. Si el primero asume como condición constitutiva la subordinación del fondo a la figura, el segundo subvierte precisamente dicha relación; como ha expuesto Javier Marías a raíz de su aproximación a *The Searchers*, fue con la desaparición de la figura humana o su radical infravaloración compositiva, cuando el paisaje pudo desligarse de las acciones que transcurrían sobre él, fondo convertido en figura (Moral Martín, 2009: 22).

Si en la modernidad, ya con Antonioni, el paisaje, primero, aplastó la figura humana hasta volatilizarla, el rostro, centro compositivo formalista, cierto es, no necesita ya no solo someter al fondo, al paisaje circundante, sino que, operación distinta, necesita imponerse formalmente al relato o todo mayor, quizá a través del uso del tiempo, sin olvidar la advertencia de Jacques Aumont sobre que los retratos no lo son por el simple hecho de la estasis o del momento sin acción (Aumont, 1998: 113).

Desde nuestro punto de vista, la estasis es importante. Es condición *sine qua non* para que germine siquiera la posibilidad de la autonomía, pero, matizando a Aumont, ¿realmente la estasis de un rostro filmado implica un momento puramente sin acción? Si por estasis, y ateniéndonos a una definición cercana a lo biológico, entendemos «estancamiento», ello en absoluto sucede en un plano cinematográfico que, mediante toma larga, nos encuadre, en este caso, un rostro. Paul Schrader entiende la estasis en modo distinto. Amén de que el cineasta y teórico aplica, también, la estasis en esa «… lenta retirada de los personajes principales, una visión estática del entorno natural y la fuerte implicación de la unidad de todo ser…» (Schrader, 2019: 72) del momento final de *El eclipse* de Antonioni, la aparente estasis del rostro en muchos films, algunos que veremos, no es sino una suerte de «filtro» (*screen*, que diría Bresson, Godard/Bresson, 1967: 24) o «constructo» donde la realidad del rostro aparentemente inmanente está estilizada, donde se rehúye la convencionalidad y que, «… si funciona, la estasis transformará la empatía en apreciación estética; la experiencia en expresión; las emociones en forma» (Schrader, 2019: 32). Schrader considera la estasis, en muchos films, como una consecuencia final, y decisiva, de la acción.

Si bien colegimos que, en el caso de *Dos hombres y un destino* (*Butch Cassidy and the Sundance Kid*, George Roy Hill, 1969), el clásico postclásico norteamericano, la imagen final de los pistoleros protagonistas sí puede acogerse a eso que Aumont puede entender como inacción, todo lo más que, acompañando a la congelación de Robert Redford/Sundance y Paul Newman/Butch existe un sonido de disparos que da pistas sobre el final posible de estos fueras de la ley, en los rostros filmados que nos interesan no existe estancamiento ya que el mismo paso del tiempo, insistimos, impide la congelación de la imagen e implica acción. El paso del tiempo provoca cambios en el objeto/sujeto/fondo filmados que, a su vez, provocan cambios en nosotros mismos. El rostro, la figura jerarquizada, céntrica, acapara nuestra atención, nos llama, nos conmina a pensar sobre, por y a través de él.

Ya hemos entrado en la importancia del rostro en el cine clásico. Operador de sentido y movimiento, pivote de la narratividad y vínculo de la diégesis (resuenan siempre las palabras aumontianas), el rostro de la gran estrella que fulge en los cincuenta es algo desatendido durante los años del Nuevo Hollywood. Filmado en distancia, el rostro se zambulle dentro de una estética más general que no solo obviaba un tanto ciertas lógicas clásicas formalistas sino que abrazaba directamente la modernidad europea mediante el uso de teleobjetivos, un interés puntual por la realidad bruta y un tempo relajado, una cierta lógica del hastío general, hecha a medida de la cultura «posthippie» del momento, que se asemeja a esa «forma-vagabundeo» deleuziana (Deleuze, 1983: 289), crisis a un tiempo de la imagen acción y del sueño americano (Font, 2002: 308).

Los vaivenes del uso del rostro en el clásico nos llevan a unos años noventa en que Hollywood parece redescubrir una nueva forma de «todorrostrismo» que no es otra cosa que una suerte de círculo que se abraza al rostrocentrismo del que hablaba Béla Balázs para poner en palabras las conquistas visuales de su contemporáneo D. W. Griffith. Michael Mann dirige *Heat* en 1995. El director de Chicago, que años más tarde abrazaría con alegría las posibilidades técnico-formales del rodaje en digital, promueve, como en los setenta, el uso de teleobjetivos, pero ahora los acerca todo cuanto puede a los rostros de los personajes. Un cuerpo, una cara, flotando en su propio universo, en una poca profundidad de campo que, llevada al extremo, convierte a las luces del paisaje en manchas etéreas. Mann lidera en este filme de atracos una nueva reflexión en torno a lo clásico. Un formalismo que no nos deja ver más allá de un plano (marco) ocupado totalmente por un rostro. Un momento esteticista que roza lo independiente pero que, en esencia, sigue asido a la trama del filme.

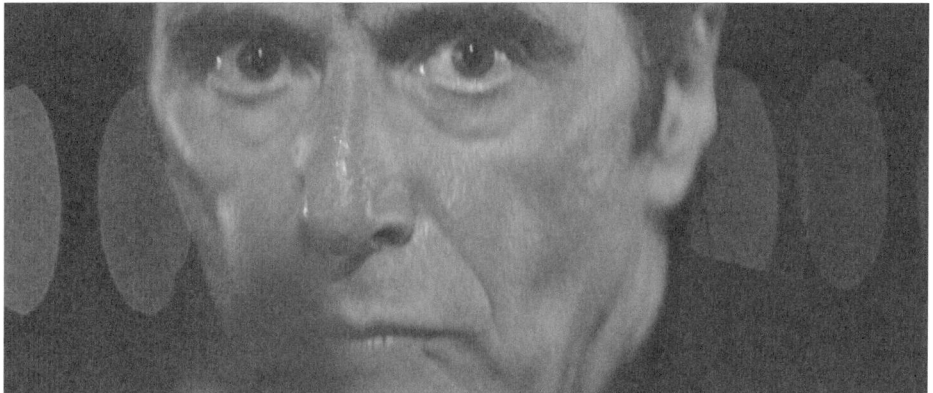

Figura 29: *Heat* (Michael Mann, 1995).

El silencio de los corderos (*The Silence of the Lambs*, Jonathan Demme, 1991) inaugura[46] la tendencia postclásica de mostrar lo que el clásico nunca había mostrado: el cuerpo exangüe, lo inánime que trae la propia muerte. La fuerte personalidad de este filme de Jonathan Demme le lleva, más allá de esa declaración de intenciones, a distinguirse, como *Heat*, desde la puesta en escena y en su calidad de buenos ejemplos de un cine norteamericano que va mutando pero que se aferra a su esencia formalista. Clarice Starling y Jack Crawford, agentes del F.B.I., y el Dr. Hannibal Lecter, un asesino en serie convicto, personajes principales de este *thriller*, a menudo tienen conversaciones que no respetan exactamente la ley de la mirada clásica. Se rompe el rácord puesto que

---

46   Quizá de la mano de esa serie de 1990, *Twin Peaks*, que tendría extensión en el cine con *Twin Peaks: Fuego camina conmigo* (*Twin Peaks: Fire Walk with Me*, David Lynch, 1992).

cada rostro, en algunas charlas, nos mira directamente a nosotros, en un juego de planos contraplanos que, sorpresa, parece una sucesión de breves retratos[47].

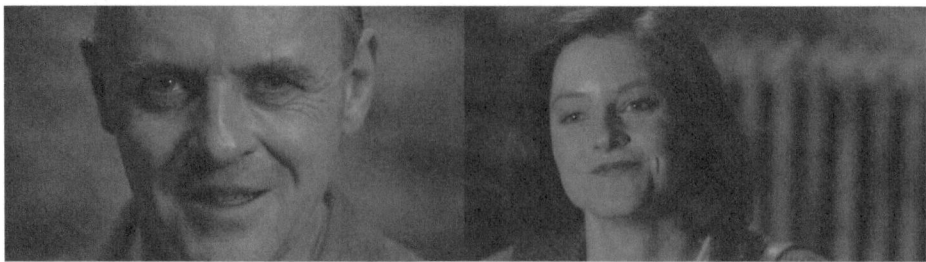

Figuras 30 y 31: conversación y poco usual rácord de miradas en *El silencio de los corderos* (*The Silence of the Lambs*, Jonathan Demme, 1991).

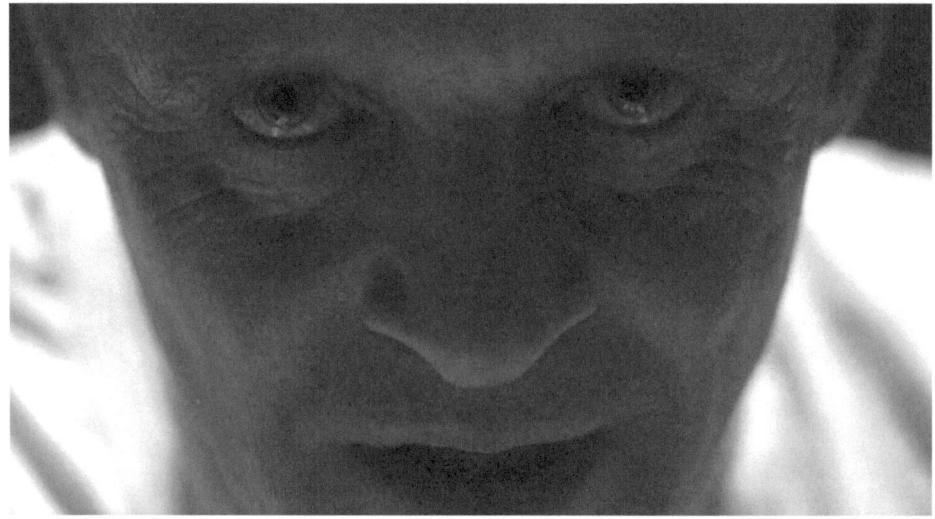

Figura 32: «todorrostrismo» en *El silencio de los corderos* (*The Silence of the Lambs*, Jonathan Demme, 1991).

Un «todorrostrismo» (figura 32) y una mirada directa que supone un descreimiento: se nos interroga como espectadores pero siempre sobre las emociones emanadas de la trama del relato mayor. Sobre el tiempo, hay una suerte de «detención». Ya hemos visto cómo, en determinados momentos, ciertas

---

47 Amén de ese «todorrostrismo», la narrativa clásica no elude el juego de jerarquías, esto es, el subrayado literal de la importancia puntual de cada personaje mediante jerarquías de dimensión, que tanto une este lenguaje de Hollywood con cierta dialéctica de la escala de los personajes en, por ejemplo, las pinturas románicas.

formas de espectáculo domadas e incorporadas al relato afectaban, ya fuera accidentalmente, al ritmo dramático, pero, en este caso, si bien el tiempo «… se aísla en el cruce de miradas amorosas [hay un juego de seducción, y atracción inevitable y un tanto sórdida, de Clarisse para y con los otros dos hombres] y, de hecho, queda detenido en el momento en que el rostro devienen el uno espejo del otro…» (Bou, 2002: 44) (figuras 33 y 34), nunca salimos del tiempo del propio drama (post) clásico que, como mucho, refuerza la idea del rostro de la mujer como objeto de deseo de su superior y, posteriormente, del psicópata cultivado en un juego de miradas que coinciden con el eje de la cámara y que ejemplifican un sórdido flechazo o conexión (González Requena, 2007: 142). Hay quien quiere ver a Ozu en estos montajes, pero los intereses del Hollywood postclásico, básicamente el suspense atmosférico en este caso, y del director japonés son muy distintos.

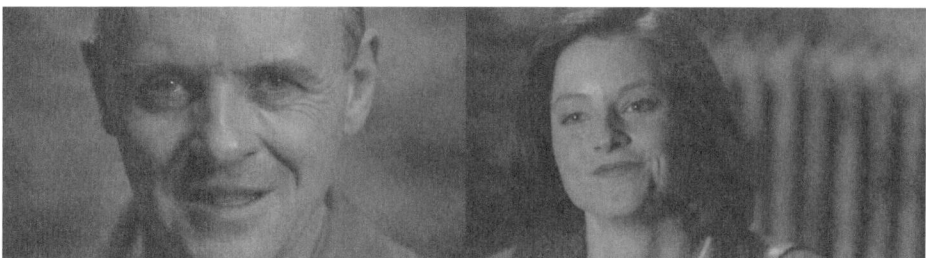

Figuras 33 y 34: juego de sórdida seducción «todorrostrista» Hannibal Lecter frente a Clarisse Starling en *El silencio de los corderos* (*The Silence of the Lambs*, Jonathan Demme, 1991).

La figura 35 corresponde a un autorretrato de Yasujirō Ozu. Advierte Marta Peris que el centro mismo de la foto lo ocupa la cámara del director, y no su rostro (Peris Eugenio, 2011: 73). En una puesta en escena muy pensada, el director japonés intenta desviar la atención de su propio rostro hacia otros lugares: la propia cámara, los elementos de higiene personal o la búsqueda de la fuente de luz, que viene del fuera de campo.

> Si imaginamos el retrato sin el espejo, con los mismos objetos en primer término y a Ozu tras el tocador, la sintaxis de la fotografía sería bien distinta. La proximidad de la figura humana como sujeto se impondría sobre los objetos. El espectador dejaría de imaginar los gestos rituales para atender al instante concreto, que atrapa la fotografía. La presencia de Ozu subyugaría los objetos, de manera que estos dejarían de evocar las huellas de lo ausente. Si aceptamos que dicha presencia es un reflejo sobre un espejo y, por tanto, un objeto, nos

damos cuenta de que la fotografía aparece despoblada. El retrato se vacía de la presencia directa para llenarse de múltiples significados (Peris Eugenio, 2011: 73).

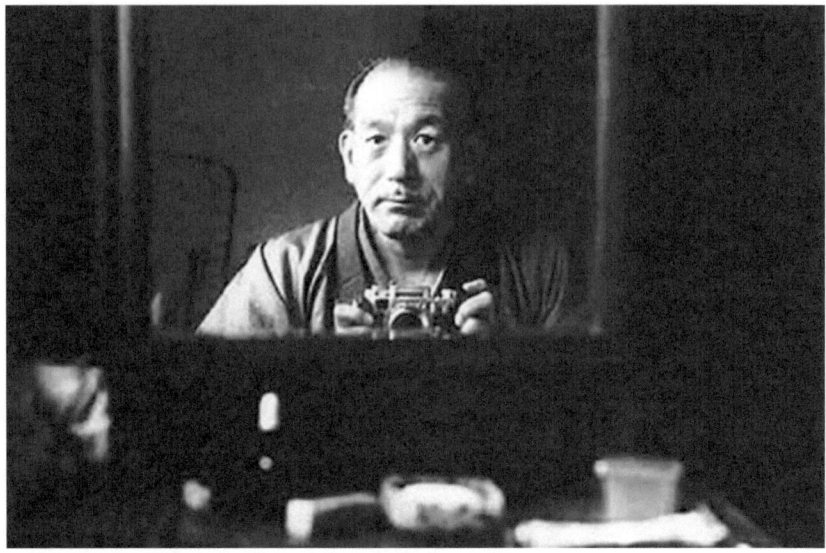

Figura 35: *Autorretrato* de Ozu.

Preocupado siempre por el espacio, Ozu, a lo largo de su filmografía, a menudo, y como recordamos a propósito de *El silencio de los corderos*, romperá el *raccord* de mirada cuando, en algunas conversaciones, obligue al espectador a la reubicación puesto que, para él, tan importante o más que el rostro serán los espacios circundantes a los protagonistas de sus películas. Una serie de soluciones (la posición baja de la cámara, a la altura de una persona sentada en un *tatami* tradicional (Schrader, 2019: 41) y en una actitud pasiva que invita a la contemplación (Richie, 1959: 19), o la importancia de la profundidad de campo) inciden, como hacía el autorretrato de la figura 35, en una geografía cotidiana que, a lo largo de sus films, se vaciará de personajes o se llenará según interese a las reglas del relato/puesta en escena de Ozu. El retrato, aquí, nos parece un tanto «accidental», puesto que, a lo mejor, las inclinaciones del director japonés se encaminan a indagar sobre presencia de lo Trascendente, o «… *tao*, en el amplio sentido de la palabra…» (Schrader, 2019: 23), como diría Paul Schrader. Si «… en las películas de Ozu, el pensamiento y el arte *zen* son la civilización, mientras que el cine es la superficie…» (Schrader, 2019: 36), el rostro sería la superficie de esa superficie. Un cine que, como el clásico norteamericano, tiene su «todo mayor» particular en «… la banalidad cotidiana aprehendida como vida en la casa japonesa…» (Deleuze, 1983: 27), que podría ser ese *zen*, esa civilización: esa Trascendencia. El rostro en este cine parece ineludible, pero, en realidad, solo quiere ser una parada de aquello que mira: el espacio, el fuera de campo. La mujer nos mira aparentemente a nosotros,

> pero, de un modo sutil, no. Nuestros ojos no se encuentran con los suyos. ¿Mira a través de nosotros, más allá de nosotros o, de nuevo, un poco por encima de nuestro hombro derecho? Ozu no era budista, pero ciertamente quería que su película aludiera a lo metafísico. En su lápida sepulcral no figuran ni su nombre ni detalles de su vida, tan solo el símbolo *mu*, 無, que significa el vacío (Cousins, 2017: 110).

Lo *zen*, que, en Ozu, siempre acaba mostrándose y que se impone, por mucho que parezca que el rostro nos impele.

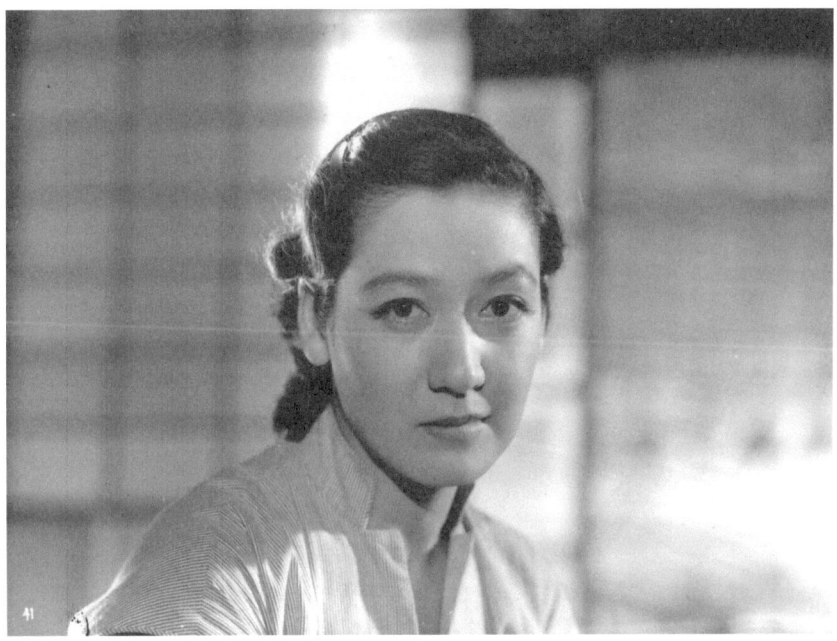

Figura 36: *Cuentos de Tokio* (*Tōkyō monogatari*, 1953).

Contemporánea de Ozu, la escocesa Margaret Tait, doctora en medicina, poetisa y cineasta, titula *Retrato de Ga* (*Portrait of Ga*, 1952), a una filmación de unos cuatro minutos de su madre. Si el paisaje de las Islas Orcadas –oímos a los pájaros y el viento, vemos las hierbas altas– pesa como contexto del ambiente doméstico de la anciana, a la que observamos mientras remueve las plantaciones de unas flores, fuma un cigarrillo mientras gira sobre sí misma o, intimismo poético llevado al extremo, cotidianidad derivada en abstracción, desenvuelve un caramelo para comérselo, y aunque tampoco hay momentos plenos de estasis, existe la plena intención en este experimento de retratar a la madre en una combinación de rostro + acción. Mi madre, nuestra madre, era rostro, el de las fotografías que podamos conservar, pero era también sus manos realizando los trabajos cotidianos: a menudo recordamos de nuestros padres no solo sus rostros sino también el sabor de los platos de cocinaban, el olor que desprendían o la forma en que realizaban un trabajo concreto. En un mundo, el actual, que Tait aún no conocía en 1952, de sobresaturación de fotos banales que ruega por una suerte de ecología de la imagen, este retrato de la madre de la artista condensa la esencia de toda la dignidad y memoria de una progenitora, en un recuerdo valioso, siempre más revelador que esas interminables sesiones de fotos actuales.

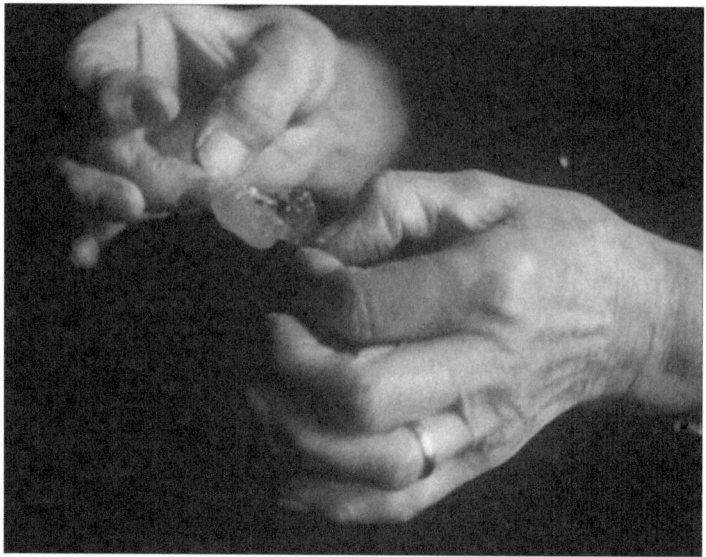

Figura 37: fragmento del retrato de la madre de la artista Margaret Tait en *Retrato de Ga* (*Portrait of Ga*, 1952).

Mi madre me pareció un buen tema para un retrato (ella estaba allí), y pensé que ofrecía la oportunidad de hacer una especie de 'película abstracta', en el sentido de que no tenía lo que podríamos llamar «la gramática del cine». La mayoría son planos discontinuos unidos sólo por el tema, en un caso por el color, y rara vez por el movimiento[48] .

Hay quien diría que, en el inicio de todo, era Nana mirando a Juana. La modernidad miraba a la vanguardia –o miraba a Dreyer, con toda su complejidad e independencia, más allá de movimientos– para asumir toda la carga del mundo en los hombros de dos mujeres que, pese al paso del tiempo y al peso de la ficción, se miran y se reconocen. En *Vivir su vida* (*Vivre sa vie: Film en douze tableaux*, Jean-Luc Godard, 1962), la fotografía del rostro de «la Falconetti» tenía como contracampo a Anna Karina llorando desconsolada (Muños Fernández, 2017: 266).

La indigencia radical de la puesta en escena de Dreyer lo desnuda todo, rostros incluidos.

> La obsesión de Dreyer por las arrugas sobrepasa rápidamente la atención psicológica de la pieza de cámara. Empieza a reflejar la manía expresionista de la distorsión. Cada rostro es un mapa: los rasgos curtidos, las mejillas hinchadas, las cejas pobladas, las verrugas endurecidas, las gotas de sudor; el primer plano de la cámara de Dreyer acentúa cada anomalía facial, cada matiz de la expresión. Los rostros de los inquisidores de Juana son enormemente opresivos, y parte del miedo y del temblor de Juana procede de la tradición expresionista: una inocente víctima atrapada y aterrorizada por los espectrales rostros demoníacos. Las caras de estos jueces antagonistas son activas; atacan constantemente a la indefensa y sumisa Juana, cuyo pasivo rostro recibe y refleja sus agresiones emocionales (Schrader, 2019: 150).

Los planos cortos de la Juana de Arco concebida por Dreyer tienen como fin epatar al espectador, nos hacen sentir cercanos a ella, casi como en un campo de fuerza (Cousins, 2017: 24), como él mismo admite al declarar que

> Los primeros planos hicieron que el espectador sintiese el mismo impacto que el que Juana vivió al recibir tantas preguntas y al ser torturada. Y, de hecho, ésa era mi intención, la de obtener tal resultado (Delahaye/Dreyer, 1966: 8).

---

48 «A Portrait of Ga». En línea: <https://movingimage.nls.uk/film/3698> [consulta: 3 / 04 / 2024].

No sabemos si está el rostro de una mujer o si lo que hay es la necesidad de crear un retrato intemporal del sufrimiento de marcada herencia expresionista, como apunta Schrader: Juana como el cordero degollado, sin contacto ni humano ni metafórico con la realidad (Schrader, 2019: 146-149). Ese retrato no nos compete. Colegimos que las lágrimas de Nana certifican la supervivencia del rostro sufrimiento de la Juana/Falconetti de Dreyer y, por extensión, del éxito de tal empresa cuando, dice Aumont, «todavía era posible el encuentro entre los dos rostros de mujer, con tal de que un empalme los uniese» (Aumont, 1998: 14). Los rostros conectan realidades e intereses. Los rostros, ¿intercambiables?, son eslabones que encajan dos hipotextos en un puzzle mayor que será el filme de Godard. Aunque se presente a la protagonista de *Vivir su Vida* en forma visual de tríptico, los dos perfiles y el frente, este aparente ¿retrato? de Anna/Nana no se desarrolla aquí más allá de estar ambos rostros/hipotextos al servicio de responder a unas preguntas que obsesionaron a Jea-Luc Godard: ¿qué es la imagen?; ¿qué supone y cómo se debe rodar una película? Tenemos la reflexión sobre la imagen y sobre la mujer que es musa, protagonista y pareja del director, que la escruta hasta el límite en una mirada que ella, desde el cine, le devuelve continuamente. No un cine del retrato sino un cine de la imagen, reflexivo en torno a ella hasta violar las lindes divisorias de la especulativa frontera realidad/ficción.

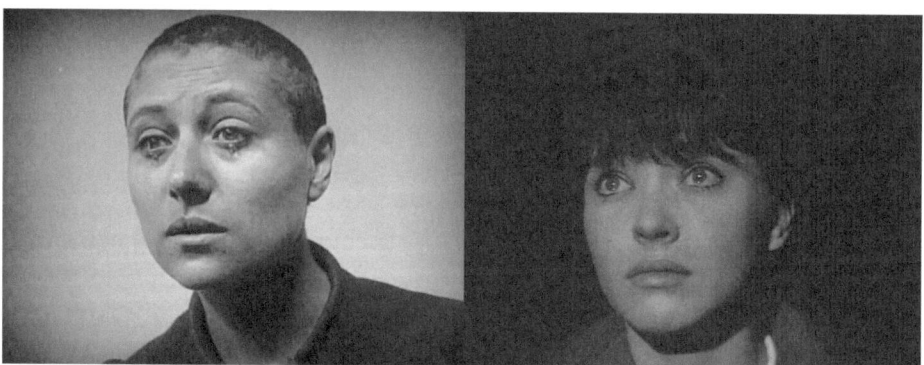

Figuras 38 y 39: conexión intemporal entre rostros, *Vivir su vida* (*Vivre sa vie: Film en douze tableaux*, Jean-Luc Godard, 1962).

En palabras de Billy Name, director de la mayoría de productos cinematográficos inspirados/ideados/pergeñados por Andy Warhol, el artista se sentía «… fascinado por cualquier tecnología. Era casi como si la Factory se convirtiese en la caja de una enorme cámara fotográfica: uno podía entrar en ella caminando, exponerse y revelarse a sí mismo…» (Guardiola, 2000: 20). En 1963, a lo mejor sintiendo el pálpito de que el momento de la fotografía no había llegado aún para él, Warhol le espetó a su colaborador, tras regalarle su cámara Honeywell Pentax de 35 mm: «Billy, a partir de ahora haz tú las fotografías, porque yo voy a hacer las películas» (Guardiola, 2000: 20).

Y así fue, verdaderamente, ya que gran parte de la década de los sesenta, Warhol se dedicó, quizá decidido a llevar el éxito pop que había tenido en la pintura a la gran pantalla del cine, casi en entero[49] a la producción y filmación de películas. Si bien estas películas de The Factory, que por su heterogeneidad iban, o podrían ir, desde lo *queer* a lo *camp/kitsch* con intereses por la pornografía (Angell, 2000: 51) pasando por lo puramente experimental, diferían de las que realizaran otros autores como John Cassavetes, su *Shadows* es de 1959, Kenneth Anger o los filmes nudistas de Doris Wishman, todas fueron aglutinadas en el saco del cine *underground* norteamericano. En este sentido, y en palabras del propio Jonas Mekas, otro autor cuyo corpus podría ser incluido en este mundo «subterráneo», se llegó a etiquetar a todo este contexto de «cine baudelariano», ya que:

> iluminan y descubren sensaciones y experiencias que nunca habían sido filmadas en las artes americanas; un contenido que Baudelaire, el Marqués de Sade y Rimbaud aportaron a la literatura mundial hace un siglo, que Burroughs aportó a la literatura americana hace tres años. Es un mundo de flores diabólicas, de iluminaciones, de carne desgarrada y torturada; una poesía que es a la vez hermosa y terrible, buena y mala, delicada y obscena. Algo que podría asustar al espectador medio es el hecho de que este cine penetra en todos los reductos de la perversidad. Estos artistas no tienen inhibiciones, ni sexuales ni de ningún tipo… Ahora existe un cine para la minoría, demasiado terrible y demasiado «decadente» para un individuo «medio» de cualquier cultura organizada (Mekas, 1975: 84-85).

De todos modos, el cine de Andy Warhol siempre se mantuvo alejado de los contenidos de toda aquella producción «subterránea» norteamericana de

---

49 Que la pintura y las exhibiciones, que eran su principal fuente de ingresos, no se paralizaron del todo da cuenta el hecho de que, en 1966, presentó su legendaria exposición individual en la galería Castelli con el papel pintado con vacas.

los años sesenta[50]. Tras un periodo llamado «minimalista» (Guardiola, 2000: 20) –esas largas tomas de su *Empire*, por ejemplo– su cine se centró, más que nada, en manipular la narrativa e, igualmente, en dar valor, más que a la fineza estilística, al puro valor icónico de aquello que se retrataba/filmaba. O, acudimos a Jordi Guardiola para aclarar que aunque «… la atracción por las personalidades individuales es patente en todo el cine de Warhol, ya que con la excepción de *Empire* o la serie *Sunset* todas sus películas tienen un tema recurrente: el retrato o, más bien, la representación del ser humano…» (Guardiola, 2000: 29).

Continúa Guardiola con un concepto, el de «lo bello», que en Warhol tenía un sentido muy concreto:

> Nunca he conocido a nadie a quien no pudiera considerar una belleza. Todo el mundo es bello en algún momento de su vida. Por lo general, en diferentes grados […] En cierta ocasión, alguien me pidió que dijera de una vez por todas quién era la persona más hermosa que yo hubiera conocido. Pues bien, las únicas personas que puedo elegir como auténticas bellezas son las de las películas […] Las películas introducen una dimensión totalmente distinta. Ese magnetismo de los rostros en pantalla es algo secreto; si pudieras averiguar qué es y cómo funciona, tendrías un producto buenísimo para vender. Pero ni siquiera puedes saber si alguien lo posee hasta que llegas a verle en pantalla. Debes realizar pruebas de pantalla para averiguarlo (Guardiola, 2000: 29-30).

Las *Screen Tests*[51] o «películas-retrato» (Guardiola, 2000: 30) de Andy Warhol eran, básicamente, películas breves, de unos tres o cuatro minutos, filmadas con una cámara Bolex entre 1964-1966, en blanco y negro, en las que se pretendía «retratar» a una persona, un momento de ella, en una película (en una filmación), sin más herramientas que dejar a las personas ser ellas mismas. Warhol pedía a sus modelos-retratados que se sentaran y miraran fijamente al objetivo, o realizaran acciones mecánicas, intentando ser lo más naturales posibles. Rodó alrededor de medio millar, en bobinas de 100 pies, y la mayoría de ellas son inéditas. El material total fue de unas 32 horas (Pagan, 2014: 106).

---

50 Más allá del problema que tuvo el autor con la confiscación, y todavía en paradero desconocido, de su filme *Andy Warhol Films Jack Smith Filming «Normal Love»*, a rebufo de la verdadera polémica del filme *Flaming Creatures* (Jack Smith, 1963).

51 [Pruebas de cámara].

En total, en esa antigua fábrica de sombreros que después sería la Silver Factory de Warhol (Guardiola, 2000: 20), y en colaboración con Gerard Malanga, se confeccionaron unos cuatrocientos setenta y dos retratos/filmaciones de un heterogéneo grupo de personas. La primera prueba de pantalla fue la del propio Malanga, poeta, fotógrafo y director de cine estadounidense que, desde 1963 hasta 1970 aproximadamente, fue estrecho colaborador de Andy Warhol y que necesitaba un «retrato cinematográfico» del que tomar unos fotogramas para usar como publicidad de sus recitales (Pagan, 2014: 107). Después de eso, por la cámara de Warhol/Malanga pasaron rostros como los de Bob Dylan, que se muestra visiblemente irritado frente a la cámara, Susan Sontag, Dennis Hopper, Lou Reed, Edie Sedgwick, Allen Ginsberg, Salvador Dalí… y un sinfín más que, por su elección, atestiguaban, por un lado, el culto a la celebridad que profesaba el artista de Pittsburgh y, por otro, y en palabras del propio Malanga, una parodia de Hollywood en unas creaciones que simulaban, quizá, un poco ortodoxo casting o la warholiana búsqueda de lo bello revelado por la cámara, que devino en una especie de ritual para todo visitante de La Fábrica:

> Lo primero de todo, el modus operandi consistía en que hacíamos sentar a la persona ante la cámara, y la cámara estaba a una distancia de diez pies por lo menos. De tanto en tanto cambiábamos la iluminación. El fondo era básicamente un panel de madera plateado, que en ocasiones cubríamos con un trozo de tela negra y otras veces dejábamos tal cual. Las instrucciones eran muy simples: «Sólo tienes que mirar a la cámara durante tres minutos». La mayor parte del tiempo nos íbamos lejos de la cámara, porque queríamos que la gente mirase hacia la cámara y no hacia nosotros. No queríamos causar distracciones, así que nos íbamos hacia el fondo y hacíamos cualquier cosa, y volvíamos a los tres minutos porque la película se estaba acabando. Así que lo que la persona que estaba sentada hacía era, sobre todo, enfrentarse a sí misma, la cámara se volvía un espejo, metafóricamente hablando, cualquier cosa podía ocurrir durante aquellos tres minutos (Guardiola, 2000: 30).

Estas pruebas de cámara tuvieron diversos usos: fondos para lecturas de poemas, medios para comprobar el potencial fotogénico de algún aspirante a actor u otra forma de facturar[52] vendiendo los que se llamaron *Living Portrait Boxes*. Pero, insistimos, en un principio, estás imágenes tenían afanes

---

52 Como a Tiziano, y estas palabras son nuestras y no de Panofsky, a Andy Warhol le encantaba el dinero: tanto poseerlo como metaforizarlo.

retratísticos, buscando lo fijo dentro del movimiento (Guardiola, 2000: 30). El debate en torno a la naturaleza de estos artefactos o a su condición de retrato, reinterpretada esta disciplina en un medio en absoluto tradicional (Guardiola, 2000: 30), comienza cuando se confronta el hecho de la propia estasis contra la personalidad del propio Warhol, fagocitando o simplemente acaparando este último lo retratado, haciéndolo desaparecer en favor de la estrategia general de producción del artista.

> Ante la imposibilidad de mantenerse estáticos, los retratados convierten el retrato en un proceso e incluso en un duelo entre personaje y cámara. La lente del objetivo acabará por arrancarles, en contra de su voluntad, reacciones y actitudes ocultas e involuntarias. El retrato se convierte así en un documental de su propia factura (Pagan, 2014: 107-108).

Anulada la posibilidad de la estasis, que existe y no, en muchos casos no sabemos, o al menos la teoría no se pone de acuerdo, en cuanto a qué sentido impregna a estos trabajos. ¿Experimentación pura de un neófito en la filmación que era Andy Warhol? ¿Búsqueda de un algo en el rostro, de ese «no sé qué», de eso que se escaparía en una imagen estática? O, a lo mejor, nos topamos con un creador especial que «… repite imágenes para drenar su *pathos*, significación y memoria…» (Shaviro, 1993: 203).

> Los *Screen Tests* no son realmente pruebas cinematográficas. Warhol no los utiliza para escoger a sus actores y actrices, muchos de ellos retratados después de haber participado en sus películas con anterioridad. Son, por tanto, auténticos retratos realizados con una estética pictórica y una cuidada iluminación; a veces utilizando un único foco para producir un claroscuro de alto contraste, otras veces más de uno para suavizar el tenebrismo, y otras tantas con iluminación a ambos lados de la cara para crear una sombra central simétrica: una idea primitiva de Warhol era venderlos como objetos en unas muy duchampianas cajas llamadas *Living Portrait Boxes*… Los retratos nos devuelven la mirada, como los seis protagonistas de *Vis à Vis* (Werner Nekes, 1968) que posan delante de la cámara y nos miran fijamente (a nosotros que los miramos fijamente) a lo largo de 10 minutos y, como en el caso de los *Screen Tests*, manifiestan cierta incomodidad e incapacidad para permanecer inmóviles. *Vis à Vis*, como los retratos de Warhol, recuerda la fotografía primitiva y precinematográfica que, debido a los largos tiempos de impresión fotoquímica, resultaba ser toda una prueba física de aguante. Lo que hacen

los *Screen Tests* es documentar la espera, el proceso, convirtiendo el retrato en actuación (Pagan, 2014: 126).

Otra forma de entender la operación de los *Screen Tests* es atender al poder del *casting* que es invocado por Warhol. Es descubierta su pureza y re-direccionada, distanciándose de la tradición humanista del género del retrato, si es que lo son estos tests, huyendo así de la identidad psicológica del retratado para ofrecer el reflejo de una imagen (Guardiola, 2000: 32), en lo que supone una elevación de un elemento lateral, residual, de la producción cinematográfica a elemento independiente y con entidad artística propia.

Cuando la serie *Kiss* o los *Screen Tests* se visionaban en el estudio de Warhol o en público, cada bobina se proyectaba como una entidad independiente y completa: desde la tira inicial de película en blanco hasta la tira final, pasando por el primer plano. Para Warhol, aquellas entidades eran *ready-made*s, o cosas que estaban por descubrir […] Su fantasía respecto a los «ídolos de plástico» era, a mi entender, un medio para procurarse su propia satisfacción. Registraba, en cine o en cintas de casete, todo lo que hacían las superestrellas, y luego seleccionaba algunas imágenes o conversaciones en las que el poder (erótico) llegaba a un punto álgido. Sin embargo, ese tipo de fantasía corre el riesgo de agotarse pronto. De ahí que Warhol rodase *cientos* de *Screen Tests*. El valor de una superestrella es transitorio. Un actor puede des-realizarse y ser sustituido por otra superestrella más joven, más fresca y más atractiva (Smith, 2000: 234).

¿Es retrato una creación que «despersonaliza», como leeremos en breve, a los retratados? Tenemos una serie de sujetos que, aparentemente, ¿han sido fagocitados por el propio experimento en el que participan, abrumados por el propio observador, ya sea por su acción misma o por la imposibilidad de recordar quién es el hombre que los filma para la posteridad? Un proceso de anulación, quizá, de unos sujetos, un vampirismo en que

Warhol transforma la identidad de sus personajes en una imagen despersonalizada y sin psicología. Más que retratos, Warhol creaba máscaras vacías sin superficie ni fondo […] Los rostros de los *Screen Test* están completamente objetualizados por medio de la más extrema y absoluta literalidad. No hay nada más allá de la propia apariencia (Muñoz Fernández, 2017: 257);

y por el que

En los retratos de Warhol el cuerpo de los modelos, el objeto de la mirada de la cámara, se ha transformado en imagen en el momento de la grabación. El cuerpo ante la cámara es una apariencia muda, privada de consciencia, voluntad, o interioridad. Los sujetos warholianos están vacíos, distanciados y ausentes de ellos mismos (Shaviro, 1993: 212).

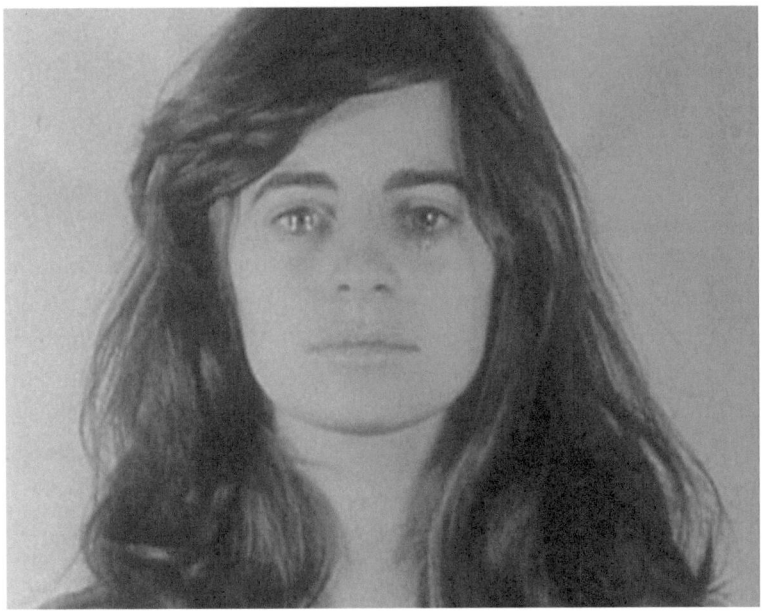

Figura 40: *Screen Test* de Ann Buchanan (Andy Warhol, 1960).

Persona (Ingmar Bergman, 1966) usa la cámara como «instrumento mágico de disección fenomenológica que busca la distinción entre la realidad y la ficción mediante la experiencia subjetiva de la imagen» (Vázquez Couto, 2016: 348). El director sueco, uno de los representantes de esa «primera oleada individualista de la modernidad» (Monterde, 2007: 7), rompe con todo lo que su filme tiene en cuanto a hacer evolucionar un movimiento mismo ya que

… *Persona* supone la culminación de la modernidad cinematográfica iniciada con el neorrealismo tras la segunda gran guerra, aquella a la que pertenece la «imagen-tiempo» deleuziana […] Si bien los autores franceses de la *Nouvelle vague* consideraban que toda película que se precie debía tratar sobre su propio rodaje, sobre sí misma, esto no dejaba de ser un ejercicio de rebeldía metafísica ante los imperativos lingüísticos y los significantes del cine clásico. Se trataba, a grandes rasgos, de concienciar al espectador del inmenso poder ficcional del cine –la ensoñación fílmica del público se veía interrumpida con la inclusión de los focos y las cámaras del set de rodaje en el plano, miradas a cámara y otros recursos formales de distanciamiento–. Pues bien, Ingmar Bergman lleva hasta el límite esta idea del cine que se mira al espejo; sin embargo, al mostrar las vísceras del film desde su interior, confunde los límites de la realidad mezclando lo filmado con lo proyectado, lo soñado con lo vivido. El cinematógrafo invierte su mirada y proyecta la imagen sobre nosotros. *Persona* nos mira mientras la vemos para convertir al espectador en la pantalla que representa el sueño del autor (Vázquez Couto, 2016: 349).

Siendo el rostro para Bergman «… la imagen fantasmagórica creada por una linterna mágica, una ilusión efímera que llega a la negación de la persona como sustancia a partir de su reducción fenomenológica…» (Vázquez Couto, 2016: 351), comenta Vázquez Couto que no hay identidad propia, «otros rostros son mi rostro», y el rostro es máscara proyectada por uno mismo. *Persona* es la actualización del drama de la falta de correspondencia entre el pensar y el ser, siendo, en pantalla, solo posible una mera representación, subjetiva, de ese concepto tan demoledor. No hay verdad cognoscible tras el rostro y el filme supone mucho más que un intento, consciente o no, de socavar un modelo narrativo, el clásico, sino que también destruye una instaurada concepción figurativa de la imagen (Losilla, 2016: 349).

Si hay que hablar de retrato en Bergman podemos entenderlo como acto comunicativo de revelado de la verdad oculta en el otro pasando por el rostro (Vázquez Couto, 2016: 132). Usando la fisiognomía, con el rostro, «escaparate del yo» (Mcneill, 1999: 16) (o de yoes) siempre en el centro, Ingmar Bergman pretende siempre ir más allá, hasta asir lo inmaterial…

> … pues de repente tenía [el director sueco, sobre la posibilidad del retrato cinematográfico] la posibilidad de relacionarme con el mundo en un idioma que literalmente habla de alma a alma en giros que, de una manera casi voluptuosa, se sustraen al control del intelecto… (Bergman, 1992: 47).

Julio y Fela van de visita a Israel en mayo de 1977. Son recibidos en una casa austera hasta el punto de no tener apenas muebles. Julio se sienta en el suelo a leer sus poemas. Fela evoca su juventud y canta *Angelitos negros*. David Perlov, como anfitrión de sus antiguos amigo del Brasil en el que creció, graba las interpretaciones registrando, a un tiempo, las sonrisas de sus invitados, en lo que es ejemplo ideal de «… una obra sencilla, modesta, que no renuncia a la belleza y que representa una cartografía del yo en el mundo en tanto diario de registros que refleja la forma en que el autor transita y vive los espacios que habita…» (Ortíz Avilés, 2020: 224). El fragmento que hemos descrito pertenece al *Diario (1973-1983)* (*(Yoman (Diary)*, 1983) del director israelí David Perlov, que no es otra cosa que un punto de encuentro entre el diario personal y el ensayo cinematográfico. Durante estos diez años, el diario recoge tanto los acontecimientos cotidianos de su vida como la realidad del convulso contexto en que se encontraba el país (todo el Oriente Medio) en ese momento.

El *Diario* de Perlov está repleto de rostros. No ya los de sus amigos, como es el caso de Julio y Fela, de su maestro Joris Ivens o de otro amigo enfermo, Abrasza, sino de otros muchos, desconocidos, que transitan por las calles o se sientan en sus terrazas. Será Ortíz Avilés, en un estudio que conecta directamente el trabajo de Perlov con el del propio José Luis Guerin, quien nos hable de retratos, muchas veces con los diálogos en sordina, y de una

> … fascinación de Perlov por el rostro humano [que] lo impulsa en ocasiones a actuar como un espía que aguarda con su cámara el instante mágico de un gesto, una expresión que le revele algo de alguien o que le permita tener una conexión con el otro… (Ortíz Avilés, 2020: 231).

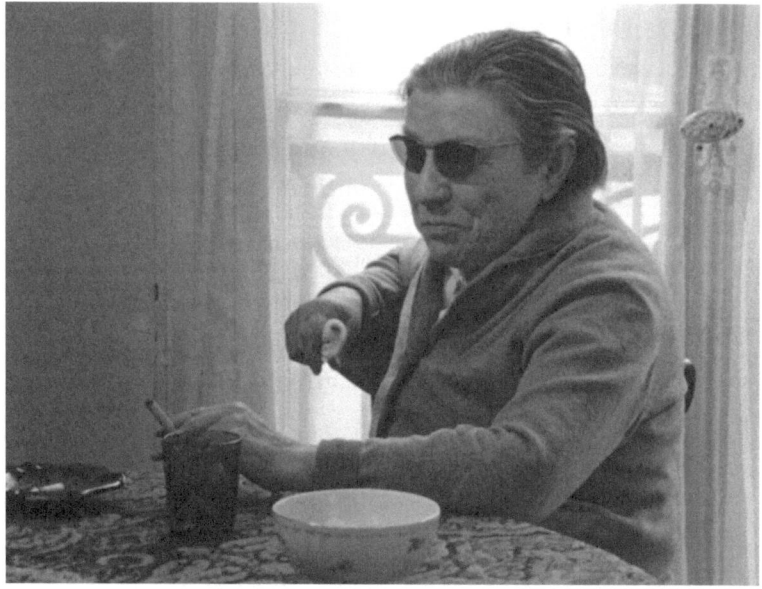

Figura 41: la abuela del director en *Numéro zéro* (Jean Eustache, 1971).

Jean Eustache filmó a su abuela Odette Robert en una sola toma. Dos cámaras registraron, durante 110 minutos, los recuerdos de esta mujer cuya compostura y atavíos ornamentales responden a lo que en Francia se reconoce como los propios atributos, la paradigmática panoplia oficial, de un miembro de la *classe ouvrière*. A un tiempo testimonio histórico o memoria filmada, lo que tenemos en el film *Numéro zéro* (Jean Eustache, 1971) es la apremiante necesidad de rescatar y preservar los recuerdos de esa anciana, la preservación de esa frágil memoria (Muñoz Fernández, 2017: 278) que deviene en un retrato apoyado por una palabra ininterrumpida.

Nacido en Lyon, Gérard Courant no es solo, como alguna vez se le ha calificado, uno de los descendientes puros de los hermanos Lumière, sino también un eslabón viviente con otros autores como, por supuesto, Nadar. Primero diletante, creador del Cine Club de su Universidad, y cineasta desde 1976 (año de su primer cortometraje), Gérard Courant, gran admirador de Philippe Garrel y del muy radical Werner Schroeter (Evrard/Kermabon, 2004: 85), también actor episódico, es una de las grandes figuras del arte visual conceptual de Francia.

Influenciado por el dadaismo y el arte pop (Evrard/Kermabon, 2004: 85), estará interesado en el collage y en su afán por transgredir no solo desarrollará proyectos extremos, como el de *Le boyage d'Eddie Turley* (1984), que se compone de dos mil cuatrocientas fotografías que se suceden sin fundidos cruzados ni movimientos de cámara, que inspecciona la idea de movimiento que nace de la inmovilidad y que sostiene el sincrético tema de un agente secreto galáctico que investiga una ciudad robótica (Tulard, 1982: 190), sino que llegará usar colorantes, perforar e, incluso, rasgar la película en sus filmaciones. Entre su producción pueden citarse piezas contemplativas, poemas líricos, *remakes*, rodajes con tan solo una toma larga, películas con imágenes en negativo, compresiones de otras películas… pero, de todos ellos, la indagación que más interesante nos resulta son los *Cinématons*.

Experimento tremendamente duchampiano, los *Cinématons* tendrán su seminal inicio en el número 0, un «proto Cinématon», más bien, de esta larga serie, que se tituló *Urgent ou à quoi exécuter des projets puisque le project est en lui-même une jouissance suffisante* (1977) (Evrard/Kermabon, 2004: 85) y que se ha extendido a lo que hoy suponen más 200 horas de material filmado (empezaron a confeccionarse el 7 de febrero de 1978) en que han sido retratados numerosos intelectuales (más de 3000 a día de hoy) que se veían involucrados en un sencillo juego con diez reglas:

1) Una cámara en un trípode;

2) Una cámara que no se mueve;

3) Un primer plano de un rostro;

4) No hay sonido;

5) Sin cambio en la longitud focal;

6) No hay cambios en el encuadre;

7) El tiempo de duración es de 3 minutos y 25 segundos[53];

8) Una única toma;

9) No hay cortes durante el registro ni en la edición;

10) La persona que está siendo filmada puede hacer lo que ella/él quiera.

Tres modestos cartones son los que presentarán a cada personaje retratado, informando sobre el número de orden del *cinématon*, el nombre, la nacionalidad y la actividad profesional de la persona filmada, la fecha, la hora y la localización (Evrard/Kermabon, 2004: 85).

En general, el retratado se siente solo, «… *Soumis au seul enregistrement mécanique, à la durée du plan et au regard d'autrui, celui-ci demeure dans un cadre, sans hors-champ, prariquement sans bouger si ce n'est les traits du visage…*» (Evrard/Kermabon, 2004: 85).

Recogiendo los retratos/pruebas de cámara warholianos, Courant habla de sus propios Cinématons como «… *à réaliser des archives sur l'art et plus spécialement sur le milieu du spectacle dans des instants oú le sujet filmé propose un grand moment de vérité de son être…*»[54] (Evrard/Kermabon, 2004: 85). Siendo tan poco importante el espacio circundante, el fondo frente a la figura, de los cinématons, solo se nos ofrece un rostro y su silencio; un rostro él solo como soliloquio teatral sin palabras y con su personal comedia o tragedia (Evrard/ Kermabon, 2004: 87).

En el *Cinématon*, que ha tenido numerosas versiones (*Portrait de groupe, Couple, Cinéma, Lire…*), y que, aunque sea habitual verlo por fragmentos, esto es, por retratos concretos según el deseo o interés del espectador, está concebido como obra sin solución de continuidad, para verse como un film completo, han intervenido, por citar solo algunos ejemplos, Jean-Luc Godard,

---

53 La duración del carrete de una película de súper-8.

54 [… crear archivos sobre el arte, y más concretamente sobre el mundo del espectáculo, en los momentos en que el sujeto filmado ofrece un gran momento de verdad de su ser…] [Traducción propia].

Win Wenders, Fernando Arrabal, Félix Guattari, Ken Loach, Jean-François Lyotard, Terry Gilliam, Jacques Aumont, Julie Delpy o Maurice Pialat.

Aunque algunos retratados «optan» por un proceder aparentemente sencillo, su factura puede confundirse fácilmente con una realización amateur (Prédal, 1996: 572-574), y otros «eligen» una escenografía más compleja, en todos los casos, creemos, las diez reglas de Courant son un filtro bastante efectivo a la hora de encauzar al filmado hacia la verdad de su personalidad para unos retratados que posan como podrían hacerlos los modelos de un pintor (Evrard/Kermabon, 2004: 87). Si Godard, primero, fuma y hojea, distraído, unos papeles para, después, mirar entre arrogante e indiferente a cámara, Aumont, en una curiosa puesta en escena, no puede evitar dedicar sus tres minutos y medio de retrato a, cómo no, ejercer magisterio y desarrollar su hermenéutica.

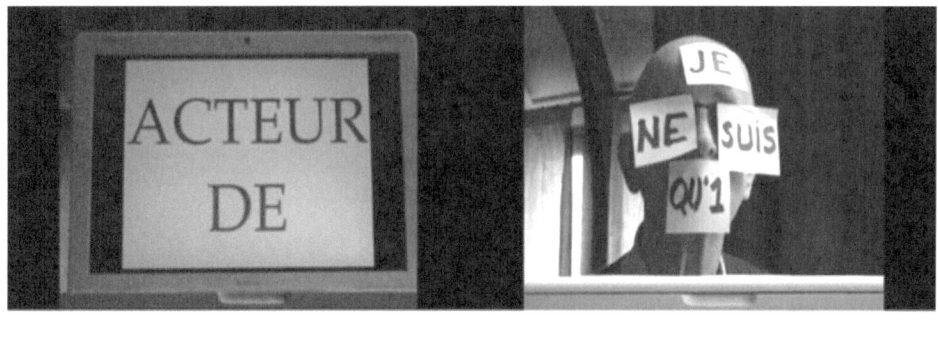

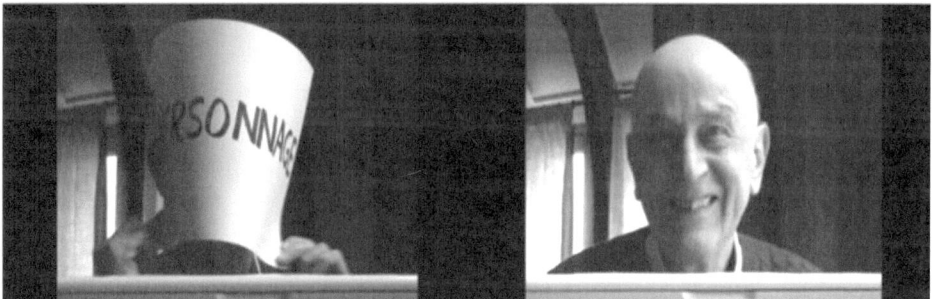

Figuras 42, 43, 44 y 45: *Cinématon* de Jaques Aumont (Gérard Courant, 2015).

Este «retrato literario» (Aubaude, 2003: 111-114), este *work in progress* (Prédal, 1991: 484-485), de Gérard Courant no solo conecta con la concreción de los Lumiére o con la captura del gesto, querida o no pero siempre ineludible sino que se han convertido con el pasar de los años en documento de la intelectualidad de finales del xx, tal y como ya hiciera el propio Nadar finisecular.

Aunque el propio Aumont habla en estos términos de los *Cinématons*:

> … con toda su capacidad inventiva alimentada por más de mil participantes, es un indiscutible perfeccionamiento de los logros de Demenÿ […] En él los sujetos se presentan conscientemente como sujetos, se parecen, a veces más de lo razonable. Sin embargo, la mayoría de las veces ese retrato robot, abiertamente calcado del vulgar fotomatón, y también aquellos otros retratos, también robots, que realizaba Warhol en su Factory en los años sesenta… (Aumont, 1998: 37)

Debemos tener claro que estas declaraciones son muy anteriores al momento en que Courant le realizara su retrato al pensador (fue en 2015)[55]. El mismo Jacques Aumont demostró, con toda su escenografía, que los tres minutos y medio de libertad que se ofrecen al modelo convierten a los *Cinématons* en algo bastante más complejo que las instantáneas tomadas en los fotomatones de los centros comerciales o las estaciones de tren, en la mayoría de casos, por la perentoria necesidad de completar un documento de identidad cualquiera.

James Benning aplica su lógica del tiempo a los veinte planos, de veinte personas, todos amigos y conocidos del cineasta, de *Twenty Cigarettes* (2011), en que tenemos el análisis de aquello que se filma dura lo que tarda un cigarrillo en consumirse. Cada individuo apura el tabaco y el espectador contempla solo hasta que la colilla aparece y es desechada. Si *Twenty cigarrettes* es una vuelta al efímero retrato vivo de los inicios del cine (Muñoz Fernández, 2017: 256), también se puede hermanar con los ya citados *Screen Test* de Andy Warhol. Sin embargo, frente a la asepsia de los del de Pittsburgh, filmados en estudio con fondos neutros, James Benning ubica a cada fumador en su lugar de origen o en su entorno vital. Veinte «… retratos de sus conocidos fumando con la intención de desvelar o captar la esencia de cada una de esas personas…» (Muñoz Fernández, 2017: 258).

> Cuando conoces a alguien muy bien, no puedes realmente describirlo con palabras pero tienes una sensación de quién es esa persona. Porque conozco a

---

55 En su Cinématon, el teórico manipula algo fuera de plano para, posteriormente, mostrar un texto («J'aurais tant voulu être un acteur de Murnau ou de Ford ou de Dreyer, Bergman, Hitchcock, Walsh, Welles voire d'Antonioni de Mizo [Mizoguchi]. J'aurais aimé être Jerry Lewis. Je ne suis qu'1 personnage») y una serie de fotografías (fotogramas de films de los cineastas que cita) desde un ordenador portátil. Cerca del final de los 3 minutos 25 segundos, el teórico se coloca adhesivos en el rostro con la frase «Je ne suis qu'1 personnage» para, postreramente, «sacudirse» la posesión cinefílica y, sonriente, volver a ser el profesor del comienzo del Cinématon.

toda la gente de la película, para mí hay momentos en los que ese sentimiento aparece, y pienso de repente es ahí cuando han dejado de actuar o sentirse nerviosos. Es un tipo de idea un poco romántica pensar que uno puede captar la esencia de alguien, pero tal vez, en ese sentido, soy un romántico (Muñoz Fernández, 2017: 258).

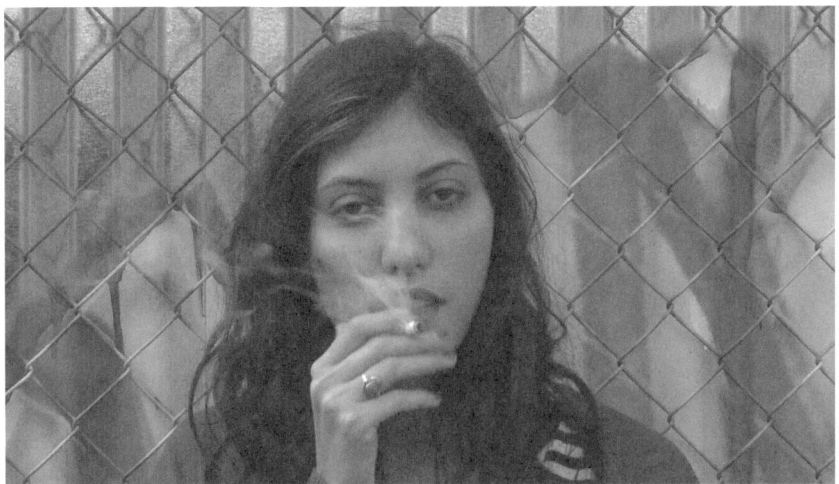

Figura 46: una de las «fumadoras» retratadas en *Twenty Cigarretes* (James Benning, 2011).

Caminando como estamos sobre la línea misma que delimita la frontera entre las formas de entender el cine, nos encontramos con numerosos autores/as, ya sea de frente, caminando en nuestra dirección, vociferando desde uno u otro lado, haciendo proselitismo por la causa del cine de los márgenes más allá de la narración o del comercial como arte mayor de contar historias o, también, cruzando la línea, mostrándonos que si la frontera existe esta es susceptible de ser cruzada a placer.

Desde uno de esos lados, Hakan Dahlström conoció la psicodelia de los sesenta-setenta y trató de maridarla con el cine de los orígenes, se adentró en las posibilidades telúricas del desierto en confrontación a los dilemas humanos o captó la fuerza antrópica de una extensa planta solar, a ritmo de solsticios, con ecos de santuario megalítico. Otro trabajo suyo, *Facing Time* (1973-1993-2013-?), rodada en saltos temporales de veinte años, es «… la presentación de Dahlström mediante su rostro y devolviendo la mirada al tiempo…»[56].

---

56 «Miradas a la luz y a la tierra». En línea: <https://www.filmotecadeandalucia. es/documents/282361/40374401/2019-05-09+-+%2819%2700%29+-

Este tipo de retrato pintado «al cine» ejerce una influencia en las formas actuales de representación del individuo utilizadas por otras artes. La pintura, la fotografía, la imagen en movimiento, el texto, los montajes interdisciplinares […] se alían para conformar un retrato conceptual más acorde a los discursos contemporáneos sobre la persona (Moral Martín, 2009: 29).

Es lo que hemos venido comprobando. Un nuevo tratamiento del rostro para una nueva persona. Una fragmentación del interés: más voces, más discursos, más opciones, más desconfianza, más emancipaciones de los relatos mayores. Si «… el paisaje, la pintura de interiores y el bodegón, de forma paralela a la secularización de la mirada, lograron finalmente su autonomía, [y] lo hicieron solo como fórmulas descargadas del exceso de sentido que poseía la pintura de historia…» (Moral Martín, 2009: 22), parece que el exceso de sentido cinematográfico recae en la lógica dramática del relato. Debemos

reconsiderar las bases del análisis fílmico desde los postulados genéricos de la pintura, inhabilitar los instrumentos analíticos cinematográficos tradicionales, repensar la pantalla desde su confrontación con el *otro*. Cine y pintura, tan lejos y tan cerca entonces, tal vez puedan dialogar de igual a igual (Moral Martín, 2009: 20).

El retrato que buscamos se construye a través de un cine que se repiensa a sí mismo; un cine que se desmarca del ritmo clásico y que usa el tiempo en beneficio propio. Comenzamos con ese «todorrostrismo» del cine comercial norteamericano de los noventa, que no puede ser una revalorización del rostro más evidente, pero nos movimos hacia otras latitudes, y otros márgenes, poblados por películas que aún no saben exactamente qué papel tienen, desde su posición un tanto relegada, en «… un mundo globalizado en el que la cultura ya no depende de tradiciones estables…» (Quintana, 2007b: 53-68). Creemos que el rostro necesita algo más que inundar la pantalla para hacerse presente. Creemos que el rostro, como dispositivo, como entidad formal independiente, cree en las posibilidades de su autonomía a través del tiempo, en pos de una revelación, desmarcado del relato y ejemplificado en esos filmes postmodernos a los que hemos ido llegando: la antorcha en medio de la oscuridad que levantó Tait, el amor por sus amigos de Perlov, la imperiosa necesidad de salvar

+Miradas+a+la+luz+y+a+la+tierra.pdf/40e06cfd-d36c-4ad9-88ff-523b2616ae36> [consulta: 26/02/2024].

la voz de su abuela —y de su pasado— de Eustache, el romanticismo de James Benning...

También en el caso de otros filmes, como los pensados en el oriente alternativo actual, destinatarias de una deuda occidental, lo que aquí llamamos «modernidad cinematográfica» (Muñoz Fernández, 2017: 27), pero

> merced a propuestas cuyo tratamiento especial del tiempo (por otro lado, al crítico europeo de turno, muchas veces, parece decepcionarle que un film asiático no sea «contemplativo») y de la estructura de la propia narración fílmica pueden convivir, y en muchos casos parecen extensiones actualizadas, una historia prolongada mucho más radical (Aidelman/De Lucas, 2007: 146-157).

Autores como Tsai Ming-Liang, Hou Hsiao-Hsien o Apichatpong Weerasethakul desarrollarán «... una cosmogonía que parte del rechazo del montaje, de la autonomía del cuadro y de la valoración estética de las diferentes texturas...» (Quintana, 2007b, 53-68), estrategias que, por supuesto, recuerdan a las ya usadas por los cineastas/autores de los sesenta europeos pero que, indispensablemente, se engranan con una tradición teórico-filosófica que da sentido a todo el experimento.

Cineastas de Asia y Europa que van más allá de lo formal y que creen firmemente en la emancipación de cada elemento del cine como la mejor huida hacia delante en estos tiempos donde la imagen, por sobreexplotada, se siente inestable y donde el cine, por desgracia, se encuentra cada vez más alejado de las otras artes. Lo que viene a continuación será una exploración guiada por estas premisas. Todos cineastas concretos del tiempo, interesados en ensartar disciplinas artísticas y amantes del rostro en su esencia y con toda su capacidad de trascender y comunicar. Cineastas que, sabiéndolo o no, buscan, y a veces encuentran, la revelación sajando el dispositivo rostro de ese cuerpo total al que, hasta ahora, servía, llamado relato o drama clásico y en la conformación, muchas veces accidental, quizá involuntaria, de una nueva forma de retrato filmado, de retrato al cine, de retrato cinematográfico.

4. JOSÉ LUIS GUERIN

4.1. Humanista. Cineasta. Retratista.

> Nuestro trabajo en el cine debe comenzar con el rostro humano […] el enfoque de la cara es sin duda el sello y la característica distintiva del medio cinematográfico… (Vázquez Couto, 2016: 132).

> Todavía hoy, y ese a la fotografía, los hacedores de retratos rápidos atraen en las plazas a turistas o paseantes: como si pudieran satisfacer a la vez el placer del reconocimiento y el de verlo surgir de una habilidad manual, y no de un aparato registrador […] «¡Es él, es igualito!», se repite a porfía en la *doxa* más tradicional, agregando muy a menudo esta frase que invitaría a un largo comentario: «¡Sólo le falta hablar!» (Nancy, 2006: 38).

En encuentro con un retratista callejero, gremio con el que José Luis Guerin parece buscar frecuentemente interacción (ya aparecían estos artistas en *Unas fotos en la ciudad de Sylvia*), se produce, en el segmento de *Guest*[57] que tiene lugar en Santiago de Chile, una conversación entre artistas:

> Retratista callejero: «… el cine es una maravilla…»;

> José Luis Guerin: «… la pintura, la pintura…»;

> R.c.: «… sí, la pintura también es fantástica…» […] «… yo a la pintura la considero la reina de las artes; a pesar de que todo el mundo dice que es la

---

57 *Guest* [Disco Compacto]. Dirigida por José Luis Guerin. Versus, 2010. 1 DVD: 127 minutos [00:36:36].

música la reina de las artes, pero yo a la pintura la considero la reina de las artes, porque la pintura es el trabajo de un hombre en solitario; y no requiere más que eso…»;

[corte de montaje y aproximación a los ojos del dibujante]

J.L.G: «… como los operadores de los hermanos Lumiére, que viajaban con la cámara a cuestas, fíjate incluso que llevaban el trípode, que cargaban el trípode como si fuera un caballete, como un pintor…».

Guerin, amén de que dejar oír su voz, por primera vez, siendo esta la base de sus posteriores *Correspondencias* fílmicas, «… un paso aislado que nunca hubiera dado de no haber hecho *Guest*…» (Natche/Guerin, 2010: 101), transita entre el respeto cuasi religioso inicial por el oficio de pintar o dibujar, y, por extensión, de su retratista, a la reivindicación del cine como no ya «algo cercano a» sino como una forma de arte del retrato digna, efectiva, con ineludibles concomitancias con lo pictórico en su desempeño profesional. El dibujante, sus ojos sorprendidos tras la revelación de su cliente (ambos se estaban retratando al unísono, bilateralmente, aunque el único consciente de ello era José Luis Guerin), su discurso tremendamente naif, el «… uso de la entrevista, la charla amigable, como esencial fuente de conocimiento mutuo y como proceso de acercamiento para conseguir que los personajes que retrata con su cámara se muestren relajados, animosos, colaboradores…» (Casas, 1990: 8), sin olvidar que dicha entrevista, el testimonio, este cine-encuesta (Ortiz Avilés, 2017: 114), tienen tanto valor por lo que se dice como por lo que se calla. «… También los silencios, o los gestos, o lo que sientes de diferente entre lo que dicen y lo que siente es igual de valioso; es una concepción de la palabra y el diálogo distinta a lo que sería en el género periodístico…» (Villar, 2011: 43-44), formarán parte del retrato final, quién sabe si no más verídico o más, al menos, completo, que la cámara hace del, en este caso, pintor-dibujante. Mientras este último habla de las virtudes de los tenebristas barrocos españoles para «… captar el gesto…» de los personajes que representaban, con la música de fondo que supone la voz desesperada e incipientemente rota de un predicador, un iluminado, y bajo la atenta mirada de una serie de curiosos que escrutan el juego de poder entre retratos y son, a su vez, convertidos sus rostros, que «… parecen haber sido modelados especialmente para su película…» (Losilla, 2011: 25), en «… rostros pintados hasta componer un retablo de tipos sociales tan heterogéneos como formalmente próximos…» (Poyato

Sánchez, 2015: 243), finaliza una secuencia que es, en esencia, un ensayo filmado (Ortiz Avilés, 2017: 112) sobre «… uno de los elementos más valiosos y quizá escasamente abordados desde la teoría del cine, que es el cine como un gran arte del retrato…» (Broullón, 2013: 82).

> La necesidad de escuchar a quien me está hablando en espacios públicos, normalmente ruidosos, me lleva a una proximidad muy grande con el sujeto que filmo, a hacer unos primeros planos con grandes angulares que juzgaría de horribles, de impúdicos, incluso. Sin embargo, aquí se lee de otra manera porque se ve esa tensión ente ver y oír; es decir, la imagen resultante no obedece a una idea de cuadro –como puede verse en *En construcción*–, sino que es la tensión entre la captación en presente de algo que desaparece y la necesidad de escucharlo. Para mí tiene la belleza del dibujo hecho de un solo trazo: siempre pienso en ese referente, en los dibujos de Matisse que están hechos sin levantar el lápiz del papel, donde es algo irreversible; el trazo en presente del momento. Y estás haciendo la película en el mismo momento en el que estás hablando y conociendo a una persona que tienes enfrente; estás viviendo y filmando, y se confunden ambas cosas (Barrachina Asensio, 2012: 65).

Esta simbiosis de cineasta-pintor ha sido apuntada en más de una ocasión por un José Luis Guerin, que se ha llegado a declarar a sí mismo heredero de la pintura, no por un hecho de simple admiración sino por un juego, que él entiende primordial, en el que ambas artes, más que influenciarse, se ensartan.

> Entonces, para mí, pensar la pintura es también un modo de seguir pensando el cine. Creo que todas las frases, los textos, podían imaginarse perfectamente reemplazados por el cine. Son frases que, incluso, tienen una resonancia para cualquier cinéfilo. Sorprende que Plinio el Viejo diga en el siglo I d. C. que la pintura es un arte del pasado, que ya terminó. No han llegado los Tiziano, Rafael o Caravaggio y ya lo entiende como algo del pasado. «Es un arte sin porvenir» es la famosa frase de Louis Lumière a Georges Méliès cuando le quería comprar la patente. Esta cita creo que muestra esa reversibilidad constante. Los ejemplos que cojo de la antigua pintura son aquellos en los que el pintor es un cineasta: el mítico *casting* de Zeuxis para crear su Afrodita —si no recuerdo mal—, que hizo desfilar a todas las muchachas de Cortona para acabar eligiendo cinco y componer con partes de las cinco su mujer; ahí empieza a esbozar su teoría del montaje cinematográfico (Barrachina, 2012: 63).

En su vídeo-instalación *La dama de Corinto*, que constaba de la proyección del mediometraje *Dos Cartas a Ana* y de proyecciones a modo de foto-secuencia, el enfoque de Guerin es honesto y consecuente, ya que se estudia el origen de la pintura a partir de la sombra y su conexión con lo cinematográfico. En una proyección que se asemeja, cómo no, a una linterna mágica, se muestran pinturas de Velázquez, Caravaggio (1571-1610) o, concretamente, las no escogidas al azar *Las muchachas de Crotona* (1798), de Françoise-André Vincent (1746-1816), y el *Autorretrato como Zeuxis* (1662) de Rembrandt (1606-1669)[58]; la sombra como origen de toda representación; el desmontaje de la imagen cinematográfica, su retorno a lo esencial y la tensión entre lo congelado y lo transitorio e inestable (fotografía versus sucesión de fotogramas); los paralelismos entre pintura y lienzo en blanco y cine y pantalla (Alonso De la Fuente, 2015: 135)… el origen de la pintura vinculado a la proyección:

> Sobre la pintura es suficiente y de sobra lo dicho. Ahora sería conveniente añadir a esta lo que concierne al modelado. Utilizando la misma tierra con la que trabajaba, el alfarero Butades de Sición fue el primero que modeló retratos de arcilla, en Corinto, a causa de una hija suya que estaba enamorada de un joven; cuando este se marchó al extranjero, ella trazó una línea alrededor de la sombra de su rostro proyectada en una pared por la luz de una lucerna y a partir de esta línea su padre la modeló en arcilla… (Alonso De la Fuente, 2015: 155).

> … me interesa extraordinariamente la pintura porque creo que el arte de la puesta en escena tal como lo entendemos los cineastas empieza con ellos, con la pintura italiana del Renacimiento, con la perspectiva… Ahí está el origen. Y el proceder es muy parecido por una razón puramente física o material, es decir, que la pantalla, como un lienzo que es, es bidimensional, es una superficie plana. Y a partir de ahí surgen nuestras técnicas de puesta en escena para retar, para tensar esa dicotomía entre la ilusión de la tridimensionalidad y la superficie plana de la pantalla, del cuadro. Desde ahí, los itinerarios son innumerables, y por eso siempre tenemos mucho que aprender de los grandes hallazgos de la pintura… (Broullón, 2013: 72).

---

58   Del pintor Zeuxis, cuenta Plinio que pintaba con tal maestría sus uvas que las moscas las confundían con fruta real y que, para el retrato de Elena de Troya, decidió pintar lo más bello de las cinco doncellas más hermosas de la ciudad de Crotona (ejemplo legendario de mímesis selectiva que será recordado por los pintores del Renacimiento a la hora de justificar sus teorías pictóricas).

Estamos ante una nueva forma de narrar (Martínez De Aguilar, 2011: 13), desde la sala del museo, en que nos convertimos en parte del espacio, en sujetos que observan y que suman, como objetos, al contexto creado por José Luis Guerin.

En otro de los films de José Luis Guerin, *Tren de Sombras*, aparece aquel «retratista cinematográfico» familiar de principios del siglo XX que se mueve, trípode al hombro, «… *¡con su cámara-caballete!…*» (Broullón, 2013: 71), llegando incluso a orillarse en los márgenes de un río, evocándonos diáfanamente las escenas *plein air* que vivirían los impresionistas. El «… *trabajo de un hombre solo…*», que decía el retratista callejero confrontando (que no enfrentado) a Guerin, que no era patrimonio exclusivo del pintor. Figura más que conocida y estudiada, el director catalán se reconocía en este artista, él mismo viajando, en el caso de otro hito de su filmografía, *Guest*, con una Sony *handycam* digital muy modesta (Broullón, 2013: 77) y, sobre todo, liviana y de fácil manejo.

Heredero de la pintura como se considera y explorador de unas técnicas que, como fronteras, separan ambas disciplinas artísticas pero las mantienen adyacentes, José Luis Guerin va un poco más allá.

> Cada vez estoy más interesado en el cine como un arte del retrato; y a menudo me pienso como un pintor, en el sentido no de cerrarme en cualidades plásticas, sino de cómo relacionarme con la otra persona, cómo situarla, cómo utilizar la relación entre el entorno y la figura; adónde va a mirar. Cómo creas una situación, con qué objeto caracterizas a una persona, en qué situación la captas, cómo describes su espacio. A menudo pienso que olvido casi todo de las películas y lo que retengo son una pausa de silencio, un gesto, una expresión, una emoción. Cosas muy próximas a esa idea del retrato, que es lo que más cultivo últimamente (Villar, 2011: 43-44).

En los orígenes de la fotografía, las largas exposiciones que necesitaban los aparatos de retratar obligaban a los retratados a mantener la postura deseada durante largos periodos de tiempo. Tal y como hacían cuando la pintura era, más que la «reina de las artes», la reina del arte del retrato, los retratados posaban.

El cinematógrafo anuló esa espera, tanto que la inmovilidad no era propia del cine, que necesitaba de la acción, que se vanagloriaba de ella cuando mostraba que todo lo que filmaba y mostraba se movía: los transeúntes, los coches, las ramas de los árboles en segundo plano. Quizá un arcano sentimiento dictó a algunos que el retrato era inmóvil, que para ser retratado había que posar, que congelar el instante «decisivo». ¿Estoy posando cuando estoy en movimiento? ¿Retrata una cámara si todo, incluidas las ramas de los árboles, se mueve a mi espalda? No es debate baladí, y en él nos zambullimos ahora.

A menudo, es cierto, sentimos agitación o recelo de la cámara que nos filma. Hay quien la busca para la tradicional expulsión de su chiste mejor valorado, quien saluda a un familiar cercano/lejano o quien huye de ella, presa de un miedo con reminiscencias atávicas que, frente al objetivo, a algunos se les despierta, aún a día de hoy y en estas latitudes europeas tan bien consideradas, en sobrenatural conexión con alguna sociedad animista. Aun así, con toda la alteración generada, no solemos tener la sensación de que, siendo grabados, se nos está retratando.

Estiran el cuello, incluso se ponen de puntillas, enderezan las solapas y muestran su mejor lado los que son fotografiados. La «máquina de retratar»[59] (Fernández/Santos Torroella, 2013: 145), como la llamaban algunos de nuestros predecesores, evidencia que, por lo general, lo que preocupa al «gran público» de un retrato legado a la posteridad es la fotogenia de un rostro libre de imperfecciones y de un traje bien planchado. Nuestras frases o gestos parecen insignificantes. Somos ese rostro petrificado, «embalsamado», de la fotografía, somos, en gran medida, ese traje surcado de las arrugas que el tiempo imprimió en el papel fotográfico emulsionado, y que la plancha no puede evitar, pero, insistimos, para la gran mayoría de los (in) mortales, parece que las declaraciones o, precisamente, los gestos no son dignos de retratarse. Somos fotogenia, somos tela. Pero, también, somos lo que decimos y somos los gestos que hacemos. En gran medida, somos palmadas y estornudos. No somos una boca abierta de dientes alineados sino que somos el tránsito de esa línea recta a esa curva que muestra los dientes. Somos ese tiempo que tardamos en sonreír. Somos tiempo.

> … empecé haciendo retratos de mis amigas que me gustaban porque constataba el fracaso para mí de la fotografía. Al congelar un instante se evaporaba aquello que me cautivaba de la muchacha a la que intentaba retratar. Mi

---

59 […] Tú eres una borrasca cristiana y necesitas de mi paganismo. La última temporada en Madrid te entregaste a lo que no te debiste entregar nunca. Yo iré a buscarte para hacerte una cura de mar. Será invierno y encenderemos lumbres. Las pobres bestias estarán ateridas. Tú te acordarás que eres inventor de cosas maravillosas y viviremos juntos con una máquina de retratar […] Carta de Dalí a Lorca.

noción de la belleza pasaba por una idea de la duración, del movimiento, de un ritmo interior… de una manera de respirar, de mirar que requería el fluir temporal… (Broullón, 2013: 82);

… a mí la fotografía me ha tentado muchísimo pero siempre me he dado con esa contradicción […] no podía transferir lo que quería mostrar congelando el tiempo, no se veía lo que quería mostrar… mi sentido de la fotogenia o de la idea visual necesita del desarrollo en el tiempo de la imagen… al congelarlo, se desvanece…[60].

Para retratar con la cámara se debe atrapar el momento, el gesto, atrapar la vida. Siendo Guerin como es un cineasta que confía plenamente en un cine que necesita del tiempo, parece revitalizar los planteamientos teóricos de André Bazin, en concreto su idea de no romper el flujo natural de la acción, así como de aquello que Deleuze llama cine de la *durée*.

Pensar el cine más desde su materialidad, desde su intimidad: el cine es unos trozos de espacio y unos trozos de tiempo; pensarlo así, de manera muy descarnada, muy desnuda. Curiosamente, esas experiencias, lo que me han posibilitado es ir hacia atrás: pensar el cine desde su formato cuadrado, la pantalla cuadrada de los Lumière en blanco y negro y muda es ya un pozo sin fondo (Barrachina, 2012: 60-69).

Cine de la duración que, inevitablemente, lastra al creador. Un cine que otorga, y aquí también podemos conectar con el concepto de la Imagen-tiempo de Deleuze, valor decisivo al tiempo:

Ahora bien, para llegar a captar el ritmo de la realidad, la belleza que revela su interior, hace falta tiempo. El tiempo que no se tiene en una producción cinematográfica al uso. Por ello este tipo de cine es relegado, entre otros motivos, a la periferia de la industria. Una de las principales reivindicaciones de cineastas como Víctor Erice o el propio Guerin es la de tener tiempo para pensar en los rodajes. El tiempo, que según Guerin, tuvo Chaplin, y por ello fue uno de los mejores, o el tiempo que tienen los pintores realistas como Antonio López para

---

60 *Unas fotos en la ciudad de Sylvia* [Cofre Versus, 2010] [Disco Compacto]. Dirigida por José Luis Guerin. Versus, 2007. 1 DVD: 67 (+49 de bonus) minutos, Material adicional: Material adicional: extractos del documental *Apuntes para un retrato* de Abel García (segmento Primer esbozo de *Tren de sombras*, Souvenir (1984)).

captar la belleza de la naturaleza, como así nos lo hizo ver Víctor Erice en su magnífica *El sol del membrillo*…. (Canet Centellas, 2013: 145-149).

En cuanto a su condición de retratista, por más que Guerin insista, Aumont se cierra en banda al entender que la una historia del cine es una llena de rostros, pero no de retratos. Consecuente, a propósito del cine neorrealista, nos relata:

> Rostro-humano, rostro-voz: en el cine, desde la posguerra, el rostro se estudia como lugar de acceso a una «verdad» profunda de la persona. Para este tratamiento del rostro, no hay mejor término que *retrato* (Aumont, 1998: 132).

Sin embargo, matiza Aumont que la posibilidad de un retrato cinematográfico se diluye en un piélago, dentro de algo implacable como es la industria en percusión continua contra el arte (Aumont, 1998: 91-113), que deja poco lugar a la independencia del rostro. ¿Es lo que se desarrolla en adelante una suerte de desafío a Aumont? Como hemos visto durante este trabajo, el mismo Aumont llegará a ser retratado fílmicamente por otro de esos fronterizos como es Gérard Courant. No se trata de leer entre líneas o de afirmar que Aumont golpea la mesa con el puño mientras enarcando las cejas nos señala el camino correcto por una salida trasera. No sugerimos que el subconsciente aumontiano lo delate sino, más bien, que, para un investigador, que el destino de algo sea la periferia, los márgenes o los peldaños más bajos, no suena a desafío sino a estímulo.

Junto a Guerin, otros autores como Warhol o Courant, por contar solo unos pocos de los que aquí se han visto, conformarán un grupo de fronterizos. Fronterizos de la imagen fo-cinematográfica (fotografía e imagen cinematográfica, imágenes vinculadas en relación a su naturaleza, pero a la vez distintas en lo que respecta a sus posibilidades estéticas y de significación) (Poyato Sánchez, 2006: 5), fronterizos del arte. Es radical, contundente, el arte (o su sanedrín oligarca de teóricos) cuando se trata de señalar a sus entes marginales: baste, en el caso del cine, en querer ser retratista/cineasta. Si a eso se dedica usted, le espera el ostracismo.

Y es paradójico que la tiranía culta elitista teórica se alíe con una popular tiranía del *selfie* actual, de un mundo donde todo el mundo hace imágenes, en que cualquiera puede filmar (cualquiera parece poder ser cineasta) y cualquiera puede tomar una foto (cualquiera puede ser fotógrafo), en pleno éxtasis de la pantalla global[61], de la «civilización de la imagen» (Gubern, 2016: 541). Nos vemos en la necesidad de buscar un asidero moral o intelectual y Guerin nos conmina a girar la cámara hacia los que nos rodean. Esto es, frente a un creciente y preocupante narcisismo, un *revival*, un renacimiento, un resurgimiento, *agorniamiento*, del humanismo:

> Hoy en día todo el mundo hace imágenes. El cine está diluido en un gran magma mucho más grande, que es el audiovisual [...] recibo muchísimos trabajos que me envían porque quieren tener una opinión, y la mayoría de ellos creo que no tienen nada que ver con el cine y que es una manera de pensar distinta. Si tienes esa conciencia de dónde vienes, de los legados con los que trabajas, con los que has gestado un imaginario –incluso una moral, diría–, la forma de pensar difiere con respecto a otros muchos usos del audiovisual, como pueden ser desde el activismo hasta cámaras de seguridad hasta trabajos de animación, de videocreación, que –con todo el interés que puedan tener– son otra cosa: no forman parte de esa trama. Sin duda, puedo tener una mirada de gratitud, incluso de curiosidad, hacia muchas de ellas, pero me cuesta llamarlas cine. Es decir, lo que buscamos no es una idea nostálgica o romántica, sino una identidad [...] Quizá para aquellos que, como yo, no tenemos muy claro un anclaje nacional, ni de índole religiosa, eso es muy importante (Barrachina, 2012: 64).

Moral diversa, esa identidad se enraíza en un cine de ritmo, también, diverso, humanista, sí, y cómo no, afanado en la búsqueda de ese algo, de esa revelación rosseliniana, que lleva a estos cineastas fronterizos, cine *outsider* que opera desde el interior y, desde la periferia, influye en el centro (Marsh, 2022: 15), a adentrarse en...

> ... espacios a la captura, tras observación paciente, de ese instante mágico en el que, por ejemplo, la imagen del bullicio urbano encerrado en un marco cinematográfico determinado revela un orden secreto... (Poyato Sánchez: 2015: 245).

> Yo quería ver pasar el movimiento de la ciudad frente a una pantalla, y había una ilusión que me mantenía expectante en ese encuadre. Era la ilusión

---

61 Esta expresión, que emplearon Gilles Lipovetsky y Jean Serroy, nos explica y presenta un mundo en el que una suerte de «espíritu del cine» parece haber poseído cualquier resquicio de lo audiovisual contemporáneo: espectáculos deportivos, la televisión, los videojuegos, aquella imagen en movimiento que se captura y se comparte en la Red... todos ellos fagocitan la estética del cine creando una nueva y peculiar cultura de la pantalla.

un tanto disparatada de que, en cualquier momento de esta filmación podía rebelarse dentro de encuadre, un orden secreto, un orden oculto… (Canet Centellas, 2013: 148).

Nos dice Pierre Francastel que «… a través de las imágenes el hombre descubre a la vez el universo y su necesidad de organizarlo…» (Vallejo/Merí, 2018: 75). Lo que nos lleva a la ensoñación e identificación, precisamente, con un orden que ya quisieron llegar a entender (y dominar) los humanistas renacentistas, tal como declaraba Rudolf Wittkower (1901-1971) al escribir sobre los máximos deseos de los arquitectos de la Toscana del XV:

> … así como el hombre es imagen de Dios y las proporciones de su cuerpo provienen de la voluntad divina, del mismo modo las proporciones de la arquitectura deben abarcar y expresar el orden cósmico… (Nieto Alcaide/Checa Cremades, 1980: 88).

Una búsqueda de identidad basada en una cinefilia sustentada en el amor y el agradecimiento a las filmotecas, a las escuelas de cine y a las grandes salas populares.

> … es el desarrollo de una forma «otra» de cinefilia, tan distante del exhibicionismo entre erudito y pretencioso de la generación de la cinefilia clásica como del «apropiacionismo» posmoderno que conduce a esos films frankensterianos, hechos de trocitos diversos, caleidoscópicos de múltiples referencias […] Se trata de una cinefilia basada en un profundo conocimiento de la historia del cine […] producto a la vez de la admiración y la reflexión… (Cerdán/Torreiro, 2007: 117).

Sobre la cinefilia, comenta Jacques Rancière que

> … esta [la cinefilia] es una relación con el cine que es asunto de pasión antes de ser cuestión de teoría. Se sabe que la pasión carece de discernimiento. La cinefilia era una confusión de los discernimientos adquiridos. Una confusión de lugares, ante todo: una singular diagonal trazada entre las cinematecas donde se conservaba la memoria del cine y las salas de barrio alejadas donde se proyectaba tal o cual filme hollywoodiense despreciado y donde los cinéfilos, sin embargo, reconocían su tesoro en la intensidad de la cabalgata de un western, el asalto a un banco o la sonrisa de un niño […] no saber qué

amamos y por qué lo amamos es, se dice, lo característico de la pasión… (Rancière, 2012: 10).

Hay una paradoja que encuentro en todas partes: la gente no va al cine, pero lo estudia. Es [el cine] un objeto de estudio prácticamente desconocido. A veces me planteo que la gente que viene a mis talleres quizás no ha visto mis películas. Y esto es exactamente el proceso inverso de lo que yo viví de joven. Entonces no había casi ninguna escuela de cine, apenas había en España libros de cine, pero sí muchísimas salas de cine y cineclubs en todos los barrios. Todo el mundo iba al cine y nadie lo estudiaba, ahora todo el mundo le estudia y nadie va al cine. Es curioso… (Sourdis, 2014: 21).

Amor por el cine que no se extralimita a este o al arte, sino que, poroso, se extiende a todos los ámbitos de la vida

… el arte siempre ha creado imaginarios del amor. Tiene un punto de verdad: inventado, no, pero ha conducido, gestado, una manera de conducir el amor […] […a la pregunta de si cree en el amor] Oh, y cómo no. ¿Cómo iba a hacer películas si no?…[62].

José Luis Guerin se intenta abrir paso a través de un «cinenarcisismo» individualista que mira su propio rostro y no el de los demás, que ve cine donde hay «otra cosa» y que quiere «ser cine» más que disfrutar de él en un momento en el que, para muchos sujetos sensibles, se dibuja la intuición de un colapso:

… el Apocalipsis en miniatura de Guerin consiste en la desaparición del cine tal como lo conoció y la aparición de otra cosa a la que deberá acostumbrarse si quiere sobrevivir (Losilla, 2011: 25).

¿No puede ser el arte entendido de esa manera tan quattrocentista, a la *ricerca* de la revelación, como una forma de supervivencia? ¿No hay, quizá, mejor forma de trascender al tiempo que a través del retrato? No deben sentirse los personajes/actores/ellos mismos de Guerin agradecidos de trascender el tiempo sin encarnar los roles estrafalarios de las grandes estrellas de Hollywood

---

62 Guerin, José Luis; Ayanz, Miguel (2015), «Guerin: "¿Cómo iba a hacer cine si no creyera en el amor?"». En línea: <https://www.elespanol.com/bluper/series/20151230/90740961_0.html> [consulta: 26/3/2025].

sino, simplemente, siendo capturados sus gestos y sus miradas? ¿Siendo ellos y ellas mismas?

En el filme *Guest* (2010), Guerin se dirige a una mujer en los arrabales de Cali y, escuchamos su voz en *off*, le confiesa «… que solo quiere hacerle un retrato, una pequeña filmación…» (Poyato Sánchez, 2015: 247). Al fin y al cabo, cómo obviar la historia y la providencia: el padre de los Lumière, antes de fotógrafo ambulante, era pintor (Brolluón, 2013: 81).

4.2. Cinefilia

> Yo soy un hijo de las filmotecas; soy un producto de la filmoteca. Cuando yo era un chaval, como no había escuela de cine –Franco la cerró–, lo único que tenía era la filmoteca. Ver películas y discutir con los amigos de lo que veíamos. Y quizá porque es la mía pienso que es la mejor escuela de cine: ver películas. Ver más de una vez las películas que de verdad quieres. Esa es la mejor escuela (Barachina, 2012: 68-69).

La condición de cinéfilo de José Luis Guerin está alejada de la mitomanía (Gil Puértolas, 2010: 96) del coleccionista de afiches. Es una cinefilia que tiene un tanto de melancolía más que de nostalgia (Ferris, 1998: 19). Es una cinefilia basada en un profundo conocimiento de la historia del cine, producto de la admiración y la reflexión (Cerdán/Torreiro, 2007: 117):

> José Luis Guerin es un cinéfilo, pero no es un cinéfilo que piensa que se puede redimir la vida a través del cine, es un amante del cine en tanto que el cine es un instrumento del conocimiento de nosotros mismos y de la realidad que nos circunda (Marzal/Company, 1999: 132).

En 1990, el joven José Luis Guerin acomete un proyecto nada convencional: la seminal *Innisfree*, al amparo ésta del retorno al cine de Pere Portabella con su *El pont de Varsovia* (1990), producción que significó el entronque con los tiempos de la Escuela de Barcelona y el cine independiente de los primeros setenta (Monterde, 1993: 121).

Innisfree se construye sobre una base cinéfila o, dicho de otra forma, existe una «… pasión cinéfila transformada en un documento apasionado…» (Monterde, 1993: 197). Escrutando los espacios de aquel pueblo ficticio (la localización real era la tranquila región gaélica de Cunga St. Feichin) (Casas, 1990: 9) que John Ford (1894-1973) rodara en *El hombre tranquilo*, Guerin, ya declarando intenciones, convierte la filmación en una reflexión sobre el propio cine (Riambau/Torreiro, 1999: 361), en un hurgar en su propia mitología (Cerdán/Torreiro, 2007: 364) gracias a la construcción de un paisaje eminentemente humano (Ortiz Avilés, 2015: 138). Quim Casas, sobre *Innisfre*:

> Homenaje a unas gentes impregnadas de por vida de la experiencia del rodaje fordiano que, maravillados de nuevo ante una cámara cinematográfica, saben abrir el frasco de sus recuerdos y ensoñaciones y volver a verter su contenido instantáneo y la ficción imperecedera (Casas, 1990: 8).

> No me interesaba hacer un documental sobre John Ford en Irlanda, porque eso, con todos los respetos, me parecía un mero programa para televisión. Tampoco quería jugar a guiñar el ojo al espectador –y aunque pueda no parecerlo, no hay más que cuatro minutos de la película de Ford insertados en el propio film–, a invitarles solo a reconocer tal o cual paraje, tal o cual tipo humano. Me importaba mucho más el retrato de una colectividad, de un país, a partir de una serie de metáforas que, sin que se refirieran directamente a John Ford, evocaran también aspectos que su cinta trata. He buscado por ese lado la conexión entre los dos mundos, el ficcional de Ford, y el de la realidad que yo vi en Irlanda (Casas, 1990: 13).

Siendo las presentaciones superpuestas de verdad y ficción, memoria y mito, un elemento esencial de los collages de Guerin (Stone, 2013: 172), uno de los primeros intereses de esta no ficción/ficción es la de establecer una serie de conexiones entre pasado/ficción y presente/realidad. Trascendiendo en mucho a la conformación de una diégesis colectiva, lo que creó lo *fordiano* fue ni más ni menos que la historia, la propia mitología, de un pueblo irlandés. Guerin, que bautiza al pueblo como Innisfree[63], no lo hace por error sino que colige, tras llegar a la zona irlandesa y conocer a los lugareños, que algo ha sucedido allí tras la llegada de Hollywood en los 50. De esta epifanía dará cuenta el director al titular a su filme con ese *Cosas vistas y oídas en Innisfree y sus alrededores*: se desplegará un ente sin género concreto, lo etnográfico mezclado con la historia filmada y con la mismísima ficción. Los muros de piedra, las vías

---

63   El pueblo de Innisfree, en realidad, solo existe en el poema de W. B. Yeats, *The Lake Isle of Innisfree*.

del tren conquistadas por la hierba y la estación solitaria de Castletown son las imágenes que retienen el sonido del pasado: una conversación entre John Wayne y Barry Fitzgerald, inspirados ellos dos, actores-personajes, por la nostalgia del reencuentro. Hollywood buscaba filmar una Irlanda adecuada a sus cánones y Cunga St. Feichin (galesa más irlandesa que Irlanda) tuvo la suerte de tener los muros de piedra, las cercas y los montículos paradigmáticos. Leñadores, labradores, granjeros, tenderos pescaderos, el maestro, el presidente del concejo comunal, el sobrino de Sean Beckett, un veterano del IRA antiguo, el sacerdote, el pastor… serán los personajes que se interpretarán a sí mismos, reunidos muchas veces en su ágora particular, el pub de Pat Conan, mientras en el montaje sonoro se incrusta la letanía de que «ya nadie recuerda a los muertos». Pero no a los difuntos habitantes del pueblo sino a los que se convirtieron en la nueva mitología local: las estrellas norteamericanas, esos borrachines impenitentes, homéricos, y esas pelirrojas celestiales, todos tan pendencieros, tan perfectos-imperfectos, tan inalcanzables, con los que aquellos lugareños no solo compartieron melopeas sino que, además, fueron ellos mismos apóstoles y escritores de una historia que se perpetuará *in saecula saeculorum*.

Una comunidad repleta de historias y una foto, cuidadosamente enmarcada y privilegiadamente ubicada, del rodaje de *El hombre tranquilo* en cada casa. Una chica pelirroja del presente que busca trabajo y lo encuentra atendiendo a los clientes en una recreación de la casa en que vivió la ficcional Mary Kate Danaber y el que fuera doble, *stunt*, de Wayne, que escenifica con limitada y reverencial habilidad los movimientos etílicos de la estrella, serán los catalizadores de algo que ya venía anunciando Guerin, mediante la escenificación de pedazos del film de Ford por parte de los habitantes de Cunga o a través de la introducción de algunos fragmentos en que un croma sustituía la profundidad de campo de los paisajes irlandeses «reales», durante todo el metraje: la simbiosis entre dos mundos, Hollywood e Innisfree (Cunga St. Feichin), representada en las ensoñaciones de estos dos personajes, una mirando el sombrero de Mary que nadie recogió en la carrera de caballos, otro mirando con intensidad desde su montura.

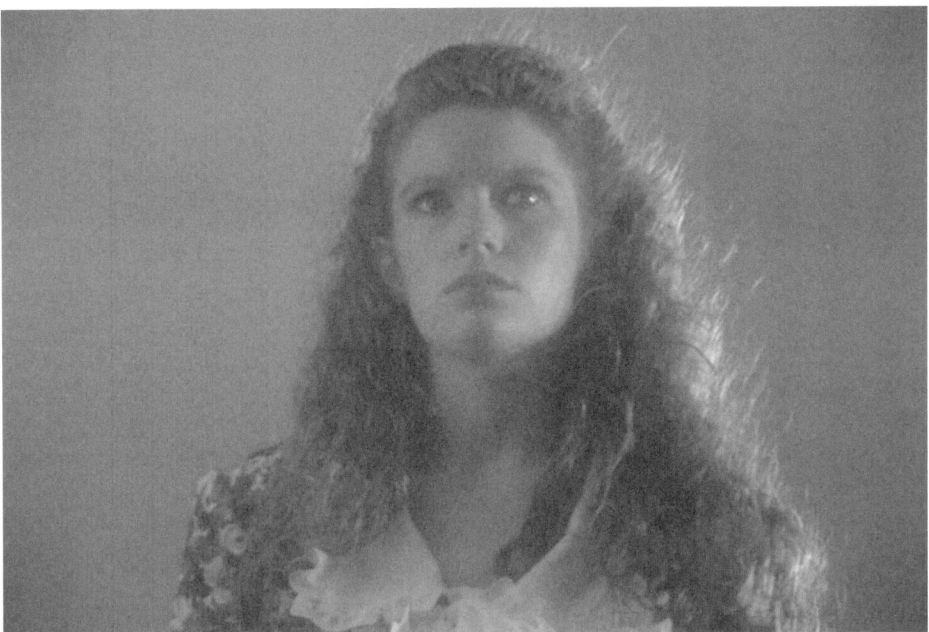

Figura 47: la chica pelirroja mira su sombrero, no recogido, en *Innisfree* (1990) de José Luis Guerin.

Aparecen aquí, desmarcados de lo comunal, de esos «actores sociales» (Vallejo Herán, 2023: 124) que serían protagonistas postreros dentro de un cuerpo social jerarquizado, dos sujetos teatralizados, retratados individualmente.

Otra vez, en conexión pasado/ficción presente/no ficción, tanto el doble de acción como la chica pelirroja autoestopista son identificados con los roles de las estrellas del film de Ford. Ciertas convenciones de la pintura, en el caso de *stunt*, es irremediable recordar los retratos ecuestres que ya vimos en un apartado anterior, y un uso de las estasis que, por ahora, no se impone. Frente a los rostros, por ahora, el interés por esas conexiones con el pasado, mediante muros, mediante cercas, mediante conversaciones, sonidos y, ahora, mediante un proceso formal que se instruye por la puesta en escena clásica retratística.

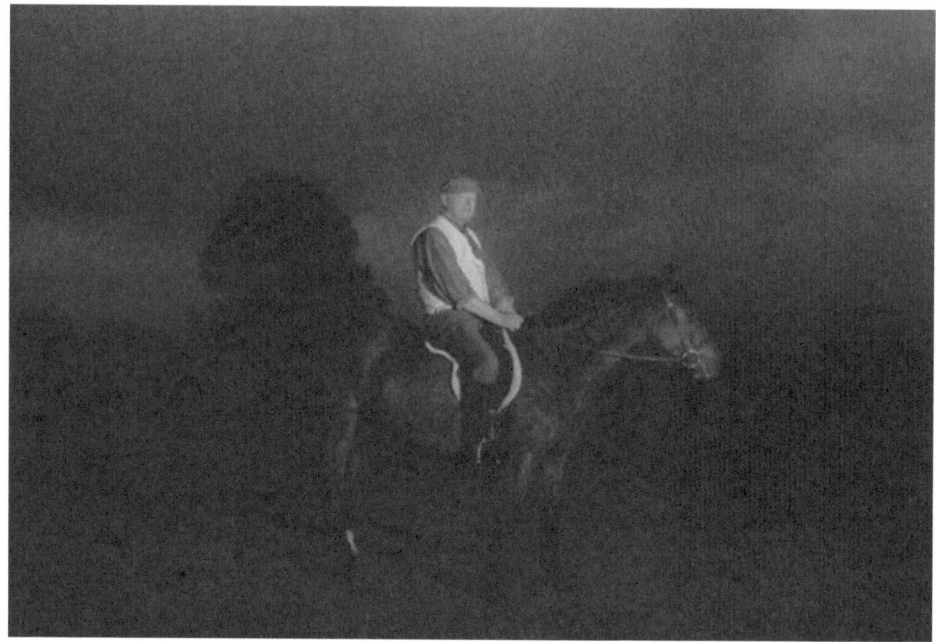

Figura 48: el stunt de John Wayne, en trasunto de retrato
ecuestre, en Innisfree (1990) de José Luis Guerin.

Tren de sombras[64], que bien podría estar, también, en el epígrafe siguiente, coincidiendo con la conmemoración del centenario de nacimiento del cine, se rueda en el caserón de Le Thuit (Francia), con una cámara de 16 mm. Una vez agotados los fondos con que estaba subvencionado el film, el rodaje pudo ser concluido gracias a la figura de Pere Portabella, que abonó el dinero suficiente para que la empresa llegara a buen puerto.

> En *Tren de sombras* me intereso por la que es la cualidad primera del cine, la cualidad documental, esa que sobrevive incluso dentro del filme de ficción estricta […] Las sombras, la capacidad que tienes de pequeño para imaginarte personajes a partir de las sombras que provoca la luz de la luna cuando llega filtrada a tu habitación a través del follaje de un árbol vecino, están en el origen mismo de mi vocación de cineasta. Un texto de Gorki, *Anoche estuve en el Reino*

---

64 El título remite al celebérrimo artículo que el escritor Máximo Gorki (1868-1936) realizó nada más salir de su primera experiencia como espectador de cine, en *Unas fotos en la ciudad de Sylvia* [Cofre Versus, 2010] [Disco Compacto]. Dirigida por José Luis Guerin. Versus, 2007. 1 DVD: 67 (+49 de bonus) minutos, Material adicional: Material adicional: extractos del documental *Apuntes para un retrato* de Abel García (segmento *Tren de sombras* (*Le Thuit* 1997)).

de las Sombras, es el punto de partida concreto de la película, aunque de una manera más general corresponde a un interés personal que viene de mucho más atrás y que nadie ha explicado mejor aún que Bazin en su artículo «Muerte todas las Tardes». Las películas familiares, mejor aún que las de ficción, tienen ese extra poder de resucitar lo que está muerto, de convocar a los fantasmas de la familia Fleury. Sobre esa idea de muerto sin réquiem, de muertos eternizados por el cine, he querido poner en pie *Tren de sombras* (Alonso García, 1998: 36).

En reflejo de la producción de las películas silentes, *Tren de sombras* narra la revelación del abogado y pionero amateur del cine Monsieur Fleury. Así, Gérard Fleury, fallece en extrañas circunstancias la madrugada del 8 de noviembre de 1930, después de haber salido, cámara y caballete al hombro, a buscar el emplazamiento adecuado para filmar un lago. A raíz del incidente, presenciaremos pedazos de la vida de Fleury a través de sus filmaciones domésticas: paseos, picnics, fiestas… lugares comunes de las grabaciones del cine de los orígenes. Con el tiempo, volveremos a una ciudad más contemporánea a nosotros pero que parece haber perdido el interés, la vitalidad, que se apreciaba en las imágenes, idealizadas, filmadas por Fleury.

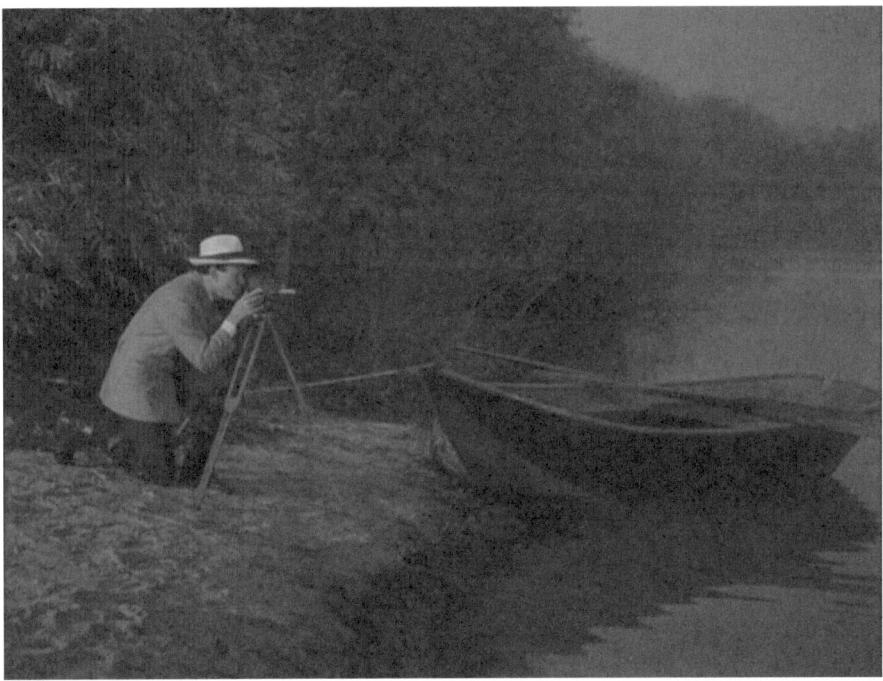

Figura 49: operador plenarista, en *Tren de sombras* (1997), de José Luis Guerin.

Tren de sombras es una añoranza que obliga a tender un puente a territorios perdidos (Cerdán/Torreiro, 2007: 353) que constituyen los espacios del cine, aunque constituyéndose, en este caso, un producto que se «… piensa [de nuevo, más aún] a sí mismo…» (Cerdán/Torreiro, 2007: 353). Guerin sentirá que su trabajo en este filme es un *working progress*[65], que va más allá de la nostalgia:

> *Tren de sombras* es un film que he vaciado deliberadamente de casi todos aquellos componentes que suelen emplear las películas. Y lo he hecho con el objeto de que, ante ese vaciado, se dejaran sentir o emergieran con más fuerza unos aspectos inherentes al cine, es decir, su propia pulsación, el tiempo cinematográfico, la luz, el espacio. Quería hacer una película que hablara del cine evitando «el mundo del cine», no se trata de mostrar el mundo de los directores, productores, *stars*…, sino de mostrar el cine reducido a su esencia, a su propia intimidad, a su propia materialidad, a su facultad de impresionar la luz, el movimiento, de rescatar y embalsamar un trozo de tiempo…[66].

Embalsamar en el ejercicio de un

> ensayo sobre la cinematografía, tratado sobre las pasiones del ojo (las pulsiones escópicas), sobre el deseo y las expectativas del/la espectador/a fílmico/a con los personajes del filme, sobre el aura de los actores y las actrices, sobre el paso del tiempo y el tiempo detenido, sobre la reiteración *ad infinitum* de acciones y espacios (Ferris, 1998: 19).

El cine casero simulado está formalizado no ya con la actuación de los propios actores, que imitan en cierto modo actitudes, reacciones arquetípicas del cine privado de los principios del cine, sino con un trabajo en postproducción

---

65   Así lo confesará José Luis Guerin, mientras, curiosamente, trabaja, guillotina en mano, cosiendo planos en la sala de montaje de *Tren de sombras*: «¿Qué es Tren de sombras? A mí me cuesta mucho *definirlo hasta que no esté hecho* […] *es realmente un* working progress… *y a veces hay giros inesperados… ayer noche por ejemplo tuve una revelación impresionante en una secuencia… empezaron a salir cosas que era imposible prever ni en el mismo rodaje… es posible incluso que me cambie el título de la película… todavía no se lo he dicho a los productores…*», en *Unas fotos en la ciudad de Sylvia* [Cofre Versus, 2010] [Disco Compacto]. Dirigida por José Luis Guerin. Versus, 2007. 1 DVD: 67 (+49 de bonus) minutos, Material adicional: extractos del documental *Apuntes para un retrato* de Abel García (segmento Montaje de Tren de Sombras. Moviola del CECC (Barcelona). Octubre de 1996).

66   *La madriguera*. En línea: <https://riunet.upv.es/bitstream/handle/10251/41603/LA_MADRIGUERA_001_003.pdf?sequence=4&isAllowed=y> [consulta: 24/03/2024]. José Luis Guerin entre fantasmas | BOU, Nuria (entrevistadora); GUERIN, José Luis (entrevistado) |

para añadir ese ruido, las imperfecciones, rayas y algunos cabellos perdidos. Abundan las miradas a cámara en este film donde

> Guerin uses the «found» footage to construct a family portrait reminiscent of Renoir (both father and son), but this only illustrates the paradox that although the purpose of such movies is to «remember» reality, their structuring as a narrative turns such memories into fiction[67] (Stone, 2013: 174).

La intromisión de Fleury desvela la anécdota amorosa, las miradas de los amantes, un secreto a la vista de todos destapado por el ojo de la cámara, pero en ningún momento convierte a *Tren de sombras* en un melodrama de época. El filme es más que una «… experiencia extrema, una proposición multidisciplinar de investigación sobre la esencia del cine a partir de sus precursores, del teatro a la fotografía pasando por la pintura abstracta…» (Losilla, 2010: 25). La decodificación de la imagen vista con la desaparición como núcleo: la de Fleury, la de una cierta forma de vivir, la de una cierta forma de arte. El cine como sustituto de la pintura, como su fantasma (Losilla, 2010: 26), y los rostros a merced de la fugacidad de la imagen, por más que la pintura sea el arte/técnica de la permanencia.

4.3. Heredero de la pintura

La dama de Corinto. Un esbozo cinematográfico se realiza a petición del Museo de Arte Contemporáneo Esteban Vicente (Ortiz Avilés, 2016: 265). Estuvo expuesta entre el 15 de diciembre y el 28 de agosto de 2010, y exploraba el origen mítico de la pintura, sumergiéndose en los textos de Plinio el Viejo (23-79) en su *Historia Natural* y poniéndolo en relación con el ejercicio de la cinematografía (Martínez Villegas, 2014: 183), escenificando una confraternización entre cine y pintura con centro en un mediometraje titulado *Dos cartas a Ana*.

Volviendo a Plinio «el Viejo», que, en su *Historia Natural*, dejó escritas en piedra infinidad de afirmaciones sobre el arte que hoy, convertidas en axiomas,

---

67 [Guerin utiliza el metraje «encontrado» para construir un retrato de familia que recuerda a Renoir (tanto el padre como el hijo), pero esto sólo ilustra la paradoja de que aunque el propósito de tales películas es «recordar» la realidad, su estructuración como narración convierte tales recuerdos en ficción] [Traducción propia].

salmodiamos sin recordar que la única certeza que tenemos sobre ellas es la confianza ciega en el propio sabio romano, también nos legó el supuesto origen mítico de la pintura. Cuenta dicha mitología que, ante la inminente partida de un muchacho a la guerra, su enamorada, una muchacha de Corinto llamada Kora, pretendió solucionar las angustias de la ausencia trazando el contorno de su sombra proyectada en la pared por la luz de una vela (Torrego, 2001: 59). En este origen de la pintura que, como hemos visto, nace al mismo tiempo que el retrato, es donde José Luis Guerin coloca, igualmente, el mito fundacional del cine y donde ve viable reflexionar sobre la pantalla como potencial lienzo.

> Hoy es implanteable algo que ya formaba parte de la reflexión previa de cuando hacías una película cuarenta años atrás: empezabas por plantearte qué ventanilla ibas a utilizar, qué formato iba a tener la película, si iba a ser más o menos rectangular, más o menos cuadrada. Ya he renunciado a esa batalla porque, realmente, ningún cine lo respeta: hay un formato estándar al que te has de someter. Sin embargo, en un museo tienes toda la libertad del mundo para, incluso, proponer marcos que nunca han existido en cine; te permiten pensar el cine desde la fotografía: los estadios previos. Así planteé la instalación *Las mujeres que no conocemos* (2007), como un relato fotosecuencial. Por supuesto ahí está Chris Marker, pero también Étienne-Jules Marey o Eadweard Muybridge: el misterio de lo que se elide entre dos fotos; la película que se escapa en el intersticio, entre una imagen y otra. Lo que, finalmente, se imagina el espectador haber visto si muestras una relación entre dos fotos. Todo eso que no nos es permitido en el seno del cine es muy excitante poderlo explorar en el museo (Barrachina, 2012: 62-63).

En la antesala de otra instalación, a la que alude José Luis Guerin en el párrafo anterior y que se tituló *Las mujeres que no conocemos*, presentada en el Pabellón de España de la Bienal de Venecia de 2007, un cartel anunciaba un «*Film en 24 cuadros sobre "esas mujeres que no conocemos"*». En esas fotografías adosadas a los muros, que, también, son una adaptación «muy libre» de un cuento proustiano titulado *Mujeres desconocidas*, que «… en pocas páginas contiene buena parte del misterio de *En busca del tiempo perdido*…» (Guerin/ Losilla/De Lucas/Quintana, 2007: 28), leemos la preocupación de otro tipo de artista que presenta una «… pantalla [que] se ha comprimido en un cuadro. La cámara es el pincel. Quizás porque, como dijera Picasso, para que todo cambie todo debe seguir siendo igual…» (Ribal, 2007: 44).

En cualquier caso, los trabajos que he hecho para otros medios, como ahora es el caso de Venecia, siempre los considero como películas. No me gusta eso de «Una película de…», es de una vacuidad absoluta, cualquier funcionario del cine puede decir «Una película de…». En cambio lo he puesto en el cartel de la instalación de la Bienal de Venecia porque, para mí, es otra manera de pensar el cine. Trabajo con fotografías y con muchas pantallas, pero mientras tanto estoy reflexionando sobre mi propio medio desde los orígenes de los orígenes […] En la instalación he vuelto a pensar el fotograma como fotografía y como huella de luz. Las ideas que he buscado para el mundo del arte son las más antiguas que la expresión cinematográfica. Las fotos me permiten, por ejemplo, jugar con el formato cuadrado de los Lumière, un formato que ya no proyectan en casi ningún cine. Hoy es imposible filmar en formato cuadrado, en blanco y negro, como en el cine mudo, con el que siento gran deuda afectiva. Mis experiencias cinematográficas más intensas las he vivido viendo películas mudas y en silencio, como nunca se veían, por otra parte. Las experiencias con el mundo del arte me permiten una relación con el cine que éste ya me tiene prohibida (Guerin/Losilla/De Lucas/Quintana, 2007: 29).

Guerin, tras la estela dejada por Marcel Proust, parece querer «alcanzar la dimensión de una sustancia tal vez pura, conservada así mismo en su estado prístino y que sólo podemos conocer justamente aislada, conservada… cinematográficamente –la secuencia fílmica como revivificación liberadora» (Ramos/Ruiz De Samaniego, 2007: 51).

Intentar transmitir la belleza de un rostro, preguntarte cómo capturarlo de la mejor manera o buscar las condiciones de rodaje que lo permitan es algo básico. Me gusta pensar el cine como un arte del retrato. *En la ciudad de Sylvia* es una película muy lúdica en su realización. Se trata de la búsqueda mítica de la mujer luminosa y el *décalage* con el paisaje (Guerin/Losilla/De Lucas/Quintana, 2007: 27).

Aunque se podría decir que forman un tríptico, tanto, citadas en orden estrictamente cronológico, *Unas fotos en la ciudad de Sylvia* (2007), *En la ciudad de Sylvia* (2007) y *Las mujeres que no conocemos* (2007), han sido separadas dentro de este trabajo. Si bien, el propio José Luis Guerin, por considerarla la más explicativa, aconseja el visionado de *Unas fotos en la ciudad de Sylvia* en segundo lugar (Ortiz Avilés, 2018: 53), a continuación entraremos en el análisis de *En la ciudad de Sylvia* por sus vinculaciones con el mundo de la pintura y por la figura del pintor/*flâneur*, que preside este filme.

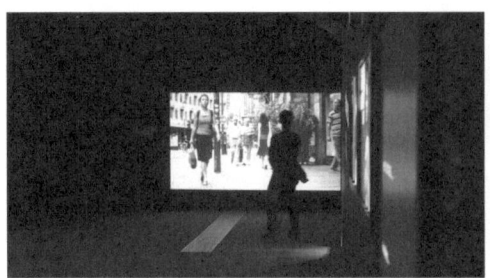 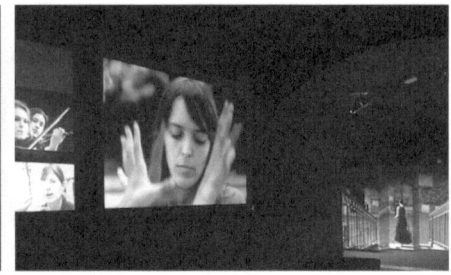

Figura 50 y figura 51: dos imágenes de la instalación *Las mujeres que no conocemos*, de la Bienal de Venecia de 2007.

Siendo si no su filme más «convencional», *En la ciudad de Sylvia* sí resulta su trabajo más aferrado a la «ficción convencional». El protagonista, interpretado por Xavier Lafitte, es un personaje «vaciado» (Ortiz Avilés, 2018: 53-54), en paralelismo con la propia película, en palabras del propio Guerin, la más «vaciada, que no vacía» (Guerin/Losilla/De Lucas/Quintana, 2007: 25) de su filmografía, del que no sabemos nada salvo unos rasgos físicos y cierta certeza sobre, valga la redundancia, un vacío que transporta: ataviado, a veces, con un chaleco y, siempre, con una camisa holgada, melena larga, aire romántico, bohemio, concentrando todos los principios del humanismo, romanticismo y modernidad (Losilla, 2007: 31), le busca el rastro –haciéndose a la calle, a la *flânerie*, con no sabemos si muchas o pocas esperanzas– a una chica que conoció en un local hace años y de la que cree recordar el rostro.

La ficción de *En la ciudad de Sylvia* enfrenta a nuestro *flâneur* al reto de encontrar el rostro de una mujer, una imagen retenida, una desconocida, una «… mujer anhelada…» (Ortiz Avilés, 2017: 141). En la calle, en el revuelo vital de la ciudad, está su recompensa y su condena: una infinidad de rostros, mil oportunidades de premio y mil oportunidades de fracaso. Sylvia, el nombre de esa mujer posible, está «depurada, borrada [en cuanto a ella] cualquier referencia cultural» (Guerin/Losilla/De Lucas/Quintana, 2007: 25), un poco a imagen, como decíamos, del *flâneur*, que proyecta cada idealización de cada espectador.

Justo al inicio de la Segunda Noche[68], el *flâneur*, tras un primer intento fallido, da rienda suelta a sus esperanzas. En una diáfana terraza (el Café del Conservatorio), bajo la luz natural del sol, toma notas en su libreta (pequeños

---

68 *En la ciudad de Sylvia* [Disco Compacto]. Dirigida por José Luis Guerin. Eddie Saeta S.A. – Château-Rouge, 2007. 1 DVD: 90 minutos, (00:09:02).

esbozos en grafito) de algunas mujeres que ve. Todas distintas y todas con un destello particular en los ojos. En los bosquejos de su libreta empezamos a descubrir que no hay ojos, bocas o narices. La pauta la marcan las inclinaciones de cabeza, los movimientos de las manos.

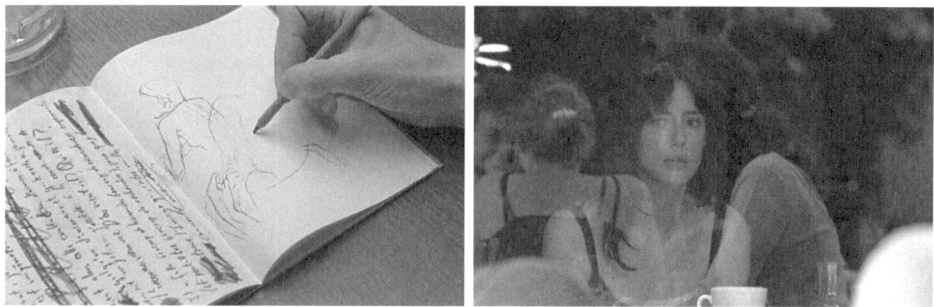

Figuras 52 y 53: dos fotogramas de *En la ciudad de Sylvia* (*Dans la ville de Sylvia*, José Luis Guerin, 2007), Eddie Saeta S. A., Château-Rouge Production, retrato-apunte a grafito; gestos sin rostro (izquierda) y retrato de ¿Sylvia? (Derecha).

Esta búsqueda de un semblante sin rasgos, de un no rostro, en un avance de algo que diremos más adelante, «… la figura, siendo cuerpo, no es rostro y ni siquiera tiene rostro […] tiene una cabeza, porque la cabeza es parte integrante del cuerpo […] puede incluso reducirse a la cabeza. Retratista, Bacon es pintor de cabezas y no de rostros…» (Deleuze, 2009: 29), se ejemplifica en el hecho de que es una mujer de espaldas, su cuello, su mano deslizándose por la nuca, «… intento continuado de reconstrucción de una figura femenina, partiendo para ello de cuerpos femeninos de espalda, ojos, miradas, expresiones y gestos en general…» (Ortiz Avilés, 2017: 151), la que lo hace cambiarse de lugar buscando que la moneda lanzada al aire caiga de cara.

> Un pintor puede pensar en hacer el retrato ideal de una mujer, pero tú estás obligado a dirigirte hacia la presencia real de una mujer. Esta tensión es muy importante. La película contiene el documento de la ciudad junto al esbozo de posibles ficciones a partir de las figuras de fondo: de repente algunas pasan a primer término y después se disuelven o se pierden de nuevo en el fondo (Guerin/Losilla/De Lucas/ Quintana, 2007: 27).

Lo que revela la visión frontal no es más interesante: otro rostro atractivo pero la moneda no cae del lado correcto. Sin embargo, la suerte quiere que ese cambio de asiento dé sus frutos: tras un cristal, inmune al asedio de todos los rostros reflejados que la rodean, que parecen querer ahogarla, está el de Sylvia (Pilar López de Ayala).

> Yo pienso que la película realiza una abstracción, pues busca los filtros adecuados para que la filmación de un rostro, que puede ser la esencia del cine, se convierta en la filmación de la estilización de ese rostro. No estamos en el territorio de la carnalidad, sino en el de la conceptualización de lo femenino (Guerin/Losilla/De Lucas/Quintana, 2007: 27).

El rostro de Sylvia, que ya no el de una desconocida, se marcha de la terraza y el retratista *flâneur* ha de seguirla. Hacerse a la calle significa para el *flâneur* intentar resistir, superar, todas las tentaciones inherentes al devenir orgánico diario de la urbe: los operarios, la venta ambulante, el ruego de entregar un cigarrillo, el ofrecimiento de unas cerezas o, finalmente, los cruces en plena persecución, opciones que desdeña, con algunas potenciales Sylvias. Una vez en el tren, el *flâneur* la llama por su nombre: Sylvie. Sylvia, que estudiaba en el conservatorio, la Sylvia del local «Les Aviateurs» no está subida en aquel transporte. La, ahora ya sí, desconocida, no sabe nada de ese plano dibujado en una servilleta y le afea la acción de «seguir a una mujer por la calle»: «… ¿me sigues desde el Café?... qué horror... qué desastre…»[69]. El rostro es algo más que simple rostro y, en cuerpo flexible y en movimiento, huye de sus perseguidores y se enfrente a ellos (Losilla, 2007: 31). La esclavitud del hombre a una idea, que confundió quizá la relación figura/ciudad y los signos evocadores de la segunda como los rastros de esa mujer (Guerin/Losilla/De Lucas/Quintana, 2007: 26), la persecución de su posibilidad y la desintegración del sueño (Stone, 2013: 175). El rostro no es. El rostro nunca fue. El rostro se diluye.

> Yo creo que tu película posee una narratividad muy tenue, hasta el punto de que termina en la disolución a partir de lo que llamaríamos «antiepifanías». Siguiendo a Dante, vemos que el personaje desciende por los círculos del infierno hasta llegar a dos escenas clave: la del bar nocturno, donde se enfrenta a una imagen fantasmal y siniestra de la feminidad, y la escena final, con ese rostro deformado de mujer (Guerin/Losilla/De Lucas/Quintana, 2007: 26).

---

69 *En la ciudad de Sylvia* [Disco Compacto]. Dirigida por José Luis Guerin. Eddie Saeta S.A. – Château-Rouge, 2007. 1 DVD: 90 minutos, (00:55:01).

Guerin confronta el drama del *flâneur*, su incapacidad no ya para recordar sino para dar forma al rostro, no al deseado sino, parece, a cualquier rostro, con una cámara que también bosqueja. Rostros un tanto en estasis, mujeres que nos muestran la nuca, que sonríen y se divierten o simplemente piensan, convierten a *En la ciudad de Sylvia*, tras la historia oficial de lo inasible del rostro, en un catálogo de retratos, que tienen a una serie de modelos que son dibujadas/filmadas al natural, que quieren completar los ya recogidos en la libreta del protagonista. En un casting especial como búsqueda/evocación de un ideario femenino muy particular (Guerin/Losilla/De Lucas/Quintana, 2007: 26-27), mirada, creemos, no tanto deseante sino más, quizá, conceptual, como anhelante de organizar una ficción, en busca de un arte, que no de la realidad, que sigue siendo «ginocéntrico» (Losilla, 2007: 31), entiende Guerin, como el grafito, la cámara plasma esbozos de esa mujer indagada y en el camino estudia la esencia del cine que puede ser el rostro de lo femenino despojado del erotismo que banaliza, el misterio en esa mujer de espaldas y «… el cine y la mujer como gran ilusión…» (Guerin/Losilla/De Lucas/Quintana, 2007: 27).

> Enlaza mucho con el gusto por la pintura. Uno de los ejes centrales del placer que siento por la pintura es la política del casting de los grandes pintores del Renacimiento. A partir del *Quatrocento*, los pintores incluso cuando representan escenas bíblicas o mitológicas, quieren tener cuerpos reales enfrente. Hay pocos datos sobre la procedencia de esos cuerpos de mujer. La elección para la encarnación les define en tanto que autores: qué relación mantienes con la persona que tienes delante del caballete o de la cámara, cómo va a ser iluminada y de su relación con el fondo. La cuestión clave es la fotogenia, expresada en un sentido profundo. Para Jean Epstein, la fotogenia en el cine es aquel motivo que adquiere una cualidad moral superior al ser capturado por una cámara de cine. La emoción que muchas veces se retiene de una película está en la captura de un gesto, por encima del argumento. Me entusiasma la grandeza de Flaherty como retratista de Nanuk, cómo utilizaba determinados recursos para llegar a capturar una expresión o una sonrisa. Pialat también llegó muy lejos fotografiando a Sandrine Bonnaire… (Guerin/Losilla/De Lucas/Quintana, 2007: 28-29).

4.4. Humanismo y retrato

*En construcció*n es uno de esos casos de cine documental «… sin límites fronterizos, que se funde y confunde con la ficción sin ningún tipo de complejo ni cortapisa…» (Gil Puértolas, 2010: 7). Tras su realización, este «documental», inclasificable realmente, dio lugar a la promoción de lo que, en Francia, se llamaba *documentaire de création* (Gil Puértolas, 2010: 15), aparato que se sitúa, como decíamos, en esas fronteras entre ficción y realidad y que confronta el supuesto debate sobre la objetividad de la imagen en movimiento filmada sin lo que podemos llamar formalización. Si damos por sentado que, incluso en los documentales, usando el término tal y como lo entendería el gran público, esto es, «esto que se filmó y se te muestra sucedió realmente», existe la manipulación no solo con el montaje posterior sino con la simple focalización, el marco/encuadre es ya una elección sobre qué vemos y qué dejamos fuera, el término «documental» se resquebraja, semántica, por su significado tradicional, y metafóricamente, por el valor que se atribuye a ese tipo de imágenes como «documento», y nos obliga a buscar otro más adecuado. Sobre este problema, Antonio Weinrichter dio con la solución al proponer la noción de «no ficción» para este nuevo producto y apuntalar con la frase: «Nada parece estar menos en crisis que el cine de no ficción, nada lo está más que la noción clásica de documental» (Weinrichter, 2004: 11).

Impulsada por el Máster en Documental de Creación de la Universidad Pompeu Fabra, a través de la productora Oviedo y con el apoyo de Canal + y en connivencia con estudiantes, y otras cineastas como Mercedes Álvarez, que ejerció de montadora, *En construcción* fue un proyecto de encargo, que José Luis Guerin aceptó dirigir gracias a que se le garantizó libertad total en cuanto a decisiones creativas. Tres años de rodaje en Barcelona, en el barrio de El Raval, una «… sinécdoque del barrio, de la que Guerin nos da una especie de visión transversal…» (Bracco, 2020: 83-95), y seis colaboradores que se dedicaron a esta empresa a tiempo completo: una estrategia que, por inasumible por parte de cualquier productora convencional, convierte a este filme en un mirlo blanco dentro no solo de la producción de no ficción española sino en la historia del cine de nuestro país.

El nombre, *En construcción*, deriva del hecho de que el tema se centrara en las obras acometidas sobre un antiguo edificio del barrio, su derribo y posterior reconstrucción, pero este acontecimiento parece no ser otra cosa que una excusa, un punto de partida común, para que el director barcelonés y sus colaboradores volcaran su interés en los tipos sociales que en torno a este núcleo se aglutinaban: «… la construcción para mí era una idea muy atractiva. Es imagen de Torre de Babel, la confrontación de culturas, de gentes de las procedencias más diversas: extremeños, asturianos, andaluces, gallegos, polacos, marroquíes, paquistaníes…» (Guerin, 2004).

Un ejercicio humanista que llevó a Guerin y su equipo a dedicar más de un año a la «investigación», esto es, a la charla, la entrevista a los que serían protagonistas del filme, que se interpretarían a sí mismos, y que llevo a que, durante este *casting* tan poco convencional, el equipo de rodaje entablará amistad, a veces estrecha, con los entrevistados. Esta charla, esta preparación del terreno, el conocimiento profundo de la realidad, casi más humana que urbana, que se iba a filmar, sustituyó un tanto a un guion que, llamémoslo «fluido», estaba un tanto supeditado a que, en este filmar/vivir que se alargó años, apareciera ese momento trascendente. Durante el rodaje, igualmente, primó lo que llamaremos, la «puesta en situación». Los vecinos del barrio eran los protagonistas y eran más o menos conscientes de la presencia de la cámara. Estos tenían libertad de acción, la que les otorgaba el simple hecho de no recibir indicaciones o, en todo caso, se les eran presentadas ciertas sugerencias en cuanto a actuación o comportamiento. Esta «puesta en situación» se asemeja a la puesta en escena porque existen, en ambas, decisiones previas a la filmación pero, en el caso de la primera, las secuencias parecen más auténticas ya que «… se permite que el orden de las secuencias brote de su interior, orquestado en este caso […] por la propia realidad…» (Canet Centellas, 2013: 154). Guerin creó, así, en *En construcción*, pequeños trozos de vida (Cerdán/Torreiro, 2007: 137-138), en sus propias palabras.

Dicha estrategia de la «puesta en situación» implicaba, evidentemente, el contacto, el conocimiento profundo, de aquellas personas a las que sugerías, no digamos «preparabas», lo que, a veces, dio lugar a un interés por el individuo concreto en medio del grupo, en medio del contexto general, en este caso del barrio. Vemos, en este sentido, en *En construcción*, ese interés por el rostro y por, mediante esa puesta en situación, en la inacción de la persona que propician el momento, el tiempo necesario para que surja el gusto por el retrato; el cine, como gran arte del retrato.

Cuando filmas a una persona y te preguntas cómo extraer lo más emblemático, singular y medio de ella –se actor profesional o no–, te haces un poco las mismas preguntas que se hacían los pintores clásicos cuando pensaban cuestiones como dónde situar a esta persona, hacia dónde se debería proyectar la mirada, qué situación crear para captar a la persona que se retrata, qué gestualidad buscar y cómo conseguirla, con qué objetos se cuenta, cómo se disponen en el espacio… (Aroba, 2002: 68-73).

Con la palabra, tan importante en el retrato gueriniano, con una soflama solitaria y desoída, comienza la exhibición de uno de los rostros hombre-retrato principales de *En construcción*, el del anciano marinero. Con la acción, un juego improvisado con un balón en plena calle, arranca, por el contrario, la semblanza, los hombre-mujer retratos, de la pareja de toxicómanos.

Pasaremos, en el caso del anciano (que figura en los créditos finales como Ex-Marino, Antonio Atar), de un repertorio de opiniones que van desde la exaltación de la cultura y de su «amor por el mar» a evocaciones a la antigua fotogenia del barrio del Raval pasando por la exultante confesión de haber vencido a un tifón o por el convencimiento tremendamente orgulloso de sentirse y saberse «un hombre distinto».

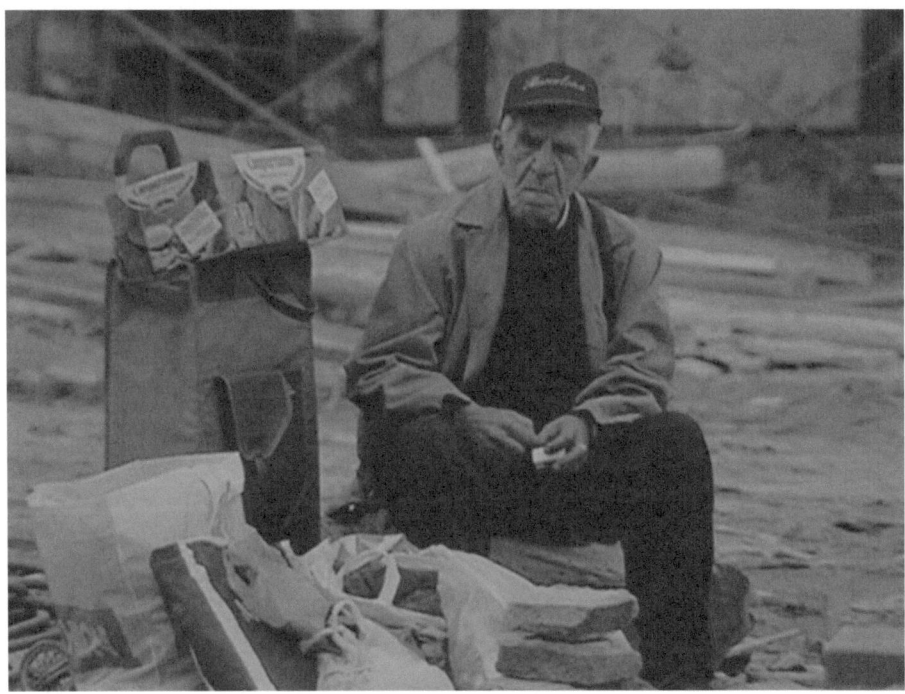

Figura 54: *Retrato* del ex-marino, *En construcción*. José Luis Guerin.
2001. Ovideo TV S.A., en coproducción con Arte France.

Todo este saber caótico, algo atribulado, confluirá en su última aparición en el film, relativamente integrado en el remodelado paisaje barcelonés con el que contrastan, más ahora, más cada día, sus anacrónicas historias y su desusado proceder. Acaso el retrato más pictórico que se hizo de él, silente ahora, pleno de estasis, ataviado con la sempiterna gorra de la ciudad de Barcelona y con su triste economía a cuestas, paso último tras la presentación del gesto y el verbo del personaje.

La precaria existencia de Juana Rodríguez e Iván Guzmán, también llamados, La Pareja, es perseguida por la cámara de Guerin. Más impotentes que ajenos al destino que les espera, La Pareja presume continuamente de cotidianeidad, de una conexión y un cariño que parecen superar celos pueriles o estrecheces económicas y que va elaborando un dibujo de caricias y mordiscos, una efigie fílmica del amor con unos nuevos valores; una efigie que, en este caso, sólo se sentirá totalmente deudora o envidiosa de lo pictórico en el momento en que ambos duerman, al amparo de la Barcelona de yeso fresco y de la Barcelona gótica, en la vivienda en construcción (figura 55), y que se tornará postreramente retrato pura fisicidad en el momento en que los amantes se obsequien mutuamente con una demostración de amor-músculo en forma de paseo a hombros[70] por una de las calles de su barrio en transformación, en lo que será, igualmente, el culmen del film.

> Había que mostrar la transformación del paisaje urbano como imagen de la transformación del paisaje humano, que era el que nos interesaba. En mi película *Innisfree* el paisaje [...] reconocía los ecos del western, del cine que me gustaba, y en esta ocasión el pacto con la realidad fue distinto. *Innisfree* finaliza con un traveling que nos dice que todas las imágenes han sido vistas por un extranjero que se va, pero también es un traveling que denota un alejamiento respecto a un mundo y una manera de entender el cine. En *En construcción* el último plano acompaña a dos jóvenes por el barrio, y más que un alejamiento, refleja la poción moral de quien decidió andar con alguien (De Lucas/Aziz/Guerin, 2001: 73).

---

70 Otro ejemplo de la antes mencionada «puesta en situación»: el propio Guerin sugirió, siendo una idea fuera del guion, a Juana que cargara («soportara») en hombros a su novio.

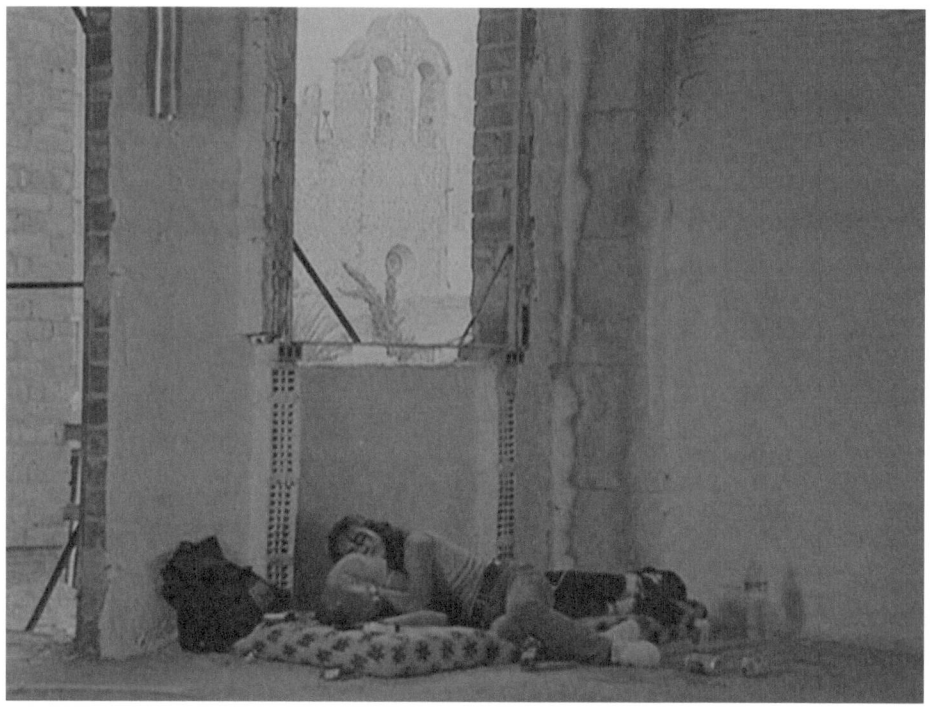

Figura 55: *Retrato de la pareja, En construcción* (José Luis Guerin, 2001).
Oviedo TV S. A., en coproducción con Arte Francia.

A raíz de, *En la ciudad de Sylvia*, José Luis Guerin toma la determinación de, durante un año, no rechazar ninguna invitación de festival alguno con lo que, durante ese tiempo, será un invitado, un *guest*, en una serie de ciudades distintas. Ataviado con su cámara digital ligera, el director visitó, algunas de ellas varias veces, Venecia, Madrid, La Coruña, París, Marsella, Bogotá, Santa Marta, Vancouver, Nueva York, Madrid, Sao Paulo, Macao, Estrasburgo, Santiago de Compostela, Gijón, Beldford, La Habana, Valencia, Londres, Palms Springs, Los Ángeles, Rötterdam, Ámsterdam, Harvard, Pamplona, México D. F., Miami, Las Palmas de Gran Canaria, Nantes, Hong Kong, Cali, Buenos Aires, Tubingen, Stuttgart, Lisboa, Jeonju, Seúl, Palma de Mallorca, Edimburgo, Jerusalén, Wroclaw, Lima, Cuzco y Santiago de Chile. Aunque Guerin hubo de hacer una suerte de selección, dejando fuera algunos enclaves, el único criterio que lo guio fue el de dibujar una suerte de trama dentro de lo fortuito de su propia decisión viajera. De esos encuentros casuales, de esa conexión imprevisible, da buena cuenta, por ejemplo, la conexión inesperada entre el predicador y la ciudad de Jerusalén, con el hallazgo de un grupo de niños desarrapados pero cautivados por el poder insoslayable de la cámara que los filma.

De este plan se infiere un interés, otra vez, por lo humano en un acercamiento muy directo, personal y artísticamente, a aquellos que serán sus acompañantes durante este periplo. Cine-directo, filme-poema, diario de viaje, crónica, libreta de apuntes, film-viaje (Ortiz Avilés, 2018: 53-54)… son muchos los nombres que se le pueden dar a *Guest*, la película que rodó de sus vivencias durante tal periplo. Dicha *Guest* es la historia de un desplazado disfrazado de invitado.

> Porque Guerin, como Ulises, como Eneas, como tantos, es un viajero (y no un turista, como dicen los personajes de Paul Bowles en *El cielo protector*), un visitador de tiempos y espacios, alguien que, consciente de la esencia vital y cinematográfica, sabedor del estigma (y enigma) del *tempus fugit*, va en pos de lo inalcanzable… (Ferris, 1998: 19).

Guerin es alguien que no elige destinos, alguien a quien le vienen dados, que decide «… salir a la calle con mi pequeño equipo, sin ideas predeterminas, con solo una actitud, una predisposición al encuentro, incluso una excitación por encontrar una gran revelación…» (Losilla/Monterde, 2011: 11), y que acaba convirtiéndose en demiurgo, «… en el intento de cohesionar el mundo desde las imágenes, ya que resulta imposible hacerlo desde lo real…» (Losilla, 2011: 25).

Si el protagonista de *En la ciudad de Sylvia* era ese personaje vaciado, que no vacío, es ahora José Luis Guerin el que se metamorfosea haciéndonos ver que

> … el *flâneur* [José Luis Guerin] se convierte de este modo en elemento decisivo en el proceso creativo de Guest, contribuyendo su presencia al conocimiento sobre los modos de vida de las sociedades actuales a partir de la elaboración de un discurso que se quiere emparentado al documental cinematográfico contemporáneo tanto por poner de manifiesto que los hechos y los acontecimientos no son independientes de los dispositivos utilizados para representarlos […] Nos encontramos, así, con imágenes presididas por una fuerte carga enunciativa, por una subjetividad pensante que, además de plasmar los registros de una cámara convertida en *flâneur*, reflexionan sobre la imagen cinematográfica misma, sobre su trazado y plasmación en el blanco del soporte, así como con el diálogo que entabla con otras imágenes como las pictóricas o las fotográficas… (Poyato Sánchez, 2015: 241).

Guerin/*flâneur* que, en su viaje, abrazará a esas «… gentes que expresan con el cuerpo y la voz…» (Casas, 2011: 21) y deambulará activamente a la caza de la revelación, sí, y de ese hombre-retrato aumontiano que define los rostros que se le cruzan; un arte que, «… extrae lo mejor de los seres que encuadra y graba…» (Casas, 2011: 21). Son muchos los retratos que se elaboran en *Guest*. Desde el enfermo cubano, abandonado por su familia e investido de toda la dignidad que le es posible a uno imaginar en un ser humano, hasta ese desarrapado/orador/historiador que, a voz cazallera en cuello, sermonea las bondades del libertador Simón Bolívar, buenos ejemplos de esa «elocuencia de la palabra popular» (Losilla/Monterde, 2011: 12) que tanto impresionó a Guerin, todos ellos han sido escrutados mientras se «… hurga en su faz para sacar a la superficie algún rasgo, un deje que lo personaliza: el alma que amanece a través del brillo de los ojos…» (Azara, 2002: 130). Estos «rostros intensivos» son dominados por rasgos especiales que los independizan de su propio contorno/contexto (Ortiz Avilés, 2018: 97). Si en estos encuentros de Guerin con los rostros no es tan importante la estasis –las tomas largas concentradas en el rostro, en este caso– como la palabra, ello nos remite a esa posible forma de retrato dentro del «cine-encuesta» (Cerdán/Torreiro, 2007: 121), que, en *Guest*, dio lugar incluso a «palabras fetiche» (Losilla/Monterde, 2011: 12) que se repitieron en distintas geografías, y donde la posición del director/conversador, porque Guerin no entrevista, sino que conversa mientras filma intentando que la cámara no intimide (Casas, 2011: 23), es decisiva.

> La confrontación entre cineasta y personas filmada, por lo demás, surge de la actitud que Guerin adopta durante la realización de este film [Guest]. Una actitud que puede resumirse como de explorador predispuesto a la revelación que en su tránsito por los distintos emplazamientos planetarios, termina por descubrir una especie de antropología de las ciudades –por cuanto los personajes y las líneas temáticas se encuentran sus ecos en los distintos lugares que visita-. Los retratos Guerinianos resultan pues, no de un trabajo de interpretación y puesta en escena, sino de un encuentro fortuito y un trabajo de «puesta en situación» con las personas filmadas […] en este caso, será encuadre fijo de cada rostro, el que traslada al espectador, con su tensión formal, las vivencias que tan elocuentemente narran las personas retratadas –filmadas– (Ortiz Avilés, 2018: 97-98).

4.5. La destrucción del rostro

Es *Unas fotos en la ciudad de Sylvia* un caso de fotografía como esencia constitutiva del film:

> Un film viajero (de alguien que está siempre «entre» lugares, entre imágenes) a la búsqueda de los signos que evocan los rostros ausentes o sin imagen: Sylvia, Beatriz, Maura, Juana de Arco, o la mujer vislumbrada una vez en la estación del metro (según el cuento inédito *Una visión*, de Miguel Marías). Una auténtica *ars poetica* en la que el cineasta ensaya y enseña (en imágenes) el arte de fijar un rostro: la frágil naturaleza del rostro que, al ser capturado en una imagen, expresa toda su fugacidad y evanescencia (De Lucas, 2007: 43).

Este montaje fotosecuencial es, como indicábamos anteriormente, la primera, en orden cronológico, de ese tríptico que formaba junto a *En la ciudad de Sylvia* y *Las mujeres que no conocemos*. *Unas fotos en la ciudad de Sylvia*, que comenzó como un «… juego para sí…» (Ortiz Avilés, 2016: 257-277) de Guerin, y que acabaría por nutrir (generar) a sus dos compañeras, se cuestiona otra vez sobre lo fo-cinema-tográfico haciéndose preguntas tales como cuál es la relación entre secuenciación de la imagen filmada-fotografiada, el cómo de la descomposición del movimiento o cuál es la naturaleza de la acción o del gesto de las personas filmadas. No debe verse *Unas fotos en la ciudad de Sylvia* como un esbozo. Tenemos una forma de escritura que José Luis Guerin inventa intuitivamente (De Lucas, 2010: 37): montada a partir de fotos en blanco y negro, acompañadas de frases intercaladas sobre pantallas negras, silenciosas o «mudas», dice Guerin, esta sucesión especial de imágenes cuenta «la pequeña elipsis que hay entre una fotografía y otra» (Guerin/Losilla/De Lucas/Quintana, 2007: 29). Entre las fotos hay tiempos en fuga o «misterios que se escapan» (Guerin/Losilla/De Lucas/Quintana, 2007: 29). Hay más narración en las notas de *Unas fotos en la ciudad de Sylvia* que en la vaciada, que no vacía, insistimos, *En la ciudad de Sylvia*.

> Al principio, se trata de unas notas filmadas para su próxima película (no olvidemos al Godard de *Scénario du film: Passion*: es preciso ver antes de hacer ver). Sabemos que es cineasta y que así piensa (observa y forma) el mundo: en un ángulo con que retrata a una mujer, en la distancia con que contempla a otra, en el ritmo que se crea al juntar dos imágenes (asiéndolas) y en la pausa que

las retiene para ver el tiempo que se fuga entre ellas (liberándolas). Y, entonces, basta un gesto, muy al principio, para que percibamos que –en unas notas, un anteproyecto– se forma una verdadera película (De Lucas, 2007: 43).

Sylvia después de 22 años, un rostro inmune al paso del tiempo, la mujer que el destino había señalado, vaga imagen, casi un reflejo… solo la vio una vez, pero no la había olvidado…[71] … estas palabras, que se inscriben en *Unas fotos de la ciudad de Sylvia*, las pronuncia un *flâneur*, el propio Guerin, para definir un rostro que vio hace años y que parece no haberse marchado de sus pensamientos. El arte secuencial de *Unas fotos en la ciudad de Sylvia* cobra fuerza en el hecho de que, a través del ritmo variable del montaje (combinación de imagen más texto), el espectador puede reflexionar sobre la forma en que el medio cinematográfico genera ilusión de movimiento y sobre la efectividad de este contrastándolo con la fotografía (Ortiz Avilés, 2017: 120). Sobre el leitmotiv de *Unas fotos en la ciudad de Sylvia*, lo que destilan el oxímoron que son esas imágenes fijas pero que parecen moverse, es un anhelo, una búsqueda de un rostro en extremo esquivo, y en la transformación del artista en «… *paparazzo* de la gente común…» (Bordwell, 2007).

La imagen fija actúa dramatizando la naturaleza fugitiva de Sylvia y conduciéndonos, irremediablemente también, hacia el halo de la pérdida e incluso al de la muerte pues como mujer fugitiva, inalcanzable, Sylvia se aproxima a la idea de mujer fantasma y lo fantasmagórico tiene un fuerte vínculo con la propia muerte (Ortiz Avilés, 2018: 120-121).

Durante esta aventura aparecen otros rostros, acaso felices, amables o cómplices, constatando que el cometido de la cámara de cine es recoger desafíos humanos, miradas de frontalidad deseosas de revelar, de transmitir… la necesidad de hallar rostros que se entreguen al retrato.

[…] la búsqueda de esa mujer fugitiva va a resultar el eje vertebrador a partir del cual José Luis Guerin va a plantear una reflexión en torno a la fragilidad de la imagen-recuerdo; una imagen convocada, virtual, sujeta a una cierta

---

71 Palabras que se encuentra en ese cuento que un amigo envía a José Luis Guerin, en *Unas fotos en la ciudad de Sylvia*) [Cofre Versus, 2010] [Disco Compacto]. Dirigida por José Luis Guerin. Versus, 2007. 1 DVD: 67 (+49 de bonus) minutos, Material incluido en este Cofre: Textos, *La visión*, un cuento de Miguel Marías (1947).

subjetividad y que se debilita con el paso del tiempo pero también en torno a la fugacidad del rostro y el retrato como único testimonio fiable y duradero sobre la fisionomía y el alma del ser humano. Pues aunque los retratos solo pueden plasmar una faceta o aspecto del modelo que representan, en una época y circunstancias concretas de su vida, son lo único que puede caracterizarnos para siempre, permitiéndonos trascender más allá de nuestra desaparición. Esto es el retrato como antídoto a la fugacidad de la existencia del hombre paréntesis (la fugacidad de su rostro) (Ortiz Avilés, 2018: 128-129).

Entre los múltiples encuentros de Guerin, las Sylvias (tantas) parecen confluir en ese rostro indolente, «impasible al paso del tiempo», que espera el transporte público. El chispazo del hallazgo pronto muta en algo mayor: una respuesta, una revelación. La escenografía propia de la vida, orquestada por un azar caótico que decidió ordenarse, en obsequio al artista que mira, coloca el rostro impasible tras un cristal rayado. La mujer-retrato se ha deshecho frente a la cámara digital de Guerin y el acontecimiento, de capital importancia, un fenómeno que pareciera estar esperando a ser atrapado, ejemplifica acaso empíricamente los nobles esfuerzos que los teóricos habían acometido en sus despachos y en las bibliotecas: se nos revela a nosotros, afortunados espectadores de esta *alétheia* germinada, un secreto a voces y a la vista de todos, en los subterráneos de un metro cualquiera. El rostro fue identificado por Guerin como el de «… la desconocida del metro Alonso Martínez. Noche a finales de otoño del 2000…», resaltando el director que

> … contra mi voluntad, el dispositivo automático enfocó el cristal en lugar del rostro deseado…, para concluirse con un…, «testimonio de una revelación» […] apenas una huella de luz […] una fotografía es eso: la huella de una luz que pasó en algún momento frente a la cámara…[72].

---

72 *Unas fotos en la ciudad de Sylvia*) [Cofre Versus, 2010] [Disco Compacto]. Dirigida por José Luis Guerin. Versus, 2007. 1 DVD: 67 (+49 de bonus) minutos: material adicional.

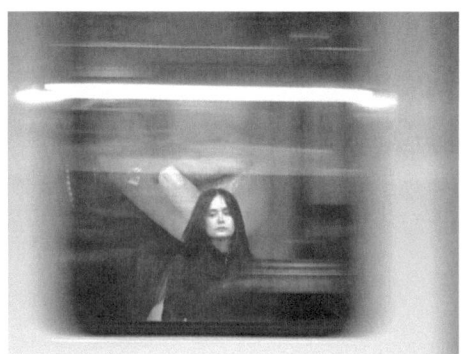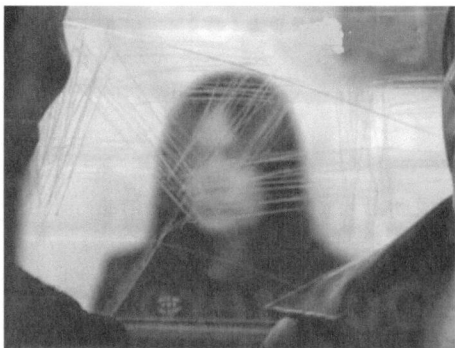

Figuras 56 y 57: vaga imagen, casi un reflejo: Sylvia, el rostro impasible al paso de los años (izquierda); y no rostro (rostro rayado, rostro destruido) (derecha) de Sylvia en *Unas fotos en la ciudad de Sylvia* (José Luis Guerin, 2007).

Testimonio de una revelación, el rostro fugaz de la posible Sylvia acabó destruido, como los de Bacon, esos

> seres aislados, indefensos, inestables, cuyos límites corporales y faciales están inacabados, desdibujados, o más bien retorcidos, esbozados, deformados. Se trata en muchas de sus obras de cuerpos contusionados, mutilados, con los rostros reventados o medio borrados, que expresan –y crean en el espectador– una angustia existencial considerable (Altuna, 2009: 47).

El de Sylvia, pesé a las recompensas en forma de sonrisa, ha sido un rostro-retrato tan efímero que se ha diluido, es un no-rostro, rayado, que no deja, por el contrario, un no retrato ya que, no debemos olvidarlo: «… retrato no implica rostro. Hay retratos sin rostro y, por supuesto, rostros sin retrato…» (Aumont, 1998: 27).

4.6. El retrato gueriniano: los *Apuntes* de Pilar López de Ayala

Siendo parte del material doméstico del propio José Luis Guerin, filmaciones recogidas durante el rodaje de *En la ciudad de Sylvia,* existen dos apuntes breves que corresponden a dos secuencias de apenas un minuto cada una con título, fecha y detalles.

La primera (A):
Tren Estrasburgo –París.

Mayo, 2006.
B / N, 1 min.

La segunda (B):
Mujer esperando el tranvía.
Estrasburgo.
Mayo, 2006.
B /N, mudo, 3 min.

Analizándolas, responden, cada una, separadamente, a las siguientes formalidades:

A: mientras la actriz Pilar López de Ayala filma el exterior desde un tren en marcha, suponemos que el trayecto Estrasburgo-París, la cámara, en primera persona y con sonido directo, de Guerin se dirige a ella; la mujer, al detectar que está siendo filmada, y tras la risa del director, dirige su propia cámara a su compañero de vagón y le espeta «a ver quién graba a quién»; a continuación, un zoom se acerca al rostro de López de Ayala, intentando encuadrar su rostro, y tras un «no te veo» de Guerin, la imagen, tras otro golpe de zoom, acaba centrándose en el ojo izquierdo de ella para, después de que él vuelva a decir «te proteges», derivar en una imagen congelada y una treintena de cortes de montaje que muestran este ojo oscilante;

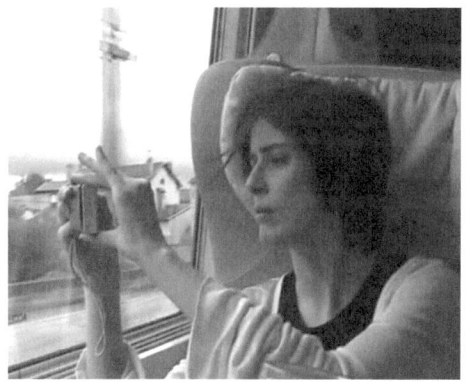 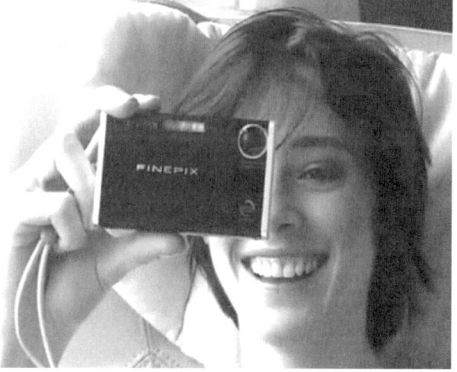

Figuras 58 y 59: *Apuntes*, en que la actriz Pilar López de Ayala
retrata a Guerin mientras este último la retrata a ella.

B: en un exterior, la imagen encuadra a una mujer de avanzada edad, vestida con abrigo blanco y jersey de cuello alto, quizá, beis, para, tras un corte de montaje, encuadrar un plano medio de, otro vez, la actriz Pilar López de Ayala que, de brazos cruzados y con una bufanda estampada, parece esperar el transporte público; el paso de lo que podría ser un tranvía sirve de cosido entre el plano anterior y el siguiente, en el que vemos otra vez a la actriz pero, ahora, con los brazos extendidos y mirando, aparentemente distraída, a su izquierda; otro corte de montaje nos lleva a un primer plano de López de Ayala que, ahora, contraste con el fondo difuminado; la mirada de ella se cruza con la cámara y, después de mirar al suelo durante un instante, confronta el objetivo y sonríe con un leve meneo de cabeza; la sonrisa de la chica se mantiene mientras, alternativamente, mira a un lado y a otro hasta que, finalmente, tras cambiar el gesto a uno serio y después de dos golpes de montaje que nos enseñan dos fugaces flashes blancos, acaba por sonreír abiertamente.

Si mucho del desarrollo de nuestra tesis en relación a José Luis Guerin confluye, en cuanto a su pasión cinéfila, en films como *Innisfree*, en cuanto a su consideración como heredero de la pintura, en películas como *En la ciudad de Sylvia* o, por lo que a su condición humanista se refiere, en el documental de creación *En construcción* o en el film-viaje *Guest*, creemos que estos dos fragmentos que hemos analizado formalmente en el párrafo anterior, especialmente el segundo, *Mujer esperando el tranvía*, son ideales para configurar esa forma de retrato gueriniana que anunciábamos.

De aquella definición de Vázquez Couto, a saber, «rostro en primer plano», que «permanece en el tiempo», «inscrito en algo mayor que es la película», «fragmento simbólico de identidad», y que «mantiene ciertas convenciones formales de la institución pictórica que históricamente ha dado forma al concepto de retrato», ya matizamos que, desde nuestro punto de vista, nuestro retrato cinematográfico ideal se encontraba «desinscrito» de todo mayor alguno, en virtud de esa emancipación, independencia efectiva y mantenía, además, una cierta relación con el concepto de estasis. Si bien, creemos, en *Mujer esperando el tranvía* concurren todas aquellas características que citábamos, consideramos que, de igual manera, existe una forma concreta que convierten a este en un retrato típicamente gueriniano.

Ya hemos hecho alusión al interés del director barcelonés por el retrato tradicional, el pictórico principalmente y sus convenciones. Dicho interés le ha hecho buscarlo por sus propios medios y practicarlo, desde el cine. A riesgo de ser reiterativos, queremos volver al hecho de que, para Guerin, la «desinscripción» de ese todo mayor es un continuo en sus trabajos.

Yo constato cada vez más cómo me voy olvidando de los argumentos de las películas, de sus tramas, y sin embargo prevalecen mucho en mi memoria, con gran intensidad, un conjunto de gestos, de miradas... en fin, de motivos que apelan a esa idea del retrato y que hacen que el cine sea para mí tan distinto de lo que podemos llamar los dibujos animados o las imágenes animadas por ordenador, que no precisan de un ser humano en frente... (Broullón, 2013: 82).

Sobre ese rostro que permanece, consideramos imprescindible el uso de la toma sostenida. Guerin habla de ello, al afirma que

El encuadre fijo es el principio de todo, y casi nunca veo un buen motivo para componer movimientos sin que dispersen o banalicen. Me parece que ahí está contenido lo más específico del cine: el movimiento dentro del encuadre –la fotografía animada–, la solidez del marco como referencia estable desde donde leer el fluir interno del movimiento. El encuadre fijo otorga una cualidad superior a las entradas y salidas de cuadro; a veces casi las ritualiza, genera una percepción más sólida del espacio, de la arquitectura –¿qué es el encuadre sino una ventana?–, potencia el espacio fuera de campo, la lectura de la propia imagen, da visibilidad al punto de vista y a su vez es más sintético y económico. En definitiva, frente al plano fijo se revela la conciencia del plano; del plano como un trozo de tiempo y de espacio, el gran misterio del cine [...] Y, no obstante, creo que el principio generador de todo, si no es exactamente el plano fijo, sí es la aspiración o búsqueda de él. Sin trípode intento mantener el encuadre que creo justo, teniendo en cuenta que además soy partícipe activo de la secuencia y también sonidista, por lo que la imagen que ves es la negociación entre el ver y el escuchar (con un micrófono doméstico incorporado a la cámara), lo que me lleva a acercarme a los rostros y a utilizar grandes angulares que de otro modo no emplearía. Es decir, me atengo al dispositivo de captura que, configurando la elección de unas herramientas y de una escritura, te permita registrar determinados gestos y palabras (Natche/Guerin, 2010: 100).

La búsqueda del rostro que se escapa, que parece dirigir generalmente ese tríptico que formaban *Unas fotos en la ciudad de Sylvia*, *En la ciudad de Sylvia* y *Las Mujeres que no conocemos*, parece convivir con otra obsesión más concreta y más extendida en su filmografía que es la del gesto revelador. *Mujer esperando el tranvía* contiene esa virtud, la de una fórmula *gesto + gesto + gesto + gesto +...*, que se nos desvela como típicamente gueriniana en la conformación de un retrato filmado particular que, personificado en Pilar López de Ayala también nos hablan del cine entendido como deseo de encontrar un gesto o de captar ese momento revelador. Será el propio Guerin el que confiese que no escogió exactamente a López de Ayala por haberla visto en el cine sino porque, después de habérsela cruzado en algunos festivales, había sentido el impulso y la necesidad de filmar sus ojos (Guerin/Losilla/De Lucas/Quintana, 2007: 27). También es, así, el cine un empeño por empatizar con el rostro que se filma: queremos creer que, para cualquier cineasta, debe ser difícil rodar a alguien que se detesta (Guerin/De Lucas/Quintana, 2007: 27).

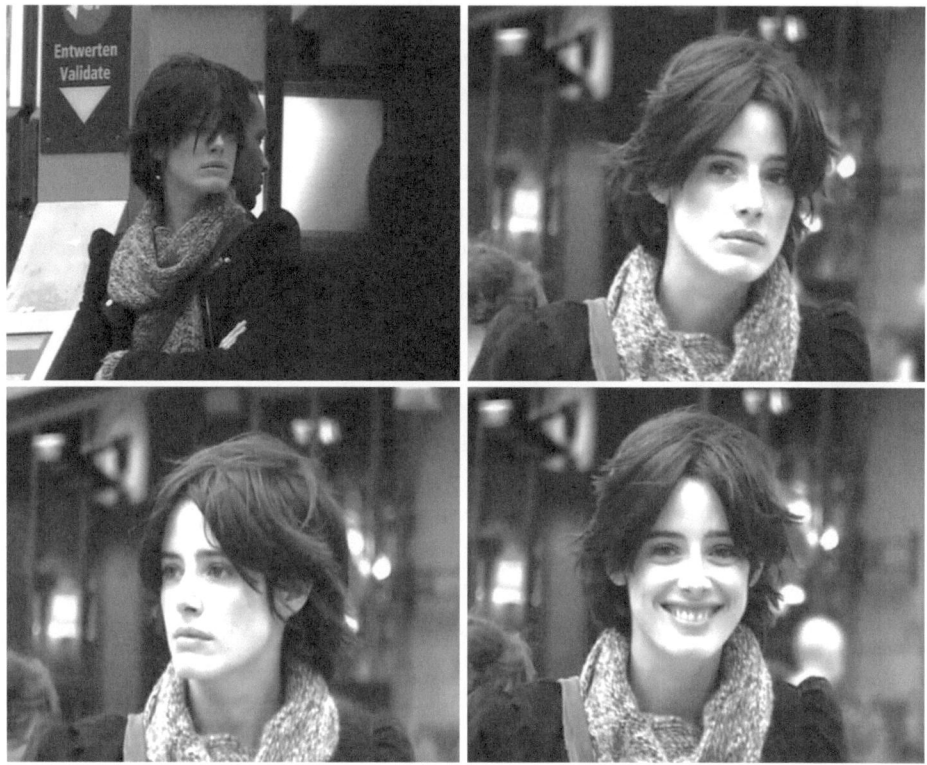

Figuras 60, 61, 62 y 63: *Mujer esperando el tranvía*. Nuestro *Retrato* cinematográfico gueriniano.

5. CONCLUSIONES

Aunque, hecho sobre el que hemos insistido, los antecedentes historiográficos artísticos que especulan en torno al retrato cinematográfico son, en general, escasos y, en particular, desmoralizadores, creemos que de lo aquí expuesto se desprende claramente que la existencia de dicho retrato filmado es un hecho constatable a través, primero, de lo desarrollado por teóricos como Jacques Aumont, cuya negativa inicial matizaremos a continuación, Noa Stemiatsky o Vázquez Couto y, segundo, de lo que revelan los trabajos de una serie de cineastas que, no ya interesados sino fascinados por el rostro humano, confeccionaron filmografías donde el retrato, la concepción del mismo que hemos propuesto en este trabajo, era piedra angular.

Hemos establecido que existe un efectivo puente entre teoría y práctica del retrato cinematográfico, concretamente ejemplificada en las relaciones entre Aumont y Guerin. Si el primero establecía, en una suerte de devenir histórico o temporal del rostro del cine, unos estadios de este que iban desde ese rostro ordinario, el que sería del clásico, investido por el glamour, «operador de sentido, pivote de la narratividad y vínculo de la diégesis», en palabras literales de Jacques Aumont, pasando por el «hombre-retrato» que surge tras la Segunda Posguerra Mundial y el compromiso con la realidad de, por poner un ejemplo, los autores neorrealistas, para derivar en la implosión del rostro –descompuesto, deshecho, desfigurado…– propio de la postmodernidad, la filmografía de José Luis Guerin tiene concomitancias concretas con la teoría aumontiana. En primer lugar, en cuanto al desarrollo del tratamiento de los personajes, esto es, de los rostros, de filmes suyos como son *En construcción* o *Guest*. En ellos, apreciamos la nueva poética que aventuraba Aumont para una nueva visión del rostro que presenta rostros verdaderamente humanos, rostros de sujetos con los que el propio Guerin había convivido durante años, presentados voluntariamente no dotados de la artificialidad del personaje en una puesta en situación que filma sus experiencias vividas, realmente –ahora sí– yendo un paso más allá de la mera inspiración neorrealista. En segundo lugar, uno de los hallazgos, acaso el que más nos interesa en este momento, que contiene el filme fotosecuencial *Unas fotos en la ciudad de Sylvia*, es el descubrimiento, entre la aglomerada multitud del metro, del *underground,* el rostro indolente de una muchacha que, cuando parece querer ser el de ella, el de la mujer esquiva, es interrumpido por un cristal rayado que deforma su semblante. Desde la revelación, se da una segunda conexión entre Guerin y Aumont cuando, ahora, el rostro que implosiona y se descompone, que decía el teórico francés, se nos presenta en imagen desde la práctica/teoría gueriniana, que ha sido capaz de mostrarnos, con su cine, con su propuesta visual y como alternativa a la teoría aumontiana, el *Zeitgeist* de nuestra contemporaneidad visual en el no-rostro de una desconocida de la parada de Alonso Martínez del *underground* madrileño.

En cuanto al modo de operar del rostro cuando lo hemos relacionado con distintos movimientos, se nos ha desplegado un panorama que, como vaticinábamos, nos ha señalado al cine de los márgenes como territorio ideal para el perfecto funcionamiento del dispositivo rostro como elemento autónomo. El rostro del clásico, como hemos explicado, llegaba a alcanzar altas cotas de independencia, ocasionales, pero nunca acababa de emanciparse sino que funcionaba, en todo caso, como atracción puntual: paralizando la trama momentáneamente, impeliendo al espectador pero siempre, siempre, dependiendo de ese todo mayor que es el filme, al que rinde pleitesía. Por el contrario, dentro del cine, llamémosle, anticlásico o no narrativo, como hemos visto, el retrato vive en un ecosistema ideal para revelarse como tal. Estando gran parte de este cine «periférico» liberado del yugo del relato, existe una propensión a que muchos entes –ya sea de una entidad general como el propio tiempo o la estructura narrativa pasando por elementos más concretos como el paisaje o el propio rostro del cine– consigan emanciparse.

En el caso específico del rostro, el tratamiento cinematográfico del mismo por parte de muchos autores/as que desarrollan sus trabajos dentro de este cine no narrativo, de los que hemos incluido, en el presente trabajo, aquellos que nos han resultado especialmente paradigmáticos, configuran una panoplia de atributos que, en muchos casos, coincide en sus bases ético-formales y que nos ha dado, a la postre, una posible definición del «retrato cinematográfico» como una donde el rostro filmado se nos muestra en primer plano, permaneciendo en el tiempo, en una estasis que es eminentemente comunicativa –y no una acción aséptica como la entendía Jacques Aumont–, «desinscrito» del ente mayor que sería el relato –y aquí es donde hemos diferido principalmente de la definición de retrato de Vázquez Couto– e, inevitablemente, manteniendo o conservando siempre ciertas concepciones formales de la institución pictórica.

En cuanto a cómo el cine periférico ha escrito el retrato, dentro de nuestro cajón de sastre de autores y de formas diversas, ya arrancados los sesenta, con llegada de la incipiente postmodernidad de los años ochenta y nuestra contemporánea nueva modernidad, se parecen haber escrito múltiples líneas paralelas que acaban desembocando en un cine quizá del retrato. Frente a los ejercicios un tanto despersonalizados de Warhol, el afán archivístico que parece guiar a Courant, el cine-retrato, ponemos el ejemplo de uno de los autores que hemos estudiado, James Benning, por su rotunda y anticlásica confianza en el rostro en pantalla y por las concesiones radicales que se concede al mismo, esto es, protagonista absoluto del marco, no ya por encima del tiempo sino escribiéndolo, en estasis no paralizadora, no de estancamiento sino comunicativa y reveladora con el espectador/a, se nos ha presentado como epítome de retrato cinematográfico postmoderno, no cumpliendo sino, incluso, trascendiendo, los límites de la definición de cine-retrato que hemos propuesto.

Concluyendo con José Luis Guerin, las manifestaciones del retrato en su obra van más allá de sus continuas declaraciones en cuanto a su admiración por los tomavistas de los hermanos Lumière –cuyo parangón con los pintores impresionistas «plenaristas» no esconde, ni elude, una comparación entre cine y pintura– o por su creencia en considerarse «heredero de la pintura» sino que se plasman formalmente en determinados momentos de la escritura de sus imágenes. Frente a la compatibilidad, y reflejo, antes mencionado entre las conjeturas aumontianas y las semblanzas en imágenes que confecciona Guerin de algunos de sus personajes/sujetos, existe una filmación que parece condensar la teoría/práctica gueriniana con respecto al retrato. Las imágenes privadas de Guerin tomadas a Pilar López de Ayala, específicamente *Mujer esperando el tranvía*, contienen trazas de todo aquello que hace, según nuestras especulaciones, que un tratamiento cinematográfico del rostro devenga retrato, esto es, su no inscripción de todo mayor alguno, sus herencias formales de la pintura o su labor a la hora de esculpir un tiempo otro totalmente anticlásico, eluden un tanto la estasis por una suerte de concatenación de gestos (visaje + visaje… […] … visaje + visaje) que nos llevan a afirmar que ese será el rasgo definitorio del retrato gueriniano, el que descompondrá el tiempo del rostro, del sujeto,

en esa serie de gestos/visajes que serán los que compongan el retrato cinematográfico paradigmático, quién sabe si ideal, de José Luis Guerin.

Finalmente, y como preludiábamos, la advertencia de Aumont de que,
dentro del audiovisual, todo lo que se acercara al retrato como género había
que buscarlo en los márgenes de la industria y que el verdadero retrato animado había que situarlo en esos peldaños de la historia que suponen el cine privado o de aficionado –en este punto sería interesante «revisitar» la declaración
aumontiana, contenida en *El rostro en el cine* de que «el cine de aficionado se
encuentra por definición fuera de la historia del arte»–, resultó ser una pista
definitiva, una esperanza más que un desaliento, puesto que fue ahí, primero
dentro de un cine periférico y, después, en un ejercicio de desenroscar una
muñeca rusa, dentro del archivo privado del cineasta *outsider*, donde hayamos
nuestro retrato porque, parafraseando a Jerome Hill, «... parte de la mejor
poesía cinematográfica será descubierta algún día en las películas caseras en sú-
per-ocho, poesía simple, con niños jugando en la hierba o los bebés en brazos
de sus madres, y con toda esa timidez y ese tontear delante de la cámara...»
(Mekas, 1975: 131).

Si al acometer un estudio de la historia del cine a propósito de su relación
con el retrato cinematográfico descubríamos que, más que certezas, nos en-
contrábamos con todo tipo de reticencias, creemos que el puente que puede
establecer la figura de José Luis Guerin, no ya entre teorías y prácticas cinematográficas sino entre distintas disciplinas, puede aportar coherencia y acercar
al cine un género, el del retrato, cuya integración con otras artes nunca se ha
puesto en duda.

REFERENCIAS BIBLIOGRÁFICAS

«A Portrait of Ga». En línea: <https://movingimage.nls.uk/film/3698> [consulta: 3/04/2024].

Aidelman, Nuria y De Lucas, Gonzalo (2007), «El cine desde oriente», *Archivos de la filmoteca: revista de estudios históricos sobre la imagen*, n.º 55, pp. 146-157.

Akerman, Mariano (2012), «Bacon: painter with a Double-Edged Sword», *Blue Chip Magazine,* vol. 8, n.º 8, pp. 29-33.

Alonso De La Fuente, Ángel (2015). *Manierismo en la obra de José Luis Guerin: la imagen asediada.* [Tesis Doctoral]. Universidad Complutense de Madrid. En línea: <https://hdl.handle.net/20.500.14352/26466> [consulta: 26/3/2024].

Alonso García, Luis (1998), «El espejo, la máscara y la daga (*Tren de sombras*, José Luis Guerin», *Banda aparte*, n.º 12, pp. 33-37.

Altuna, Belén (2009), «El individuo y sus máscaras», *Ideas y valores*, n.º 140, pp. 33-52.

Angell, Callie (2000), «Andy Warhol, cineasta», en Juan Guardiola (ed.), *Andy Warhol: cine, vídeo y tv.* Barcelona/Granada/Málaga: Fundación Antoni Tàpies/Diputación de Granada/Fundación Pablo Ruiz Picasso-Museo Casa Natal/Ayuntamiento de Málaga, pp. 48-66.

Armada, Alfonso (2015), «José Luis Guerin: "Cuando tengo una crisis de identidad y me pregunto quién soy, me digo: ‹Soy el niño que ve las películas de Charlot›"», *ABC Cultura*. En línea: <https://www.abc.es/cultura/cine/20150729/abci-jose-luis-guerin-cine-201507291942.html?ref=https%3A%2F%2Fwww.abc.es%2Fcultura%2Fcine%2F201

50729%2Fabci-jose-luis-guerin-cine-201507291942.html> [consulta: 10/5/2024].

Arroba, Álvaro (2002), «Conversaciones con José Luis Guerin», *Letras de cine*, n.º 6, pp. 68-73.

Aubade, Camille (2003), «On the theme of literary portrait: Gerard Courant's feature film "2000 Cinematons"», *INFINI*, n.º 84, pp. 111-114.

Aumont, Jacques (1997), *El ojo interminable*. Barcelona: Paidós - Comunicación - Cine.

Aumont, Jaques (1998), *El rostro en el cine*. Barcelona: Paidós.

Azara, Pedro (2002), *El ojo y la sombra. Una mirada al retrato en occidente*. Barcelona: Gustavo Gili.

Balázs, Béla (1978), *El film. Evolución y esencia de un arte nuevo*. Barcelona: Gustavo Gili.

Baldinucci, Filippo (1682), *Vita del cavaliere Gio. Lorenzo Bernino*. Alois Riegl (com.). Florencia: imprenta de Vicenzo Vangelifti [*Filippo Baldinucci's Vita des Gio. Lorenzo Bernini*. Viena: Anton Schroll. 1912]. En línea: <https://archive.org/details/filippobaldinucc00rieg/page/n3/mode/2up> [consulta: 26/3/2025].

Balló, Jordi (2011), *Todas las cartas. Correspondencias fílmicas*. Barcelona: Centre de Cultura Contemporanìa de Barcelona.

Balsom, Erika (2021), *Ten Skies*. Australia: Fireflies Press.

Barrachina Asensio, Santiago (2012), «La pantalla como lienzo: José Luis Guerin», *L'Atalante*, pp. 60-69. DOI: https://doi.org/10.63700/11

Bazin, André (1990), *¿Qué es el cine?* Madrid: Rialp.

Benet, Vicente J (2008), *La cultura del cine. Introducción a la historia y estética del cine*. Barcelona: Paidós Comunicación.

Bergman, Ingmar (1992), *Imágenes*. Barcelona: Tusquets.

Bonet Correa, Antonio (1978), *Francis Bacon, abril-mayo, 1978, Fundación Juan March* [Exposición]. Madrid: Fundación Juan March.

Bordwell, David; Staiger, Janet y Thompson, Kristin (1997), *El cine clásico de Hollywood*. Barcelona: Paidós.

Bordwell, David y Thompson, Kristin (1994), *Film History: An Introduction*. New York: McGraw-Hill.

Bordwell, David (2007), *Unas fotos en la ciudad de Sylvia*. [Cofre Versus, 2010] [Disco Compacto]. Dirigida por José Luis Guerin. Versus. 1 DVD: 67 (+49 de bonus) minutos; material adicional.

Bou, Nuria y Guerin, José Luis (1997), «José Luis Guerín entre fantasmas», *La madriguera,* 1. En línea: <https://riunet.upv.es/bitstream/handle/10251/41603/LA_MADRIGUERA_001_003.pdf?sequence=4&isAllowed=y> [consulta: 24/03/2024].

Bou, Núria (2002), *Plano / Contraplano. De la mirada clásica al universo de Michelangelo Antonioni.* Madrid: Biblioteca Nueva.

Bracco, Diane (2020), «En construcción de José Luis Guerin ou l'écriture d'un espace urbain en mutation», en Fulvia Giampaolo y Nicolas Piedade (coords.), *Écritures plurielles de l'espace.* Limoges: PULIM, pp. 83-95.

Broullón Lozano, Manuel (2013), «En torno al concepto de "esbozo cinematográfico". Conversaciones con José Luis Guerin», *FRAME: revista de cine de la Biblioteca de la Facultad de Comunicación,* n.º 9, pp. 67-84.

Brown, Jonathan (1978), *Images and Ideas in Seventeenth-Century Spanish Painting.* Princeton: Princeton University Press.

Burch, Nöel (1978), «Porter, or Ambivalence», *Screen,* vol. 19, pp. 91-106.

Burch, Noël (1999), *El tragaluz del infinito.* Madrid: Cátedra.

Burch, Nöel (1985), *Praxis del cine.* Madrid: Fundamentos.

Burckhardt, Jacob (1990), *The civilization of the Renaissance in Italy.* Penguin Books: London.

Calvo Serraller, Francisco (2011), «Asombro», en VV.AA., *La dama de Corinto. Un esbozo cinematográfico. José Luis Guerin,* Cuenca: Museo de Arte Contemporáneo Esteban Vicente, pp. 19-40.

Canet Centellas, Fernando (2013), «La fricción entre el azar y lo controlado en el cine de José Luis Guerin», *Archivos de la filmoteca: revista de estudios históricos sobre la imagen,* n.º 72, pp. 145-159.

Casas, Quim y Torreiro, Mirito (1990), «Alrededor de Ford y de Irlanda. "Toda buena fábula es un punto de partida fantástico"» (Entrevista a José Luis Guerin), *Dirigido por…,* n.º 186, pp. 11-14.

Casas, Quim (2011), «Cuaderno de registros», en *Guest. Contenido adicional.* DVD editado por Versus, libreto de textos.

Casas, Quim (1990), «Innisfree. Guerin y Ford en el corazón de Irlanda», *Dirigido por…,* n.º 186, pp. 8-10.

Cerdán, Josetxo y Torrero, Casimiro (eds.) (2007), *Al otro lado de la ficción. Trece documentalistas españoles contemporáneos.* Madrid: Cátedra.

Chastel, André (2004), *El gesto en el* arte. Madrid: Ediciones Siruela.

Cid Priego, Carlos (1989), «Retratos y autorretratos en las miniaturas españolas altomedievales», *Liño: revista anual de historia del arte*, n.º 8, pp 7-34.

Coronado E Hijón, Diego (1998), «Fotografía e impresionismo», *Laboratorio de Arte: Revista del Departamento de Historia del Arte*, n.º 11, pp. 301-318.

Cousins, Mark (2017), *Historia y arte de la mirada*. Barcelona: Pasado y Presente.

De Lucas, Gonzalo; Aziz, Abdel y Guerin, José Luis (2001), «La sonrisa y la nieve. Conversación con Abdel Aziz y José Luis Guerin», *El viejo topo*, n.º 159, pp. 69-73.

De Lucas, Gonzalo (2010), «Les points cardinaux», en *Cofre Versus. Textos*. Versus Entertaiment, pp. 37-40.

De Lucas, Gonzalo (2007), «Los puntos cardinales. Unas fotos en la ciudad de Sylvia», en *Cahiers du cinema España*, n.º 4, pp. 42-43.

Debray, Regis (1994), *Vida y muerte de la imagen. Historia de la mirada en Occidente*. Barcelona: Paidós.

Delahaye, Michel y Dreyer, Carl Theodor (1966), «Between Heaven and Hell: Interview with Carl Dreyer by Michel Delahaye», *Cahiers du Cinéma in English*, n.º 4, pp. 7-18.

Deleuze, Gilles (1987), *La imagen-tiempo*. Barcelona: Paidos.

Deleuze, Gilles (2009), *La lógica de la sensación*. Madrid: Arena Libros.

Deleuze, Gilles (1984). *La imagen-movimiento*. Barcelona: Paidós.

Eisner, Lotte H (1988). *La pantalla demoniaca*. Madrid: Cátedra.

«El cine de atracciones según Tom Gunning». En línea: <https://eltestamentodeldoctorcaligari.com/2021/11/19/el-de-cine-de-atracciones-segun-tom-gunning/> [consulta: 9/2/2024].

Evrard, Jacky y Kermabon, Jacques (coords.) (2004), *Une encyclopédie du court métrage français*. Crisnée: Éditions Yellow Non.

Fernández, Víctor y Santos Torroella, Rafael (eds.) (2013), *Querido Salvador, Querido Lorquito. Epistolario 1925-1936*. Barcelona: Editorial Elba.

Ferris Carrillo, María José (1998), «La invención de Guerin: retrato sin sombra y con espectro», *Banda Aparte. Revista de cine*, n.º 12, pp. 17-21.

Font, Domènec (2002), *Paisajes de la modernidad: cine europeo, 1960-1980*. Barcelona: Paidós.

Fontcuberta, Joan (1997), *El beso de Judas*. Barcelona: Gustavo Gili.

Ford, John (1997), «Guion de "La diligencia"», *Viridiana*, n.º 18, pp. 9-136.

Francastel, Galienne y Francastel, Pierre (1978), *El retrato*. Madrid: Cátedra.

Francastel, Pierre (1970), *Art et technique au XIX et XX siècles*. Paris: Denoël.

Francastel, Pierre (1960), *Pintura y sociedad*. Buenos Aires: Emecé Editores.

Francastel, Pierre (1975), *Sociología del arte*. Madrid: Alianza Editorial.

García, Luis Alonso (1998), «El espejo, la máscara y la daga (Tren de sombras, de José Luis Guerin, 1997)», *Banda Aparte. Revista de cine,* n.º 12, pp. 33-37.

Geoff, King (2000), *Spectacular narratives: Hollywood in the Age of the Blockbuster*. London/New York: I. B. Tauris Publishers.

Gil Puértolas, Longi (2010), *Guía para ver y analizar* En construcción *(José Luis Guerin, 2001)*. Barcelona: Octaedro.

Godard, Jean-Luc y Bresson, Robert (1967), «The Question: Interview with Robert Bresson by Jean-Luc Godard and Michael Delahaye», *Cahiers du Cinéma in English*, n.º 8, pp. 5-27.

Gombrich, Ernst, Hochberg, Julian y Black, Max (1983), *Arte, percepción y realidad*. Barcelona: Paidós Comunicación.

González Requena, Jesús (2007), *Clásico, manierista, postclásico*. Valladolid: Ediciones Castilla.

González Requena, Jesús (1986), *La metáfora del espejo*. Madrid: Ediciones Hiperion.

Guardiola, Juan (2000), «Yo (aún) seré tu espejo», en Juan Guardiola (ed.), *Andy Warhol: cine, vídeo y tv*. Barcelona/Granada/Málaga: Fundación Antoni Tàpies/Diputación de Granada/Fundación Pablo Ruiz Picasso-Museo Casa Natal/Ayuntamiento de Málaga, pp. 17-46.

Gubern, Román (2001), «Del rostro al retrato», *Anàlisi: Quaderns de comunicació i cultura,* n.º 27, pp. 37-42.

Guerin, José Luis y Ayanz, Miguel (2015), «Guerin: "¿Cómo iba a hacer cine si no creyera en el amor?"». En línea: <https://www.elespanol.com/bluper/series/20151230/90740961_0.html> [consulta: 26/3/2025].

Guerin, José Luis; Losilla, Carlos; De Lucas, Gonzalo y Quintana, Ángel (2007), «Sobre esbozos y retratos» en *Cahiers du cinema España*, n.º 4, pp. 25-29.

Guerin, José Luis (2023), «El cine como escritura», *Caimán. Cuadernos de cine*, n.º 181, pp. 30-35.

Guerin, José Luis (2004), *En construcción* (DVD). *Un país de cine 2*. Madrid: El País.

Guest (2010), [Disco Compacto]. Dirigida por José Luis Guerin. Versus. 1 DVD: 127 minutos.

Gunnin, Tom y Pitarch Fernández, Daniel (2023), «El rostro cambiante del pasado. Inmersión, virtualidad y la imagen alumbrada. Un diálogo con Tom Gunning», *L'Atalante: revista de estudios cinematográficos*, n.º 35, pp. 125-140. DOI: https://doi.org/10.63700/1100

Gunning, Tom (1990), «The Cinema of Attraction[s]: Early Film, Its Spectator and the Avant-Garde» en Thomas Elsaesser (ed.), *Early cinema: space, frame, narrative*. London: BFI, pp. 56-61.

Gunning, Tom (1995), «Tracing the individual body: Photography, Detectives and Early Cinema», en CHARNEY, L; SCHWARTZ, V (comp.). *Cinema and the invention of modern life*, Berkeley: University of California Press, p. 15-45.

Gunning. Tom (1993), «"NOW YOU SEE IT, NOW YOU DON'T"». The temporality of the cinema of attractions", *The Velvet Light Trap*, n.º 32, pp. 41-50.

Hirschfelder, Dagmar (2008), *Tronie und Porträt*. Berlín: Gebr. Mann Verlag.

Iglesias, Eulália (2016), «José Luis Guerin. Entrevista. El pensamiento en acción», *Caimán. Cuadernos de cine,* n.º 45, pp. 30-32.

Innisfree [Cofre Versus, 2010] [Disco Compacto]. Dirigida por José Luis Guerin. Versus, 1990. 1 DVD: 110 (+35 de bonus) minutos.

Kinzbruner, Gioia (2004), «El gesto pictórico», *Pharos*, vol. 11, n.º 2, pp. 9-19.

Lipovetsky, Georges y Serroy, Jean (2009), *La pantalla global*. Barcelona: Anagrama.

Losilla, Carlos y Monterde, José Enrique (2011), «José Luis Guerin, entrevista. Escribir con la cámara en presente es la esencia del cine directo», *Guest. Contenido adicional.* DVD editado por Versus, libreto de textos.

Losilla, Carlos (2011), «Guest. José Luis Guerin», *Cahiers du Cinema*, n.º 42, pp. 24-26.

Losilla, Carlos (2010), «Le spectre du Thuit», en *Cofre Versus. Textos*. Versus Entertaiment, pp. 25-27.

Losilla, Carlos (2007), «Todo estaba oscuro. *En la ciudad de Sylvia*/Crítica», *Cahiers du cinema España*, n.º 4, pp. 30-31.

Losilla, Carlos (2003), *La invención de Hollywood*. Barcelona: Paidós.

Marsh, Steven (2022), *El cine español contra sí mismo. Cosmopolitismo, experimentación y militancia*. Madrid: Cátedra.

Martínez Artero, Rosa (2004), *El retrato*. Barcelona: Montesinos.

Martínez De Aguilar, Ana (2011), «Una nueva forma de narrar», en VV.AA., *La dama de Corinto. Un esbozo cinematográfico. José Luis Guerin*. Cuenca: Museo de Arte Contemporáneo Esteban Vicente, pp. 11-18.

Martínez Villegas, Juan (2014), «José Luis Guerin; Descubriendo una sintaxis posible», *BRAC: Barcelona, Research, Art Creation,* vol. 2, n.º 2, pp. 169-200. DOI: https://doi.org/10.4471/brac.2014.08

Marzal Felici, Javier y Company, Juan Miguel (1999), *La mirada cautiva. Formas de ver el cine contemporáneo*. Valencia: Generalitat Valenciana.

Mayer, Myriam (2010), *Le temps des Fantômes. Approche de l'oeuvre cinématographique de José Luis Guerin/El tiempo de los fantasmas. Aproximación a la obra cinematográfica de José Luis Guerin*. [Tesis Doctoral]. Barcelona: Universidad Pompeu Fabra. En línea: <https://theses.hal.science/tel-01801259> [consulta: 26/3/2024].

Macnell, Daniel (1999), *El rostro*. Barcelona: Tusquets Editores.

Mekas, Jonas (1975), *Diario de cine. El nacimiento del Nuevo Cine Americano*. Madrid: Fundamentos.

«Miradas a la luz y a la tierra». En línea: <https://www.filmotecadeandalucia.es/documents/282361/40374401/2019-05-09+-+%2819%2700%29+-+Miradas+a+la+luz+y+a+la+tierra.pdf/40e06cfd-d36c-4ad9-88ff-523b2616ae36> [consulta: 26/02/2024].

Monterde, José Enrique (1993), *Veinte años de cine español. Un cine bajo la paradoja (1973-1992)*. Barcelona: Paidós.

Moral Martín, Francisco Javier (ed.) (2009), *Cine y géneros pictóricos*. Ciclo de cine. Valencia: Museu Valencià de la II. Ilustració i de la Modernitat.

Mulvay, Laura (2001), «Placer visual y cine narrativo», en Brian Wallis (dir.), *Arte después de la modernidad*. Madrid: Akal, pp. 364-377.

Muñoz Fernández, Horacio (2017), *Posnarrativo. El cine más allá de la narración*. Santander: Shangril.

Nancy, Jean-Luc (2006), *La mirada del retrato*. Buenos Aires: Amorrortu.

Natche, Jaime y Guerin, José Luis (2010), «Conversación itinerante. Entrevista con José Luis Guerin», *Lumière*, n.º 4, pp. 99-102.

Navajas, Santiago (2011), «Un brindis por los muertos». En línea: <https://www.libertaddigital.com/opinion/fin-de-semana/un-brindis-por-los-muertos-1276239621.html> [consulta: 26/3/2025].

Nieto Alcaide, Víctor y Checa Cremades, Fernando (1980), *El renacimiento. Formación y crisis del modelo clásico*. Madrid: Ediciones Istmo.

Onaindia, Mario (1997), «La diligencia», en *Viridiana*, n.º 18, pp. 199-228.

Ortiz Avilés, Luz Marina (2017), *El flâneur en el cine de José Luis Guerin: mirada y percepción del espacio urbano.* [Tesis Doctoral]. Córdoba: Universidad de Córdoba. En línea: <http://hdl.handle.net/10396/14883> [consulta: 26/3/2025].

Ortiz Avilés, Luz Marina (2015), «El paisaje sonoro en *En la ciudad de Sylvia* (José Luis Guerin, 2007)», *Cuadernos sociales de comunicación*, n.º 97, Paisaes visuales, pp. 135-150.

Ortiz Avilés, Luz Marina (2016), «Lo fugitivo en Unas fotos en la ciudad de Sylvia», *BSAA Arte*, n.º 82, pp. 257-277.

Ortiz Avilés, Luz Marina (2020), «Perlov-Guerin: resonancias», *Quintana: revista de estudios do Departamento de Historia da Arte*, n.º 19, pp. 223-240. DOI: https://doi.org/10.15304/qui.19.6250

Ortiz Avilés, Luz Marina (2018), *El flâneur en el cine de José Luis* Guerin. Córdoba: UCOPress Editorial Universidad de Córdoba.

Ortiz Avilés, Luz Marina (2015 (b)), «En la ciudad de Sylvia o la ciudad del Flâneur», *Fonseca, Journal of Communication*, n.º 11, pp. 226-248.

Pagán, Alberte (2014), *Andy Warhol*. Madrid: Cátedra.

Panofsky, Erwin (1992), *Tiziano. Problemi di iconografia*. Venecia: Marsilio.

Pena, Jaime (2016), «La academia de las musas. El poder de las palabras», *Caimán. Cuadernos de cine*, n.º 45, pp. 34-35.

Peris Eugenio, Marta (2011), «La habitación de Ozu», *DC PAPERS, revista de crítica y teoría de la arquitectura*, n.º 21-22, pp. 71-78.

Poyato Sánchez, Pedro (2015), «El cineasta como "flâneur". Trazado y formalización de la imagen documental en Guest (José Luis Guerin, 2010)», *Ars Longa: cuadernos de arte*, n.º 24, pp. 241-252.

Poyato Sánchez, Pedro (2006), *Introducción a la teoría y análisis de la imagen fo-cinema-tográfica*. Granada: Grupo Editorial Universitario.

Pratt, George C (1974), *Spellbound in darkness. A History of the Silent Film.* Greenwich: New York Graphic Society.

Prédal, René (1996), *50 ans de cinéma français*. Manchecourt: NATHAN.

Prédal, René (1991), *Le cinema Français depuis 1945*, Manchecourt: NATHAN.

Quintana, Ángel (2007 (b)), «La modernidad europea en el cine asiático: reflexiones sobre una migración estética», en Domènec Font y Carlos Losilla (eds.), *Derivas del cine europeo contemporáneo*, Valencia, Muestra Internacional de Cine Europeo Contemporáneo (MICEC) filmoteca de Catalunya_Centro Galego de Artes da Imaxe-IVAC La Filmoteca, pp. 53-68.

Quintana, Ángel (2007), «Relato digital. Regreso al cine de atracciones», en Vicente Domínguez (ed.), *Pantallas depredadoras. El cine ante la cultura visual digital*. Oviedo: Ediciones de la Universidad de Oviedo/Festival Internacional de Cine de Gijón, p. 141-156.

Ramos, Miguel Ángel y Ruiz De Samaniego, Alberto (2007), «Cristal bajo el agua», en Alberto Ruiz De Samaniego (dir.), *Paraíso fragmentado / Paradiso Spezzato*. Madrid: Ministerio de Sántos Exteriores y de Cooperación; Sociedad Estatal para la Acción Popular/Xunta de Galicia, pp. 41-84.

Rancière, Jacques (2011), *El destino de las imágenes*. Buenos Aires: Prometeo Libros.

Riambau, Esteve y Torrero, Casimiro (eds.) (1999), *La escuela de Barcelona: el cine de la «gauche divine»*. Barcelona: Anagrama.

Ribal, Pilar (2007), «Intuición de deseo. Pabellón español en la Bienal de Venecia», *Cahiers du cinema España*, n.º 4, pp. 44.

Richie, Donald (1959), «The Later Films of Yasujiro Ozu», *Film Quaterly*, n.º 13. DOI: https://doi.org/10.2307/1211232

Rocha, Servando (2025), *Nada es verdad, todo está permitido. El día que Kurt Cobain conoció a William Burroughs*. Barcelona: Alpha Decay.

Rosenberg, Charles M. (2003), «A Rembrandt Self-portrait and tronie», *Face to Face* (Catálogo de exhibición, Snite Museum of Art), Notre Dame (Indiana): Universidad de Notre Dame, pp. 6-11.

Schrader, Paul (2019), *El estilo trascendental en el cine. Ozu, Bresson, Dreyer*. Madrid: Ediciones JC.

Shaviro, Steven (1993), *The Cinematic Body*. Middeapolis: University of Minnesota.

Smith, Patrick S. (2000), «Las películas de Warhol», en Juan Guardiola (ed.), *Andy Warhol: cine, vídeo y tv*, Barcelona: Fundación Antoni Tàpies; Granada/Málaga: Diputación de Granada/Fundación Pablo Ruiz Picasso-Museo Casa Natal/Ayuntamiento de Málaga, pp. 218-246.

Sontag, Susan (2006), *Sobre la fotografía*. México: Alfaguara.

Sourdis, Carolina (2014), «Cineasta espectador, espectador cineasta. Reflexons de José Luis Guerin sobre la seva experiència com a professor», *Comparative cinema*, vol. II, n.º 5, pp. 18-23.

Spivak, Gayatri Chakravorty (2009), *¿Pueden hablar los subalternos?* Barcelona: Museu d'Art Contemporani de Barcelona (MACBA).

Steimatsky, Noa (2017), *The face on film*. New York: Oxford University Press.

Stone, Rob (2013), «En la ciudad de Sylvia/In the City of Sylvia (José Luis Guerin, 2007) and the *durée* of a *derivé*», en María M. Delgado y Robin Fiddin (eds.), *Spanish cinema, 1973-2010. Auterism, politics, landscape and memory*. Manchester: Manchester University Press, pp. 169-182.

Strauven, Wanda (2006), «Introduction to an Attractive Concept», en Wanda Strauven (ed.), *The Cinema of Attractions Reloaded,* Amsterdam: Amsterdam University Press.

Torrego, Esperanza (ed.) (2001), *Textos de Historia del Arte. Plinio*. Madrid: A. Machado Libros.

Torrero, Casimiro y Cerdán, Josetxo (eds.) (2005), *Documental y vanguardia*. Madrid: Cátedra.

Tosi, Virgilio (1993), *El cine antes de Lumiére*. México: Universidad Nacional Autónoma de México.

Tulard, Jean (1982), *Dictionnaire du cinéma. Les réalisateurs*. Paris: Éditions Robert Laffont.

Urkijo, Francisco Javier (1991), *John Ford*. Madrid: Cátedra. Signo e imagen/ Cineastas.

Vallejo Herán, Julio (2023), *La dialéctica personaje/persona en la hibridación de documental y ficción del cine español (1990-2015).* [Tesis Doctoral]. Universidad Complutense de Madrid. En línea: <https://hdl.handle. net/20.500.14352/88282> [consulta: 26/3/2025].

Vallejo Mejía, Clara y Merí De La Maza, Ricardo (2018), «Lecciones desde la historia: Rogelio Salmona y Pierre Francastel», *Dearq*, n.º 22, pp. 70-79. DOI: https://doi.org/10.18389/dearq22.2018.06

Vázquez Couto, David (2016). «Apariencias de la variación. Fisonomía y alegoría en el retrato cinematográfico de Ingmar Bergman», *Fotocinema: revista científica de cine y fotografía*, n.º 12, pp. 131-154.

Vázquez Couto, David (2016 (b)), «La modernidad o el drama de la identidad: máscara, lenguaje y memoria en Persona, de Ingmar Bergman», *Daimon. Revista Internacional de Filosofía*, Suplemento 5, pp. 347-356. https://doi.org/10.6018/daimon/271991

Vázquez Couto, David (2021, 2020), «Problemas en torno al retrato en el cine», *en Universitas. Las artes ante el tiempo. XXIII Congreso Nacional de historia del arte Universidad de Salamanca* (17 al 20 de mayo), Salamanca: Diputación Provincial de Salamanca, pp. 695-708.

Villar, Eloísa (2011), «José Luis Guerin. "Cada vez estoy más interesado en el cine como arte del retrato"», *Academia: Revista del cine español*, n.º Extra 178, pp. 43-44.

VV.AA. (2007), *El espejo y la máscara: el retrato en el siglo de Picasso*. Madrid: Museo Thyssen/Caja Madrid.

VV.AA. (1999), *Face to Face to Cyberspace*. Basilea: Fondation Beyeler.

VV.AA. (1978), *Francis Bacon, abril-mayo, 1978, Fundación Juan March* [Exposición]. Madrid: Fundación Juan March.

Weinrichter, Antonio (2004), *Desvíos de lo real. El cine de no ficción*. Madrid: T y B Editores.

Weinrichter, Antonio (1979), *El nuevo cine americano*. Madrid: Zero.

Whistle, Kristen (2014), *Spectacular Digital Effects. CGI and Contemporary Cinema*. Durham/London: Duke University Press.

Zadoks-Josephus Jitta, Annie Nicoletta (1932), *Retratística ancestral en Roma*. Amsterdam: N. V. Noord-Hollandsche Uitgevers-Mij.

Zunzunegui, Santos (2001), «La edad de la inocencia», *Anàlisi*, n.º 27, pp. 65-75.

APÉNDICES

Apéndice 1.
Biofilmografía de José Luis Guerin

José Luis Guerin puede y debe ser considerado un cineasta autodidacta, arrastrado por la cinefilia a la Filmoteca de Barcelona y formado por el cine que allí se proyectaba. De familia de editores, se le despierta en plena adolescencia el interés por filmar y ya no cesa de crear-trabajar con cortometrajes y mediometrajes, grabados en formato súper-8, como *La agonía de Agustín* (1975), *Furvus* (1976), *El artificio de la luz* (1977), *Diario de Marga* (1980) y largos como *Elogio de las musas* (1977), *Film Familiar* (1976-1978) y *La dramática pubertad de Alicia* (1978). Sus obras en 16 mm serán, *Memorias de un paisaje* (1978), *Naturaleza muerta* (1981) y *Apuntes de un rodaje* (1982). Tras *Retrato de Vicky* (1982), rodada en u-matic[73], llegaría el salto profesional con el largo *Los motivos de Bertha* (1983), en la que ya empieza a verse un interés de Guerin por lo que el cine clásico elidiría o ni siquiera rodaría (Mayer, 2010: 409), la recreación de un universo poético lleno de precisión (Monterde, 1993: 197).

La eclosión del José Luis Guerin director llegará con *Innisfree* (1990), y junto a otros autores, como Manuel Huerga (1957), con *Gaudí* (1987), Joaquín Jordá (1935-2006), con *El encargo del cazador* (1990) o Víctor Erice (1940), con *El sol del membrillo* (1992), que vienen a superar definitivamente, en el tránsito de los ochenta a los noventa del siglo pasado, las tentativas de autores de los setenta como el ya citado Basilio Martín Patino (1930-2017), con las manipulaciones del material de archivo de *Canciones para después de una guerra* (1971)[74], o Jaime Chávarri (1943), que convierte en pura ficción a la familia Panero, protagonista de *El desencanto* (1976) (Cerdán, 2005: 351)

---

73 Primer formato, creado en 1969, de videocasete que se pone a la venta. Permitió, entre otras cosas, la grabación independiente al aire libre con una cámara al hombro conectada a un magnetoscopio portable. Fue el formato, por poner un ejemplo, por excelencia de la televisión de información hasta que fue destronado por Betacam en 1983.

74 Que, paradójicamente, fue prohibida en 1972 con intervención del entorno del propio almirante Carrero Blanco (1904-1973), y re-estrenada en 1976 (en abril del siguiente año, Sábado Santo, se re-estrenaría *Viridiana* (1961) en nuestro país, coincidiendo con la legalización del Partido Comunista de España).

(desarrollando una idea que ya se esbozaba en *Los viajes escolares* (1973), que vinculaba también reclusión y esquizofrenia) (Monterde, 1993: 48), vendrá despertar a un cine de no ficción que empezará a tener su lugar y su personalidad en un contexto que hasta ese momento se le había presentado relativamente hostil.

Tras la participación en un episodio del film colectivo *City life* (1990), su siguiente trabajo será *Tren de sombras* (1997), particular homenaje del director a la cinematografía de los orígenes, a sus pioneros y al cine como arte.

Será *En construcción* (2001) un hito de nuestro cine nacional. Premiada en San Sebastián, galardonada con el Goya y alabada por la crítica y las instituciones, atrajo a las salas a un gran número de no habituales de este tipo de productos (Cerdán/Torreiro, 2007: 357), contribuyendo, en gran medida, a la visibilización social del largometraje «documental». Manejando un material no solo heterogéneo sino complicado (el espacio urbano, en plena remodelación, del tradicionalmente complicado barrio barcelonés del Raval) Guerin trufa su discurso, aparentemente «naturalista», más cerca de Flaherty (1884-1951) que del cine «… más directo…» (Sourdis, 2014: 19) de un film del que hablaremos más tarde, *Guest* (2010), de numerosas citas o soluciones clásicas (como la inserción de hipertextos como *Tierra de faraones* (1955) o una suerte de *happy end* hollywoodiense, elementos que ocultan bastante la enunciación general) o de un taimado aire de docudrama (citaremos a modo de ejemplo la relación entre el encofrador y la joven vecina) (Cerdán/Torreiro, 2007: 359) que, amén de suponer, a la postre, un acercamiento para el gran público, vienen a certificar una cinefilia más que latente en un cineasta que apenas podrá desprenderse de ella en cualquiera de sus trabajos.

El fotomontaje *Unas fotos en la ciudad de Sylvia* (2007), el film *En la ciudad de Sylvia* (2007) y la videoinstalación *Las mujeres que no conocemos* (2007), forman un curioso «… tríptico de obras que giran en torno al encuentro entre un flâneur y una fugitiva…» (Ortiz Avilés, 2015: 240). *En la ciudad de Sylvia*, por su parte, nos volvería a plantear dilemas en torno a la recreación del entorno físico-urbano pero siempre definido este por lo humano, esto es, «… la construcción, como ocurría en […] *En construcción*, va a venir definido por las gentes que lo habitan y conviven en él, sus rostros, sus huellas y su memoria…» (Ortiz Avilés, 2015: 139). *Las mujeres que no conocemos*, producida con motivo de la 52.ª Bienal de Venecia, deriva en un debate ya totalmente prístino en el marco, en este caso, museístico, que confronta cine y fotografía, siendo considerada esta última un estadio previo del primero.

Guest, registro de las imágenes que el cineasta recogió en las distintas ciudades a las que fue convocado con motivo de la presentación en los festivales de cada una de estas urbes de su película anterior, *En la ciudad de Sylvia* (Poyato Sánchez, 2015: 241), otra vez, reaviva las brasas del debate documental versus ficción y acentúa el carácter de humanista de José Luis Guerin.

En *Correspondencias* (2011), se propone a Guerin establecer una heterogénea correspondencia con algún cineasta que le resulte estimulante. El catalán propone cuatro directores. Jonas Mekas (1922) será el primero de la lista (Balló, 2011: 83). Las nueve cartas fílmicas que se intercambian José Luis Guerin y Mekas conjugan diario íntimo, crónica de viaje y reflexiones vitales sobre las imágenes (Balló, 2011: 92), en una conversación que puede verse como un encuentro, y tenemos la prudencia de entrecomillar, «discípulo versus maestro», con permiso de Víctor Erice (1940), autor que también colaborará en estas *Correspondencias* (en su caso comunicándose con Abbas Kiarostami (1940-2016)) y que ha sido estrechamente emparentado, y marcado como una gran fuente de inspiración, con Guerin (Torreiro/Cerdán, 2005: 354). Serán dos hombres, Guerin y Mekas, hermanados en este caso (algo late al unísono en sus respectivos cines, algo señala en la misma dirección al visualizar estas *Correspondencias*) por, como venimos repitiendo, sentimientos afines:

> … una cinefilia existencial […] dos *friends in cinema* (en palabras de Jonas Mekas) cuyas obras respectivas se caracterizan por la renovación de las formas descriptivas y de los objetos de observación […] De la correspondencia entre José Luis Guerin y Jonas Mekas resulta una etnología de los hombres de imágenes (Balló, 2011: 93).

Del año 2011 serán *Dos cartas a Ana*, mediometraje, parte nuclear de la video-instalación, del mismo año, *La dama de Corinto. Un esbozo cinematográfico*, y *Recuerdos de una mañana*. Esta última, promovida y producida por un festival de cine coreano, gravita en torno al suicidio de un vecino, violinista y traductor, «… un retazo de mi calle, pero a la sombra de un acontecimiento dramático…» (Martínez Villegas, 2014: 199), del propio Guerin, sirviendo la muerte en este caso como excusa para la teorización sobre la percepción, la memoria o la reordenación de los recuerdos[75] (curiosamente, *Contra Saint*

---

[75] «… *Tras la muerte de mi vecino violinista, al que había grabado desde mi ventana, me enteré de que tenía mi misma edad y de que hizo una traducción del relato central de mi juventud:* Las penas del

Beuve. Recuerdos de una mañana, obra póstuma de Proust (1871-1922)[76], será la obra literaria, una de ellas, que el violinista tradujera) pero que, a la postre, ha ocasionado no pocos problemas al director[77]. En cuanto a la primera, *La dama de Corinto. Un esbozo cinematográfico* se realiza a petición del Museo de Arte Contemporáneo Esteban Vicente y explora el origen mítico de la pintura, sumergiéndose en los textos de Plinio el Viejo (23-79).

La academia de las musas (2015) viene a demostrarnos que José Luis Guerin sigue siendo un *outsider*, un cineasta que se empecina en llevar cada vez más lejos sus proyectos, un auténtico artista, en este caso, del nado a contracorriente: «… intento hacer algo completamente nuevo y distinto en cada película y no asentarme en ninguna fórmula…» (Iglesias, 2016: 30). A propuesta del profesor Raffaele Pinto (1945), se seguirán los devenires de este docente y sus alumnas filólogas dentro y fuera del aula, en una cinta que funciona como una especie de trampantojo (Pena, 2016: 34): el espectador que asiste a esta «ficción» (se debe acostumbrar uno a tratar con cuidado la distinción entre «realidad y ficción» en el cine gueriniano) quizá cree ver un juego de celos y relaciones de poder pero, en realidad, se habla ante todo de sonetos, de escritores, de literatura: al fin y al cabo, de la palabra.

Compaginando la labor creadora con la docente, en la Universidad Pompeu Fabra de Barcelona o en la Escuela Internacional de Cine y TV de San Antonio de los Baños (Cuba) y la divulgativa, desplegada esta última a modo de diversos talleres, charlas o comunicaciones, de estos últimos años son una serie de cortos (o mediometrajes) como *Le Saphir de Saint-Louis* (2015), *De una isla* (2019), *A Ryokan* (2020) o *For Heddy* (2020), siendo este último, en realidad, un cortometraje de unos cinco minutos integrado en el largo *No hay camino* (Heddy Honigman, 2020).

En 2025, Guerin vuelve al largometraje. Estrena *Historias del buen valle*, rodada durante tres años y centrada en el periférico barrio barcelonés de Vallbona.

---

joven Werther, *de Goethe. A partir de esos elementos, decido revisar las imágenes grabadas desde mi ventana e intento acercarme a mis vecinos…»*, es lo que se publica, siendo la fuente el propio Guerin, en *Academia: Revista del cine español*, n.º Extra 178 del 2011.

76 José Luis Guerin, curiosamente, se ha declarado admirador de Proust, *«palabras mayores de la cultura»*, y de su *En busca del tiempo perdido* (1913-1927) por todo lo que este texto tenía de paralelo con su propio trabajo cinematográfico, donde, quizá, la propia búsqueda de la obra, la *recherche* artística, era la obra en sí misma, como le confesaría el propio Guerin a Broullón Lozano.

77 Navajas, Santiago (2011), «Un brindis por los muertos». En línea: <https://www.libertaddigital.com/opinion/fin-de-semana/un-brindis-por-los-muertos-1276239621.html> [consulta: 26/3/2025].

Apéndice 2.
Fichas de las principales películas
consultadas durante la elaboración de este trabajo

- *¡Qué verde era mi valle! (How Green Was My Valley)*

  Año: 1941. País: Estados Unidos. Dirigida por: John Ford. Duración: 118 minutos. Producción: 20th Century Fox. Guion: Philip Dunne, Richard Llewellyn (novela). Fotografía: Arthur C. Miller. Música: Alfred Newman. Reparto: el relato de los Morgan. Familia de mineros anclada en Gales, orgullosos de serlo, de su familia y de sus tradiciones. El *status quo* se romperá cuando devengan las bajadas de precios y los conflictos laborales. Padre e hijo se enfrentarán por sus distintas visiones sobre cómo abordar el problema.

- *Asalto y robo a un tren (The Great Train Robbery)*

  Año: 1903. País: Estados Unidos. Dirigida por: Edwin S. Porter. Duración: 10 minutos, blanco y negro. Producción: Edison Manufacturing Company. Sinopsis: historia sobre el asalto y robo a un tren perpetrada por un grupo de pistoleros.

- *Cadena perpetua (The Shawsshank Redemption)*

  Año: 1994. País: Estados Unidos. Dirigida por: Frank Darabont. Duración: 142 minutos. Producción: Columbia Pictures. Guion: Frank Barabont, Stephen King (relato). Fotografía: Roger Deakins. Música: Thomas Newman. Reparto: Tim Robbins, Morgan Freeman, Bob Gunton, James Whitmore, Clancy Brown. Sinopsis: la historia de una serie de reclusos condenados a cadena perpetua, desde los cuarenta hasta los sesenta del siglo XX.

- *Cinématons*

  Año: 1978-actualidad. País: Francia. Dirigida por: Gérard Courant. Guion: Gérard Courant. Fotografía: Gérard Courant. Montaje: Gérard Courant. Duración: 200 horas (en la actualidad y en previsión de aumentar).

Producción: Gérard Courant. Sinopsis: Los *Cinématons* suponen más 200 horas de material filmado (empezaron a filmarse el 7 de febrero de 1978) en que han sido retratados numerosos intelectuales (más de 3000) que se veían involucrados en un sencillo juego con diez reglas: una cámara en un trípode; una cámara que no se mueve; un primer plano de un rostro; no hay sonido; sin cambio en la longitud focal, no hay cambios en el encuadre; el tiempo de duración es de 3 minutos y 25 segundos; una única toma; no hay cortes durante el registro ni en la edición; la persona que está siendo filmada puede hacer lo que ella/él quiera.

- *Diario (1973-1983) (Yoman (Diary))*

Año: 1973-1983. País: Israel. Dirigida por: David Perlov. Duración: 330 minutos. Producción: Film4 Productions. Guion: David Perlov. Fotografía: David Perlov, Gabi Danzig, Yahin Hirsch, Joseph Zicherman. Reparto: documental. Sinopsis: crónica sacada de los diarios filmados por David Perlov, cineasta y ensayista israelí, de diez años de vida de su vida, desde 1973 a 1983, compuesta por seis episodios de unos 55 minutos de duración cada uno.

- *Dos cartas a Ana*

Año: 2010. País: España. Dirigido por: José Luis Guerin. Guion: José Luis Guerin. Fotografía: José Luis Guerin. Duración: 30 minutos. Sinopsis: seducido por las imágenes pictóricas de la antigüedad que han desaparecido, pero que están latentes en los textos clásicos y que, a su vez, son fuete permanente de inspiración para nuevas imágenes, el cineasta presenta este mediometraje en forma epistolar que actúa de prólogo a la instalación audiovisual *La dama de Corinto. Un esbozo cinematográfico*, creada por él mismo para las salas del Museo de Arte Contemporáneo Esteban Vicente. Imagen, palabra, luz y sombra establecen la relación entre el cine y la pintura, poniendo en paralelo el origen de ambas disciplinas a partir del mito fundacional de la pintura referido por Plinio el Viejo en su *Historia Natural*.

- *El hijo único (Hitori musuko)*

Año 1936. País: Japón. Dirigida por: Yasujirō Ozu. Guion: Yasujirō Ozu, Tadao Ikeda, Masao Arata. Fotografía: Shojiro Sugimoto. Duración: 87

minutos, blanco y negro. Producción: Shôchiku. Reparto: Choko Iida, Shi-nichi Himori, Masao Hayama, Yoshiko Tsubouchi, Chishu Ryu, Tomio Aoki. Sinopsis: una mujer campesina se sacrifica para que su hijo pueda tener una buena educación. Años más tarde, al ir a visitarlo en su nueva vida, descubre que es infeliz y que vive en la miseria.

- *El silencio de los corderos (The Silense of the Lambs)*

Año: 1991. País: Estados Unidos. Dirigida por: Jonathan Demme. Dura-ción: 115 minutos. Producción: Orion Pictures, Metro Goldwyn Mayer. Guion: Ted Tally, Thomas Harris (novela). Fotografía: Tan Fujimoto. Re-parto: Jodie Foster, Anthony Hopkins, Scott Glenn, Ted Levine. Sinopsis: el asesino en serie «Buffalo Bill» es perseguido por el FBI. Para el caso, se recurre a la experta en estudios del comportamiento Clarice Starling, que, siguiendo las instrucciones de su jefe, Jack Crawford, visita al también ase-sino en serie y psiquiatra Dr. Hannibal Lecter en su prisión en una cárcel de máxima seguridad, con la misión de sonsacarle información sobre patrones de conducta asesina.

- *En construcción*

Año: 2001. País: España. Duración: 125 minutos, color. Dirigida por: José Luis Guerin. Guion: José Luis Guerin. Fotografía: Álex Gaultier. Montaje: Nuria Esquerra, Mercedes Álvarez. Producción: Ovideo TV S.A., en copro-ducción con Arte France. Productor Asociado: INA (París). Productor ejecu-tivo: Antoni Camín. Productor delegado: Jordi Balló, Gérard Collas. Direc-ción de producción: Joan Antoni Barjau. Asistente de producción: Francina Cirera. Post producción: Alex Herrera (iniciativa de Máster de Documental de creación de la Universitat Pompeu Fabra (Barcelona)). Jefe operador: Álex Gauthier. Sonido: Amanda Villavieja. Reparto: no ficción. Sinopsis: en un emblemático barrio popular de Barcelona, amenazado por un plan de refor-ma, se emprende la construcción de un bloque de viviendas. Guerin y un equipo formado por estudiantes de la Pompeu Fabra seguirán en desarrollo de las obras en lo que no es otra cosa que una excusa para retratar un hete-rogéneo grupo de vecinos a los que una inminente «gentrificación» amenaza con expulsar, cambiando drásticamente la idiosincrasia de una porción de la ciudad.

- *En la ciudad de Sylvia*

Año: 2007. País: España-Francia. Duración: 90 minutos, color. Dirigida por: José Luis Guerin. Guion: José Luis Guerin. Fotografía: Natasha Braier. Montaje: Nuria Esquerra. Producción: Eddie Saeta S.A.-Château Rouge; colaboración de TVE S.A. y Televisió de Catalunya S.A. Auxiliar de Producción: Pol Rodríguez. Asistente de Cámara: Álvaro Fernández Puig. Sonido: Amanda Villavieja, Marisol Nievas, Ricard Casals. Dirección Artística: Maite Sánchez. Reparto: Xavier Lafitte, Pilar López de Ayala, Tanja Czichi, Laurence Cordier, Eric Dietricht, Charlotte Dupont. Sinopsis: un hombre, un *flâneur* sin nombre, vuelve a Estrasburgo para buscar a una mujer de la que se enamoró seis años atrás y recuperar aquel mágico momento. El joven extranjero callejea observando y dibujando gestos y expresiones captadas azarosamente sin dejar de buscar a esa mujer, cuyo recuerdo gravita sobre la ciudad. Esa búsqueda le conduce a otra mujer y ésta a otra… siempre bajo la invocación de la ausente.

- *Facing time*

Año: 1973-1993-2013-? País: Suecia. Dirigida, guionizada, fotografiada, montada y protagonizada por: Hakan Dahlström. Duración: 3 minutos. Sinopsis: rodada en saltos temporales de veinte en veinte años, la película es la presentación de Hakan Dahlström mediante su rostro y devolviendo la mirada al tiempo.

- *Gilda*

Año: 1946. País: Estados Unidos. Dirigida por: Charles Vidor. Duración: 110 minutos. Producción: Columbia Pictures. Guion: Marion Parsonnet, E. A. Ellington (relato). Fotografía: Rudolph Maté. Música: Hugo Friedhofer. Reparto: Rita Hayworth, Glenn Ford. Sinopsis: Johnny Farrell, un buscavidas que sale adelante haciendo trampas en el juego, recala en la ciudad de Buenos Aires. El propietario de un lujoso casino, Ballin Mundson, lo saca de un apuro y lo hará su hombre de confianza. Un día, conoce a la mujer de su jefe: Gilda.

- *Guest*

Año: 2010. País: España. Duración: 127 minutos. Dirigida por: José Luis Guerin. Guion: José Luis Guerin. Fotografía: José Luis Guerin. Música: Gorka Benítez, Masatoshi Kamaguchi, David Xirgu. Producción: Versus Entertaiment-Roxbury Pictures. Productores ejecutivos: Adrián Guerra, Alejandro Miranda, Miguel Ángel Faura. Sonido: Amanda Villaviejas, Marisol Nievas, Ricard Casals. Reparto: no ficción. Sinopsis: el cineasta José Luis Guerin muestra las experiencias vividas durante un año como invitado de diversos festivales de cine, en los que presentó sus trabajos. Sus andanzas por ciudades desconocidas le permitieron retratar personajes y momentos fugaces que dejaron en su cámara una huella similar a la de los dibujos improvisados con un par de trazos. El resultado es un retrato de las gentes que conoció, al apartarse de las rutas habituales de las principales ciudades del mundo.

- *Heat*

Año: 1995. País: Estados Unidos. Dirigida por: Michael Mann. Duración: 172 minutos. Producción: Warner Bros. Guion: Michael Mann. Fotografía: Dante Spinotti. Reparto: Robert De Niro, Al Pacino, Val Kilmer, John Voight, Tom Sizemore, Ashley Judd, Diane Venora. Sinopsis: Neil McCauley es un experto ladrón cuya filosofía es vivir sin ataduras ni vínculos que puedan suponer un obstáculo en su profesión. Su banda de criminales se enfrentará al que podría ser su némesis: el detective Vincent Hanna, obsesionado con su trabajo desde el lado de la ley.

- *Innisfree*

Año: 1990. País: España. Duración: 110 minutos, color. Dirigida por: José Luis Guerin. Guion: José Luis Guerin. Fotografía: Jesús Sorni, Gerardo Gormezano. Reparto: no ficción. Sinopsis: en busca de los ecos del rodaje de El hombre tranquilo (*The quiet man*, John Ford, 1952), José Luis Guerin visitan el pueblo real en que se rodó este film, a la espera de captar el halo de aquel, a pesar del paso del tiempo, entre los lugareños contemporáneos.

- *La dama de Corinto*

Año: 2010. País: España. Dirigida por: José Luis Guerin. Guion: José Luis Guerin. Fotografía: José Luis Guerin. Duración: 10 minutos. Reparto: instalación (Garazi López de Armentia). Sinopsis: instalación que reflexiona en torno al origen mítico de la pintura, la leyenda de la muchacha de Corinto, y su posible conexión con el germen tanto del retrato como del propio cine.

- *La pasión de Juana de Arco (La Passion de Jeanne d'Arc)*

Año: 1928. País: Francia. Dirigida por: Carl Theodor Dreyer. Duración: 110 minutos. Producción: Societé Générale Des Films. Guion: Carl Theodor Dreyer, Joseph Delteil. Fotografía: Rudolph Maté, Goestula Kottula. Reparto: Maria Falconetti, Antonin Artaud, Eugene Silvain, Maurice Schutz. Sinopsis: en el contexto de la Guerra de los Cien Años, la joven Juana de Arco, tras conducir a las tropas francesas a la victoria, es arrestada por la facción borgoñona, nobles franceses aliados de los ingleses. Tras ser condenada por brujería, juzgada y condenada por estos últimos, será quemada en la hoguera en 1431. Durante el proceso, la posterior mártir declarará haber tenido visiones divinas.

- *Las mujeres que no conocemos*

Año: 2007. País: España. Dirigida por: José Luis Guerin. Guion: José Luis Guerin. Fotografía: José Luis Guerin. Duración: instalación fotosecuencial. Reparto: no ficción. Sinopsis: un *flâneur* a la búsqueda de un rostro del pasado que ya es poco más que un recuerdo.

- *Lirios rotos (Broken blossoms)*

Año: 1919. País: Estados Unidos. Dirigida por: D. W. Griffith. Guion: D. W. Griffith, Thomas Burke. Duración: 90 minutos, blanco y negro. Fotografía: G. W. Bitzer. Reparto: Lillian Gish, Richard Barthelmess, Donald Crisp. Sinopsis: una joven, maltratada por su violento padre, vive una historia con un noble chino practicante de una filosofía de vida basada en la paz y la armonía.

- *Mujer esperando el tranvía*

País: España. Duración: 1 minuto, blanco y negro. Dirigida por: José Luis Guerin. Guion: José Luis Guerin. Fotografía: José Luis Guerin. Reparto: no ficción (Pilar López de Ayala). Sinopsis: retrato de la actriz Pilar López de Ayala mientras esta espera un tranvía.

- *Número cero (Numéro zéro)*

Año: 1971. País: Francia. Dirigida por: Jean Eustache. Duración: 107 minutos. Guion: Jean Eustache. Fotografía: Adolfo Arrieta, Phillippe Théaudière. Reparto: Boris Eustache, Jean Eustache, Odette Robert. Sinopsis: la abuela de Jean Eustache le cuenta a su nieto la historia de su vida.

- *Persona*

Año: 1966. País: Suecia. Dirigida por: Ingmar Bergman. Duración: 81 minutos. Producción: Svensk Filmindustri. Guion: Ingmar Bergman. Fotografía: Sven Nykvist. Reparto: Liv Ullmann, Bibi Andersson. Sinopsis: Elisabeth, exitosa actriz de teatro, es hospitalizada por una extraña dolencia: perdió la voz durante la representación de *Electra*. Tras someterse a una serie de pruebas y sin mejorar su condición, será hospedada en una clínica, donde la cuidará la enfermera Alma.

- *Photographing a female crook*

Año: 1904. País: Estados Unidos. Dirigida por: Wallace McCutcheon. Duración: 1 minuto, blanco y negro. Producción: American Mutoscope y Biograph. Sinopsis: recreación de una ficticia sesión de fotografía a una delincuente que tuerce el gesto para boicotear la posibilidad de ser fichada.

- *Retrato de Ga (Portrait of Ga)*

Año: 1952. País: Reino Unido. Dirigida, guionizada, fotografiada y montada por: Margaret Tait. Duración: 4 minutos. Producción: Ancona Films. Sinopsis: la cineasta Margaret Tait confecciona un retrato filmado de su madre, a partir de gestos cotidianos mínimos.

- *Screen Tests (Pruebas de cámara)*

Año: 1964-1966. País: Estados Unidos. Dirigida por: Andy Warhol. Guion: Andy Warhol. Fotografía: Andy Warhol. Montaje: Andy Warhol. Duración: 32 horas. Producción: Andy Warhol. Sinopsis: Los retratos cinematográficos *Screen Test*, de Andy Warhol, se filmaron entre principios de 1964 y noviembre de 1966. Si bien cada película se rodó a una velocidad estándar, es decir, 24 fotogramas por segundo, Warhol puntualizó que las imágenes deberían proyectarse a una velocidad inferior, a 16 fotogramas por segundo, que es la velocidad de proyección utilizada en el cine mudo. El resultado es un ritmo inusitadamente fluido; una cadencia que contrasta sutilmente con la austeridad de la iluminación y la rotundidad de los primeros planos del rostro y el cabello. Numerosas personalidades del panorama cultural neoyorkino fueron retratadas por Warhol para formar un corpus de más de 400 retratos, muchos de ellos perdidos.

- *Stagecoach (La diligencia)*

Año: 1939. País: Estados Unidos. Dirigida por: John Ford. Guion: Dudley Nichols. Fotografía: Bert Glennon. Montaje: Otho Lovering, Dorothy Spencer. Música: Gerard Carbonara. Sonido: Frank Maher. Duración: 99 minutos. Producción: United Artist. Reparto: John Wayne, Claire Trevor, Thomas Mitchell, Andy Devine, George Bancroft, Donald Meek, Louise Platt, John Carradine, Berton Churchill, Tom Tyler, Tim Holt. Sinopsis: Personajes muy variopintos emprenden un largo, duro y peligroso viaje en diligencia. Entre ellos, un fuera de la ley en busca de venganza, una prostituta a la que han echado del pueblo, un jugador, un médico, la mujer embarazada de un militar, un sheriff. Las relaciones entre ellos serán difíciles y tensas. Además, durante el viaje, tendrán que afrontar el ataque de una partida de indios apaches.

- *Straight Shooting*

Año: 1917. País: Estados Unidos. Dirigida por: John Ford. Duración: 57 minutos. Producción: Universal Pictures. Guion: George Hively. Fotografía: Ben F. Reynolds, George Scott. Reparto: Harry Carey, Duke R. Lee, George Berrell, Molly Malone. Sinopsis: a finales del siglo XIX, un granjero está luchando por sus derechos frente a una serie de ganaderos, que pretenden controlar el acceso al agua de los campos.

- *Ten Skies*

Año: 2004. País: Estados Unidos. Dirigida por: James Benning. Guion: James Benning. Duración: 101 minutos, color. Reparto: no ficción. Sinopsis: se nos muestran diez cielos en diez planos de 10 minutos cada uno.

- *Tren de sombras*

Año: 1997. País: España. Duración: 81 minutos, color. Dirigida por: José Luis Guerin. Guion: José Luis Guerin. Fotografía: Tomás Pladevall. Montaje: Manel Almiñana. Sonido directo: Manel Fontodrona. Montaje sonoro: David Callejas. Dirección artística: Rosa Ros. Vestuario: Isabel Caellas. Maquillaje: Patrick Giraut. Música: Albert Bover. Peluquería: Catherine Gómez. Efectos especiales: Manel Almiñara. Producción: Grup Cinema Art-Films 59-Institut del Cinema Catalá. Productores: Pere Portabella, Héctor Fáver, Alejo Loren Ros. Productor ejecutivo: Héctor Fáver. Jefa de producción: Victoria Borrás. Reparto: Anne Céline Auche, Juliette Gautier, Ivon Orvain, Marc Montserrat, Jessica Andrieu. Sinopsis: en la madrugada del 8 de noviembre de 1930, el abogado parisino Fleury salía en busca de la luz adecuada para completar una filmación paisajística en torno al lago Le Thuit. Ese mismo día, el abogado fallece en extrañas circunstancias.

- *Twenty cigarrets*

Año: 2011. País: Estados Unidos. Dirigida por James Benning. Duración: 99 minutos. Guion: James Benning. Fotografía; James Benning. Reparto: Sompot Chidgasornpongse, Francesca Sloane, Thom Andersen, Stefan Pascher, Blake Derrington, Norma Turner, Fabian Euresti, Sharon Lockhart, Dick Hebdige, Eye Sung Moon, Dave Crane, Janet Jenkins. Sinopsis: James Benning filma a veinte personajes mientras estos se fuman un cigarrillo. El tiempo dedicado a cada sujeto, a cada rostro, es el que cada uno de ellos tarda en acabar de fumar.

- *Una partida de campo (Partie de campagne)*

Año: 1936. País: Francia. Dirigida por: Jean Renoir. Guion: Jean Renoir. Fotografía: Claude Renoir. Duración: 40 minutos, blanco y negro. Producción: Panthéon. Reparto: Sylvia Bataille, Georges Darnoux, Jane Marken, André Gabriello, Jacques Bruinius, Paul Temps, Gabrielle Fontan, Jean Renoir, Marguerite Renoir. Sinopsis: un grupo de burgueses de ciudad visita el campo esperando encontrar el contexto bucólico que apenas conocen a través de la literatura o la pintura.

- *Unas fotos en la ciudad de Sylvia*

Año: 2007. País: España. Duración: 67 minutos, blanco y negro. Dirigida por: José Luis Guerin. Guion: José Luis Guerin. Fotografía: José Luis Guerin. Montaje y Producción: Nuria Esquerra. Reparto: no ficción. Sinopsis: foto-montaje elaborado con material, apuntes, tomados por la cámara del propio José Luis Guerin mientras preparaba la filmación de *En la ciudad de Sylvia*.

- *Vivir su vida (Vivre sa vie: Film en douze tableaux)*

Año: 1962. País: Francia. Dirigida por: Jean-Luc Godard. Duración: 83 minutos. Producción: Les Films de la Pléiade, Pathé. Guion: Jean-Luc Godard, Fotografía: Raoul Coutard. Reparto: Anna Karina. Sinopsis: Nana, joven veinteañera de provincias, lo deja todo para emprender una carrera de actriz en París. Sin recursos económicos, probará suerte en una serie de trabajos.

AGRADECIMIENTOS

Al Profesor Dr. D. Pedro Poyato Sánchez, por su intachable dirección.

A la Profesora Dra. Dña. Diane Bracco, por su decisiva ayuda.

A algunos amigos/as, compañeros/as y familiares, por apoyarme, proveerme y soportarme.

A mi abuela, por su cariño centenario y porque la providencia haya querido legarme una décima parte de su lucidez.

A mis padres, por mostrarme el epatante camino del amor incondicional.

Y a María y a Manuel, por ser todo lo que necesito para sonreír y caminar.